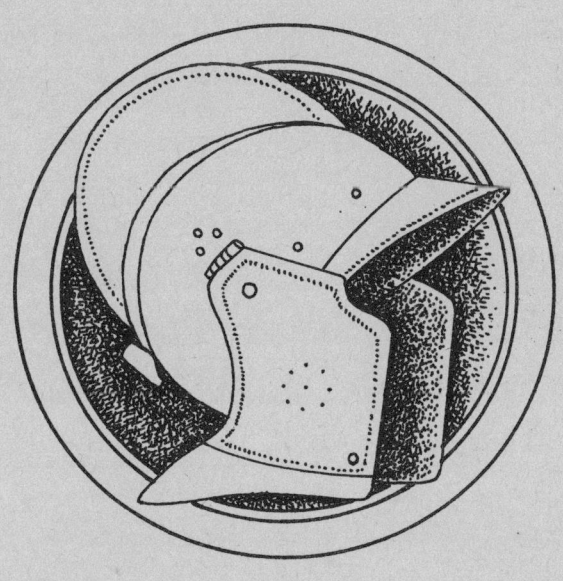

Helmut Schnitter
Von Salamis bis Dien Bien Phu

Helmut Schnitter

Von Salamis bis Dien Bien Phu

Schlachten aus drei Jahrtausenden

Verlag Neues Leben Berlin

Zeichnungen von Karl-Heinz Döring

ISBN 3-355-00490-1

© Verlag Neues Leben, Berlin 1987
Lizenz Nr. 303(305/180/87)
LSV 0549
Schutzumschlag und Einband: Karl-Heinz Döring
Fotos: ADN-ZB: 267/Agense Vietnamienne: 268/Ustinow: 228; Archiv des Autors: 10, 22, 26, 43, 48, 75, 86, 112, 124, 134, 143,172, 198, 204, 244, 246; Archiv Gebauer: 210; Archiv des Militärverlags der Deutschen Demokratischen Republik: 91, 189; Armeemuseum der Deutschen Demokratischen Republik: 31, 52, 102; Bibliothèque Nationale Paris: 63; Deutsche Staatsbibliothek Berlin: 56, 69, 106, 128, 144, 159; Museum für Deutsche Geschichte Berlin: 166, 219, 221; Presseagentur Nowosti: 225, 232, 252, 257; Sächsische Landesbibliothek, Abt. Deutsche Fotothek: 119; G. Schörlitz, Jena: 152, 153; Staatliche Museen zu Berlin: 6, 17, 37, 187; Zentrales Haus der Deutsch-Sowjetischen Freundschaft: 259
Typografie: Achim Kollwitz
Schrift: 11 p Garamond
Gesamtherstellung: Karl-Marx-Werk Pößneck V 15/30
Bestell-Nr. 644 290 4
01880

„Sucht Schutz
hinter hölzernen Mauern!"

Salamis 480 v. u. Z.

Mit dem Namen der kleinen Insel Salamis verbindet sich ein entscheidender Sieg der Griechen über die Flotte der Perser in der Antike.

Als im Jahr 486 v. u. Z. der junge Großkönig Xerxes (gest. 465 v. u. Z.) den persischen Thron bestieg, herrschte er über ein Riesenreich, das sich vom Ägäischen Meer bis zum Indus und vom Schwarzen Meer bis Ägypten erstreckte. Sein Vater, Dareios I. (522–485 v. u. Z.), hatte in mehreren Eroberungskriegen die Grenzen des Imperiums weiter hinausgeschoben und aufflammende Erhebungen in Kleinasien und Ägypten mit harter Hand unterdrückt. Die Feldzüge gegen die griechischen Poleis (Stadtstaaten) waren hingegen gescheitert. 492 v. u. Z. zerstörte ein Orkan die persische Flotte vor der Halbinsel Athos, zwei Jahre später endete eine Landung des Heeres in Attika mit der Niederlage bei Marathon. Athen und die mit ihm verbündeten anderen griechischen Poleis behaupteten ihre Unabhängigkeit. Sowohl die Griechen als auch die Perser bereiteten sich auf eine neue militärische Auseinandersetzung vor.

Den persischen Herrschern ging es vor allem um die Unterwerfung der griechischen Sklavenhalterstaaten, vielleicht dachte Dareios I., ein Sprungbrett für Vorstöße auf dem Balkan und gegen Italien zu gewinnen. Die Ausplünderung der ökonomisch aufstrebenden griechischen Städte mit ihrem entwickelten Gewerbe und Handel sollte zudem die persische Staatskasse füllen. Demgegenüber verteidigten die Griechen ihre Unabhängigkeit und Freiheit, Errungenschaften, die allerdings nur den freien Schichten der Bevölkerung zugute kamen, nicht jedoch den Sklaven, die durch harte Arbeit den Reichtum schufen.

Griechenland stellte keine feste politische Einheit dar, die Poleis bekämpften sich gegenseitig, ein Teil sympathisierte mit den Persern, andere verhielten sich neutral. Innerhalb der Stadtstaaten kam es immer wieder zu Auseinandersetzungen zwischen den Schichten der reichen und der armen Freien. All dies beeinflußte die Kriegführung gegen das mächtige persische Reich.

Persische Krieger (Staatliche Museen zu Berlin, Vorderasiatisches Museum)

Im griechisch-persischen Krieg stießen zwei unterschiedliche Streitkräfte aufeinander. Die Armee der persischen Großkönige bestand aus der Garde, die als Elitekorps besonders zuverlässiger Krieger galt, aus berittenen und zu Fuß kämpfenden Abteilungen der persischen Großgrundbesitzer samt ihrem Gefolge sowie aus Aufgeboten von abhängigen und unterworfenen Völkern. Wenn dieses Heer auszog, dann bot es den Anblick einer bunten Mischung unterschiedlich ausgerüsteter, bewaffneter und ausgebildeter Truppen. Auch die persische Flotte war keine Einheit. Die erfahrensten Besatzungen und stärksten Schiffe stellten die Phönizier, die gute Kenntnisse im Schiffsbau, in der Navigation und in der Seekriegführung besaßen; seit Jahrtausenden befuhren sie mit ihren Schiffen, die Segel hatten und durch Riemen (nicht korrekt häufig als Ruder bezeichnet) vorwärts bewegt wurden, das Mittelmeer und wagten sich über Gibraltar hinaus in den Ozean. Auch die Ägypter sowie die in Kleinasien lebenden Griechen stellten Schiffe und Mannschaften für die Flotte des Großkönigs. Im Heer wie auf den Schiffen gab es Söldner, zwangsrekrutierte Krieger und dienstpflichtige Land- und Stadtbewohner. Die sehr unterschiedliche Zusammensetzung bildete zugleich eine Ursache für die innere Schwäche der nach außen hin beeindruckenden, furchterregenden Streitmacht Persiens.

Die Heere der griechischen Staaten hingegen fußten auf der Kriegsdienstpflicht der freien Stadt- und Dorfbewohner, die mit eigener Rüstung und Bewaffnung zur Verteidigung ihres Staates aufgeboten wurden. Diese gerüsteten Krieger, die sich im Gebrauch der Waffen zu üben hatten, hießen Hopliten, auf dem Schlachtfeld stellten sie sich in einer langen, etwa 8 bis 10 Mann tiefen Formation auf, der Phalanx (griech. Walze, Rolle). Die innere Geschlossenheit, die weitgehend einheitliche Bewaffnung und die Ausbildung im einheitlichen Handeln verliehen der Phalanx im Angriff wie in der Verteidigung eine beachtliche Stärke. Bei Marathon hatte sie die Schlacht entschieden.

Athen, Korinth, Ägina und andere griechische Staaten besaßen viele Ruderschiffe, die Trieren. Gegenüber den schwerfälligen phönizischen und ägyptischen Schiffen, die zumeist nur eine Reihe Riemen hatten, zeichneten sich die griechischen durch größere Manövrierfähigkeit aus. Die Länge einer Triere betrug etwa 35 bis 38 Meter, die Breite 5 bis 6 Meter, ein eisenverkleideter Sporn diente zum Rammstoß, manchmal befand sich über ihm noch ein eisenbeschlagener Balken, der ebenfalls zum Stoß gegen das feindliche Kriegsschiff eingesetzt werden konnte. Die Riemen waren in drei Etagen übereinander angebracht (daher die Bezeichnung Triere = Dreidecker), etwa 170 Mann

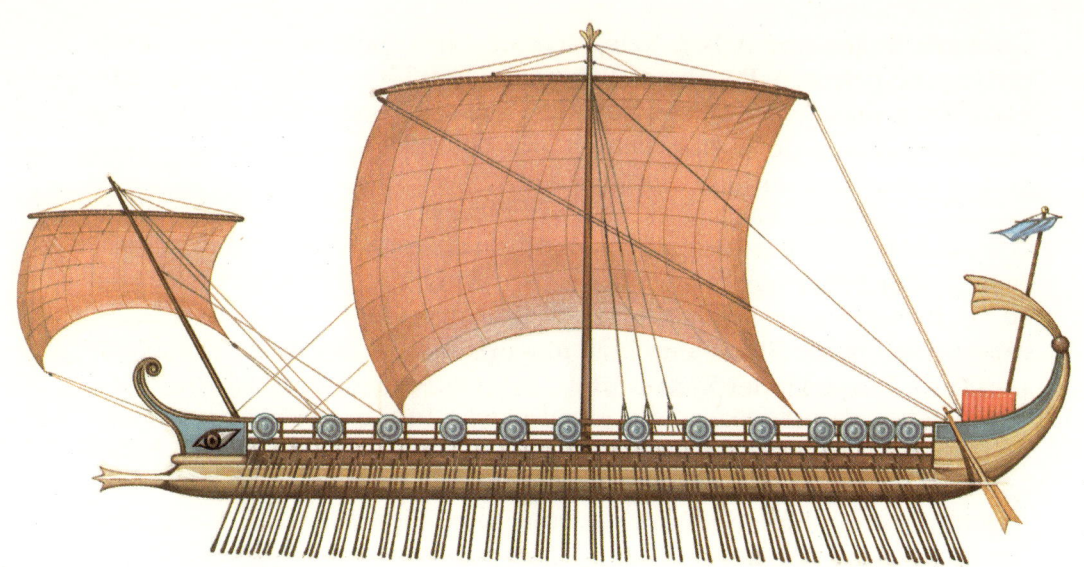

Griechische Triere

mußten sie bedienen, um das Schiff vorwärts zu bewegen. Bei Einsatz aller Riemen erreichte eine Triere eine Geschwindigkeit von 5 Seemeilen (9 Kilometern) in der Stunde; die Riemenschiffe setzten auch Masten und Segel, jedoch nicht in der Schlacht, sondern nur auf längeren Fahrten. Wegen des geringen Tiefgangs war die Gefahr des Kenterns groß, nicht selten sanken in den Stürmen ganze Flotten.

Zwischen 490 und 480 v. u. Z. bereitete sich namentlich Athen auf den erwarteten neuen Krieg vor. Unter Leitung des Staatsmanns Themistokles (um 524–459 v. u. Z.) wurde es zur führenden griechischen Seemacht, 481 v. u. Z. lagen über 180 Trieren im Hafen Peiraieus (Piräus). Die Einnahmen aus den Silberbergwerken wurden nicht – wie sonst üblich – an die Freien verteilt, sondern für den Flottenbau verwendet.

480 v. u. Z. eröffnete Xerxes den Feldzug. Der griechische Geschichtsschreiber Herodot (um 484–425 v. u. Z.) berichtet von mehr als 3 Millionen persischen Kriegern und Troßangehörigen, aber diese Zahl ist weit übertrieben. Nach den Berechnungen von Historikern dürfte die persische Streitmacht etwa 50000 Mann und über 1000 Kriegs- und Transportschiffe umfaßt haben. Immerhin war das eine der größten Armeen des Altertums.

Unter Führung von Xerxes setzte das Heer über den Hellespont (Dardanellen) und marschierte entlang der Küste des Ägäischen Meeres nach Süden auf Athen zu. Ein Teil der griechischen Stadtstaaten unterwarf sich den Persern, andere suchten neutral zu bleiben, aber etwa 30 Poleis, voran Athen, Sparta und Korinth, organisierten den Widerstand. An den Thermopylen, ungefähr 150 Kilometer nördlich von Athen, hielt eine spartanische Abteilung unter König Leonidas den gegnerischen Vormarsch einige Tage auf. Nach der Überlieferung soll ein Verräter den Persern einen Weg über das Gebirge in den Rükken der Griechen gezeigt haben. Die tapfer kämpfenden Verteidiger fielen bis auf den letzten Mann. Zur gleichen Zeit hinderte die vereinigte griechische Flotte bei Kap Artemision vor der Insel Euböa die persische Flotte an der Weiterfahrt. Als den Persern der Landweg nach Athen offenstand, war auch die griechische Flotte gefährdet, die Griechen zogen ihre Schiffe von Euböa um die Halbinsel Attika bis zur Insel Salamis im Golf von Saron zurück. Inzwischen besetzten die Perser mit ihren weit überlegenen Kräften Mittelgriechenland, nahmen Mitte September 480 v.u.Z. Athen ein, verwüsteten und plünderten die Orte Attikas und stießen zur Küste des Golfes von Saron vor. Ein Großteil der Einwohner dieses Landstrichs suchte Zuflucht auf der Insel Salamis und hinter der Landenge von Korinth.

Es gab zwei Möglichkeiten, den persischen Angriff abzuwehren. Sparta, Korinth und andere Poleis planten eine Verteidigungsschlacht an der Landenge von Korinth, hier sollte sich das persische Heer eine blutige Abfuhr holen. Themistokles dagegen riet zu einer Seeschlacht. Er wies darauf hin, daß die feindliche Flotte das persische Heer mit Lebensmitteln versorgte, da das eroberte Land verwüstet und ausgeplündert war. Fiel die Flotte aus, so blieb der Armee nur der Rückzug übrig. Themistokles verbreitete eine Weissagung der Orakelpriesterin von Delphi, wonach die Athener „hinter hölzernen Mauern" Schutz finden sollten. Damit konnten nur die eigenen Schiffe gemeint sein.

Xerxcs hatte seine Flotte vor der Halbinsel Akte in der Nähe des Hafens von Peiraieus zusammengezogen. Den 360 griechischen Trieren lagen über 600 persische Schiffe gegenüber. Von den 4 persischen Geschwadern verblieben 3 östlich von Salamis, ein Geschwader, hauptsächlich ägyptische Schiffe, entsandte der Großkönig an den westlichen Zugang zur Bucht von Eleusis, um zu verhindern, daß die Griechen entwichen.

Die griechischen Seeleute vor der Stadt Salamis befanden sich in einer günstigen Position, sie kannten das Gewässer, namentlich die gefährlichen Klippen und Untiefen, und bedrohten eine einlaufende Flotte in der Flanke. Diese Schwierigkeiten dürfte die persische Führung auch zum Teil erkannt haben; denn Xerxes zögerte mit dem An-

Großkönig Xerxes während der Niederlage seiner Flotte bei Salamis (Darstellung aus dem 19. Jahrhundert)

griff. Erst auf eine geheime Botschaft hin, wonach die Griechen angeblich ihre Stellung vor Salamis verlassen wollten, befahl er seinen Schiffen den Angriff. Themistokles aber hatte die falsche Nachricht selbst ausgesandt, um die Perser zu einer Seeschlacht zu veranlassen, ehe sich die anderen griechischen Staaten für die Landschlacht vor Korinth entschieden. Der athenische Heerführer vertraute auf die Kampfkraft und -erfahrung seiner Schiffsbesatzungen, die in kurzer Zeit einen Sieg herbeiführen konnten. Außerdem wußte er, daß Tausende von Flüchtlingen aus Athen von Salamis aus den Kampf beobachten und die griechischen Krieger moralisch anspornen würden.

Die Perser hofften, ihren Gegner auf dem Liegeplatz zu überraschen. Sie sahen sich jedoch getäuscht; denn die griechische Flotte hatte bereits im Morgengrauen des Schlachttags – es soll der 28. September gewesen sein – die Anker gelichtet. Die persischen Geschwader kamen langsam aus Richtung Südost heran, konnten aber vor der attischen Küste schlecht manövrieren. Sie behinderten sich in dem engen Raum gegenseitig, bald nach Beginn des Kampfes breiteten sich Verwirrung und Chaos aus. Das große Ruderschiff der Königin Artemisia von Karien (Kleinasien) rammte ein persisches und entwich dann vom Kampfplatz, wo sich die Lage der Perser immer mehr verschlechterte; Xerxes, der inmitten seines Gefolges von einem Thron

Untergang der persischen Kriegsflotte

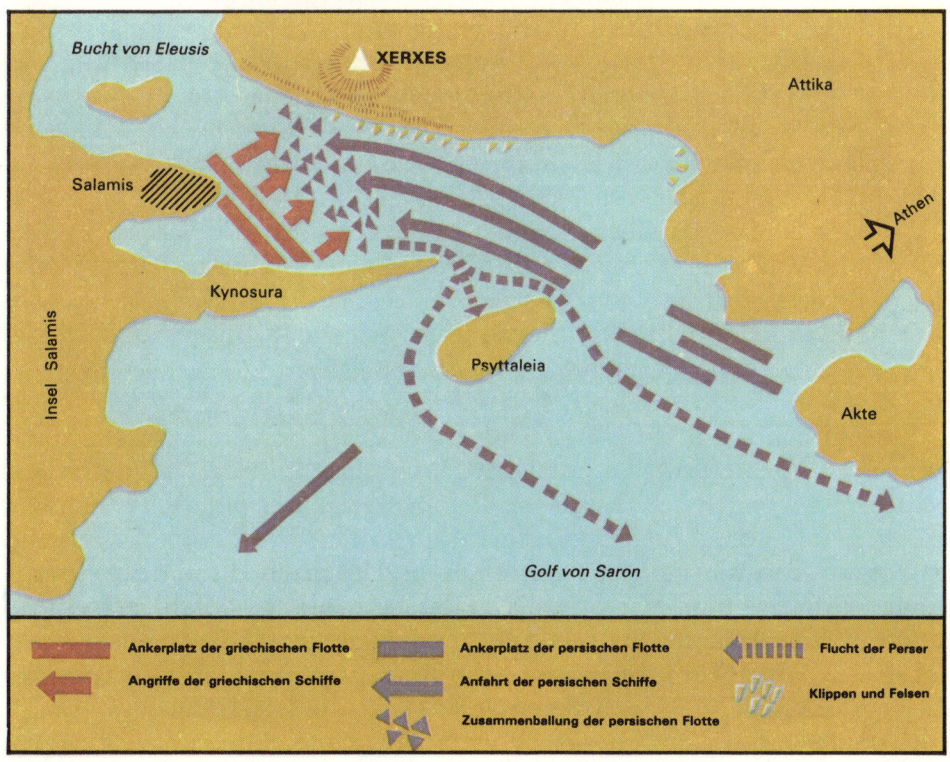

auf dem Berg Aigaleos (auf dem attischen Festland) aus die Schlacht beobachtete, mußte zusehen, wie seine Flotte zertrümmert wurde.

Die griechischen Trieren stießen in die zusammengedrängte Masse. Im Kampf Schiff gegen Schiff zeigte sich die taktisch-technische Überlegenheit der Trieren und ihrer Besatzungen. Während die Perser den Enterkampf suchten, bohrten die Griechen die Rammsporne in die Wanten der schwerfälligen gegnerischen Schiffe oder zertrümmerten mit den Eisenbalken deren Riemen. Manövrierunfähig blieben dann die persischen Riemenschiffe in einem wachsenden Durcheinander liegen und sanken.

Der griechische Dichter Aischylos (525−456 v. u. Z.) läßt in seinem Drama „Die Perser" einen Boten vom Untergang der persischen Flotte berichten:

> Da schlug mit Krachen Schiff in Schiff den bohrenden
> Erzschnabel; anfing ein hellenisch Schiff den Sturm,
> Riß einem Tyrier allen Schmuck vom Steuerbord;
> Auf andre trieben andre wieder ihren Kiel.
> Erst hielt des Perserheeres Strom noch gegen an;
> Doch als die Unzahl unsrer Segel in des Meers
> Engfahrt sich dräng', war keiner keinem mehr ein Schutz;
> Mit erzbeschlagnen Schnäbeln selber rammten sie
> Sich wechselseitig, brachen sich ihr Ruderzeug.
> Der Griechen Schiffe drängten wohlberechnet nun
> Ringsher umzingelnd gegen uns, jäh stürzten um
> Der Schiffe Bäuche, nicht zu sehn mehr war die See,
> Mit Wrack und Scheitern und mit Leichen überdeckt,
> Bedeckt mit Leichen Klippen und Gestad umher.
> In wilder Flucht fortrudernd eilte jedes Schiff,
> Soviel noch übrig waren vom Barbarenheer.*

Eine griechische Abteilung landete schließlich auf der Insel Psyttaleia und metzelte dort die persische Besatzung samt den gegnerischen Schiffbrüchigen nieder. Taktische Erfolge einzelner persischer Schiffe, die sich mit dem Mut der Verzweiflung dem drohenden Untergang entzogen, konnten in dem allgemeinen Durcheinander dem Kampf keine Wende geben.

Die Niederlage bei Salamis entschied über das Schicksal des persischen Feldzugs. Xerxes wich mit den Resten seiner Flotte zurück, das

---

* Aischylos, Werke in einem Band, Aufbau-Verlag, Berlin und Weimar 1968, S. 16

Heer räumte Athen und die attische Halbinsel, verblieb aber den Winter über in Griechenland. Im folgenden Jahr, 479 v. u. Z., erlitt es bei Plataiai eine schwere Niederlage. Zur gleichen Zeit überraschte eine griechische Flotte bei Kap Mykale (in der Nähe von Milet an der Küste Kleinasiens) die dort aufs Land gezogenen persischen Schiffe und zerstörte sie. Bereits zuvor hatte Xerxes die Rückreise in seine Residenz Sardes angetreten. Ein Aufstand in Babylon fesselte persische Truppen, die in Griechenland hätten eingreifen können. All diese Mißerfolge begünstigten wiederum Aufstandsbewegungen in anderen Teilen des Großreichs. Die griechischen Siege bei Salamis, Plataiai und am Kap Mykale hatten einen starken Nachhall. In den folgenden Jahrzehnten bis zum Friedensschluß 449 v. u. Z. gingen die Griechen zur Gegenoffensive über und gewannen durch Flottenvorstöße in die Ägäis, das östliche Mittelmeer und bis nach Ägypten neue Gebiete und Stützpunkte für das weitere Vordringen.

Der sowjetische Militärhistoriker Jewgeni Rasin (1898–1964) wertete zusammenfassend die Rolle von Heer und Flotte in den Perserkriegen: „Die Perser suchten die Entscheidung zu Lande und rüsteten ein für damalige Verhältnisse großes Heer aus. Nachdem ihre Truppen im ersten Feldzug bei Marathon geschlagen worden waren, eröffneten sie besonders gut gerüstet den zweiten Feldzug. Die Flotte spielte bei den Persern lediglich eine Hilfsrolle, sie hatte nur die Verbindungen des Landheeres zu sichern. Bei den Griechen gab es ein strategisches Zusammenwirken zwischen Armee und Flotte. Als das griechische Heer bei den Thermopylen eine Niederlage erlitten hatte, verließ die griechische Flotte die Meerenge bei Artemision. Der Sieg des griechischen Heeres bei Plataiai wurde durch den Sieg der Flotte bei Mykale gefestigt. In der letzten Phase des Krieges gewährleisteten die Erfolge zur See die Sicherheit der griechischen Poleis im Mutterland. Obwohl die griechische Flotte eine bedeutende Streitmacht darstellte, konnte sie den Ausgang des Krieges nicht allein entscheiden. Der Erfolg wurde erst durch das strategische Zusammenwirken zwischen Armee und Flotte erreicht, wobei die Siege des Landheeres bei Marathon und Plataiai den Ausschlag gaben."*

* J. A. Rasin, Geschichte der Kriegskunst, Bd. I, Verlag des Ministeriums für Nationale Verteidigung, Berlin 1959, S. 166

Die Alexanderschlacht

Gaugamela 331 v. u. Z.

Die Schlacht bei Gaugamela – in der Militärliteratur wird sie auch nach dem nahe gelegenen Dorf Schlacht bei Arbela genannt – war ein militärischer Höhe- und Glanzpunkt im Krieg zwischen Makedonien und Persien. Bereits drei Jahre kämpften die Heere gegeneinander, und diese Zeit hatte schon wichtige politische und militärische Entscheidungen gebracht.

Makedonien und die mit ihm verbündeten griechischen Stadtstaaten strebten danach, die wirtschaftlich entwickelten kleinasiatischen Gebiete an der Küste des Ägäischen Meeres zu erobern und in den Besitz der Reichtümer dieser Länder – Gold, Silber, Sklaven und anderes – zu gelangen. Den herrschenden Kreisen des Perserreichs ging es um die Verteidigung ihres ausgedehnten Machtbereichs gegen den jungen Räuber, zugleich aber wollten sie ihren Einfluß im östlichen Mittelmeer weiter ausdehnen und die Griechen als unliebsame Handelskonkurrenten zurückdrängen.

Den ersten Schwerthieb führte der emporstrebende makedonische Staat. 336 v. u. Z. war Alexander III. (356–323 v. u. Z.) auf einer Versammlung der makedonischen Krieger zum neuen König gewählt worden. Sein Vater Philipp (382–336 v. u. Z.) hatte bereits griechische Städte unterworfen und damit eine günstige Ausgangsstellung für den Angriff gegen das Perserreich geschaffen.

Makedonien und sein Heer befanden sich damals noch auf der Stufe des Übergangs zur Klassengesellschaft. Eine große Zahl freier Bauern und Hirten leistete Kriegsdienste und stellte ein kampfkräftiges Fußvolk.

Nach dem Besitz und der Bewaffnung gliederten sich die Fußkrieger in drei Arten Infanterie. Die ärmeren Schichten der Bauern und der

14

Viehzüchter stellten das leichte Fußvolk, das mit Bogen, Schleudern und Speeren bewaffnet war und keine besondere Schutzrüstung besaß. Das mittlere Fußvolk, Hypaspisten (griech. aspis = Schild) genannt, kam aus den vermögenderen bäuerlichen Schichten und brachte Schild, Schwert, Speer und eine Schutzrüstung mit. Das schwere Fußvolk, vergleichbar den Hopliten der griechischen Stadtstaaten, erschien mit Schild, Helm, Bein- und Armschienen und einer bis 6 Meter langen Lanze, der Sarisse. Nach der Bewaffnung richtete sich auch die taktische Ordnung des Heeres. Die Sarissenträger und die Hypaspisten bildeten eine dichtgeschlossene Phalanx. Bis zu 16 Mann tief, die Lanzen weit vorgestreckt, rückte schwerfällig und wuchtig die Infanterie vor; an den Flanken und vor der Front wurde das leichte Fußvolk eingesetzt. Die Hypaspisten galten als eine Eliteinfanterie, die sowohl zu Fuß als auch zu Pferde kämpfen konnte.

Die Reiterei, die im allgemeinen aus den Kreisen des makedonischen Stammesadels kam, unterteilte sich ebenfalls in drei Gattungen. Die schweren Reiter, Kataphrakten (griech. kataphraktos = gepanzert) genannt, und die mittleren Reiter, die Dimachen (Doppelkämpfer, die zu Pferde wie zu Fuß fochten), führten lange Lanzen und Schwerter, sie schützten sich durch einen Schild und trugen Helme, Brustpanzer sowie Arm- und Beinschienen; die leichte Reiterei besaß keine Schutzrüstung und kämpfte mit Bogen und Speer.

In der Schlachtordnung stellten sich das schwere und das mittlere Fußvolk zumeist im Zentrum und die Reiterei an den Flügeln auf. Die dichte Phalanx der Infanterie galt als der Kern des Heeres, ihr massierter Einsatz, das heißt ihr Einsatz in fest geschlossener Ordnung und großer Zahl, zusammen mit den gerüsteten Reitern sollte die Schlachtentscheidung herbeiführen. Die Leichtberittenen und das leichte Fußvolk eröffneten den Kampf, sie wichen aber zurück, wenn sich die dichten Massen der gegnerischen Infanterie und Reiterei heranwälzten.

Sowohl Philipp II. als auch sein Sohn legten großen Wert auf eine straffe Ausbildung der Krieger, auf das Zusammenwirken der verschiedenen Arten des Fußvolks mit der Reiterei und auf eine feste Ordnung und Disziplin aller Teile des Heeres. Die Vorzüge einer solchen regulären Streitmacht sollten sich in dem Eroberungskrieg gegen Persien erweisen.

Alexander III. besaß eine gediegene militärische Bildung, er kannte die griechische Taktik und wußte, wie der Thebaner Epaminondas (um 420–362 v.u.Z.) in der Schlacht bei Leuktra 371 v.u.Z. mit einem massierten linken Flügel einen glänzenden Sieg über die Spartaner errungen hatte. In den Schlachten gegen die Perser griff er wiederholt mit einem verstärkten Flügel seiner Elitetruppen an. Von dem berühmtesten Gelehrten der Antike, Aristoteles (384–322 v. u. Z.), erzogen, war der junge makedonische König mit den Wissenschaften der damaligen Zeit vertraut.

Alexander III. verfügte über ein starkes Heer. Zu ihm gehörten auch thrakische Reitertruppen, Fußkrieger aus dem Stamm der Illyrer (im heutigen Jugoslawien), Kontingente der verbündeten griechischen Städte und nicht wenige griechische Söldner, die auf eine reiche Beute hofften. Die Goldlager in Makedonien lieferten die finanziellen Mittel zum Krieg. Von den griechischen Städten übernahmen die Makedonier technisches Gerät für Belagerungen, so Katapulte, Rammböcke zum Zertrümmern der Mauern und hohe Türme, die an die Festungswälle herangeschoben werden konnten.

Das persische Großreich hatte sich seit den Kriegen gegen die griechischen Städte in der ersten Hälfte des 5. Jahrhunderts v. u. Z. nicht grundlegend verändert. Nach wie vor herrschten die Großkönige und die mächtigen, reichen persischen Sklavenhalter und Großgrundbesitzer. Verwaltungsmäßig war der Staat in Satrapien (Provinzen) eingeteilt; die königlichen Statthalter, die Satrapen, besaßen viel Macht, sie befehligten Truppen in ihren Gebieten und betrieben nicht selten eine eigene Politik. Manchmal gelang es diesem oder jenem Satrapen, sich vom persischen Reich vorübergehend loszureißen. Die meisten unterworfenen Stämme und Völker ertrugen nur widerwillig die persische Herrschaft, sie erhoben sich wiederholt gegen den Großkönig. Diese Aufstände erschütterten und schwächten die persische Herrschaft und blieben nicht ohne Wirkung auf das Militärwesen.

Die Streitkräfte des Großkönigs Dareios III. Kodomannos (Regierungszeit 336–330 v. u. Z.) setzten sich aus sehr verschiedenartigen Teilen zusammen. Als Elitetruppe galt die Heilige Schar: berittene Bogenschützen und gerüstete Fußkrieger der königlichen Leibgarde. Die Stämme und Völkerschaften der Satrapien stellten Kontingente von leichter Reiterei und von Fußvolk, zumeist Bogenschützen, Schleuderern und Speerwerfern. Aus den Kernländern des Reiches (dem heutigen Iran) kamen gut gerüstete Reiter und Fußkrieger. Im Kriegsfall warb der Großkönig außerdem Söldner an, namentlich in den griechischen Siedlungen. Es gab auch einige Wehrdörfer, Kleruchien genannt. Die dort ansässigen Bauern, Handwerker und Hirten hatten

Krieger aus der Garde des Großkönigs (Staatliche Museen zu Berlin, Vorderasiatisches Museum)

16

vom König ein Stück Land erhalten und mußten dafür im Krieg Militärdienst leisten.

Die zahlenmäßige Größe dieser bunten Streitmacht konnte jedoch über die innere Schwäche nicht hinwegtäuschen. Ein Zusammenwirken aller Truppen auf dem Schlachtfeld war weder durch eine entsprechende Ausbildung vorbereitet noch in Kriegen erprobt.

Die persische Flotte im Mittelmeer bestand aus mehr als 400 großen Trieren, die Besatzungen rekrutierten sich aus der Bevölkerung der kleinasiatischen und syrischen Hafenstädte, zumeist dienten in ihr Söldner.

Einer der fähigsten Heerführer des Großkönigs Dareios III. war der von der Insel Rhodos stammende Grieche Memnon (gest. 333 v. u. Z.). Er kannte die Schwierigkeiten des Reiches und wollte dem erwarteten makedonischen Einfall nicht in Grenznähe begegnen, sondern erst im Landesinnern. Dann würden die Kräfte des Feindes erschöpft und geschwächt sein. Der persische Hof lehnte aber diesen Plan ab.

Alexander III. bereitete den Krieg gegen Persien politisch und militärisch sorgfältig vor. Er ließ in Makedonien und Griechenland etwa 14 000 Mann unter dem Befehl seines Feldherrn Antipatros (um 400 – 319 v. u. Z.) als strategische Reserve zurück und versicherte sich der Unterstützung Athens und anderer griechischer Stadtstaaten. 334 v. u. Z. überschritt er mit etwa 30 000 Fußkriegern und 5 000 Reitern den Hellespont und schlug eine persische Armee am Fluß Granikos. Damit stand den Makedoniern der Weg nach Kleinasien offen. Die Mehrzahl der von Griechen bewohnten kleinasiatischen Hafenstädte öffnete Alexander III. willig die Pforten, einige, wie Milet und Halikarnassos, fielen nach kurzem Kampf.

Der makedonische Vormarsch entzog der persischen Flotte die Stützpunkte in Kleinasien. Dareios III. hatte inzwischen ein neues Heer gesammelt und verlegte den Makedoniern den Weg nach Syrien. In der Schlacht bei Issos (333 v. u. Z.) besiegte Alexander III. erneut die Perser.

333/32 stießen die makedonischen Truppen entlang der syrischen und palästinensischen Küste vor, eroberten nach siebenmonatiger Belagerung Tyros und erreichten Ägypten, die reichste persische Provinz. Nun befand sich die gesamte Küste im Besitz der Makedonier, die persische Kriegsflotte war ausgeschaltet. In den wichtigsten Städten der eroberten Gebiete ließ Alexander III. makedonische Garnisonen zurück und sicherte sich das Hinterland und die rückwärtigen Verbindungen für den weiteren Vormarsch nach Osten.

Obgleich sich das Perserreich als ein „Koloß auf tönernen Füßen" er-

Persischer Streitwagen

wies, gab Dareios III. den Widerstand nicht auf. Er bezog mit einem neuen Heer Stellung bei Arbela nördlich der alten assyrischen Hauptstadt Ninive. Alexander III. war inzwischen von Ägypten aufgebrochen, durch Syrien marschiert und hatte Euphrat und Tigris überschritten. Ende September 331 v. u. Z. kamen seine Truppen mit dem persischen Heer in Berührung. Eine neue Schlacht stand bevor.

Beide Seiten hatten Verstärkungen herangezogen. Die Perser zählten 60000 bis 80000 Mann Fußvolk unterschiedlichster Art – leichte und schwere Infanterie einschließlich einer großen Zahl griechischer Söldner –, über 12000 Reiter, 100 Streitwagen, die an den Rädern Sicheln hatten, und 15 Kriegselefanten. Von den Streitwagen und von den Elefanten, die den Makedoniern kaum bekannt waren, versprach sich der Großkönig eine besondere Wirkung. Das persische Heer hatte in zwei langen Linien Aufstellung genommen, im Zentrum war das Fußvolk postiert, an den Flügeln die Reiterei, Streitwagen, Kriegselefanten und leichtbewaffnete Krieger vor der Front.

Die Makedonier verfügten über 50000 bis 60000 Mann, davon etwa 40000 Mann schweres und mittleres Fußvolk, das in mehreren Phalangen hintereinander im Zentrum der Schlachtordnung stand. Rechts und links befand sich die Reiterei, Alexander III. hatte einen starken rechten Flügel mit seinen Kataphrakten und Dimachen geschaffen. Wie in anderen Schlachten suchte er auch hier einen koordinierten Flankenangriff von Fußvolk und Reiterei zu führen. Leichtbewaffnete Truppen sicherten die gesamte Aufstellung nach vorn und an den Flanken sowie das mehrere Kilometer weit rückwärts errichtete Lager.

Alexander III. erkundete rechtzeitig die persische Aufstellung. Dabei sah er, daß seine eigene Schlachtordnung kürzer als die des Gegners war. Im Fall eines persischen Angriffs mußte der rechte makedonische Flügel in eine gefährliche Lage geraten. Deshalb befahl der König dem Fußvolk und der Reiterei, nach rechts aufzurücken. Der linke Flügel sollte etwas zurückfallen; denn der Zusammenhalt der ganzen Aufstellung mußte gewahrt bleiben. Als Dareios III. die Truppenbewegung erkannte, befahl er den Angriff der Streitwagen und Kriegselefanten. Aber der persische Vorstoß endete mit einem Fiasko. Die makedonischen Bogenschützen schossen mit ihren Pfeilen die Wagenlenker und Pferde ab; die Wagen fuhren ineinander oder kippten um. Der Angriff brach zusammen.

Daraufhin ließ der Großkönig die ganze erste Schlachtlinie vorgehen. Zwischen dem linken persischen und dem rechten makedonischen Flügel entbrannte ein erbitterter Kampf. Der römische Geschichtsschreiber Flavius Arrian (um 95 – um 175) beschreibt den weiteren Schlachtverlauf:

„Als nun Dareios seine eigentliche Schlachtreihe in ihrer ganzen Massiertheit heranführte, befahl Alexander Aretas [einem seiner Unterführer – H. S.] den Angriff auf die feindliche Reiterei, die dabei war, den rechten Flügel zu umreiten und einzukreisen. Er selbst führte bis dahin seine eigene Truppe immer noch in dichter Kolonne, doch als nun die gegen den persischen Einschließungsring auf dem rechten Flügel zu Hilfe eilenden eigenen Verbände in die vordere Linie der Gegner eine gewisse Bresche geschlagen hatten, wandte sich Alexander der dadurch entstandenen Lücke zu, bildete eine Art Stoßkeil aus Hetairenkavallerie und daneben aufgestellter Phalanx und stürmte unter Schlachtgeschrei auf Dareios selbst zu. Für kurze Zeit kam es zu erbittertem Nahkampf, und während die Reiter in seiner Nähe wie auch Alexander selbst mit der Wucht ihrer Masse auf den Gegner eindrangen und dazu ihre Speere gebrauchten, deren Schäfte sie den Persern ins Gesicht stießen, war auch schon die makedonische Phalanx, in dichter Reihe und von Lanzen starrend, in den Gegner eingebrochen. Da nun fühlte Dareios, längst schon voller Angst, alles Schreckliche auf sich hereinbrechen: Als erster wandte er sich zur Flucht. In Angst

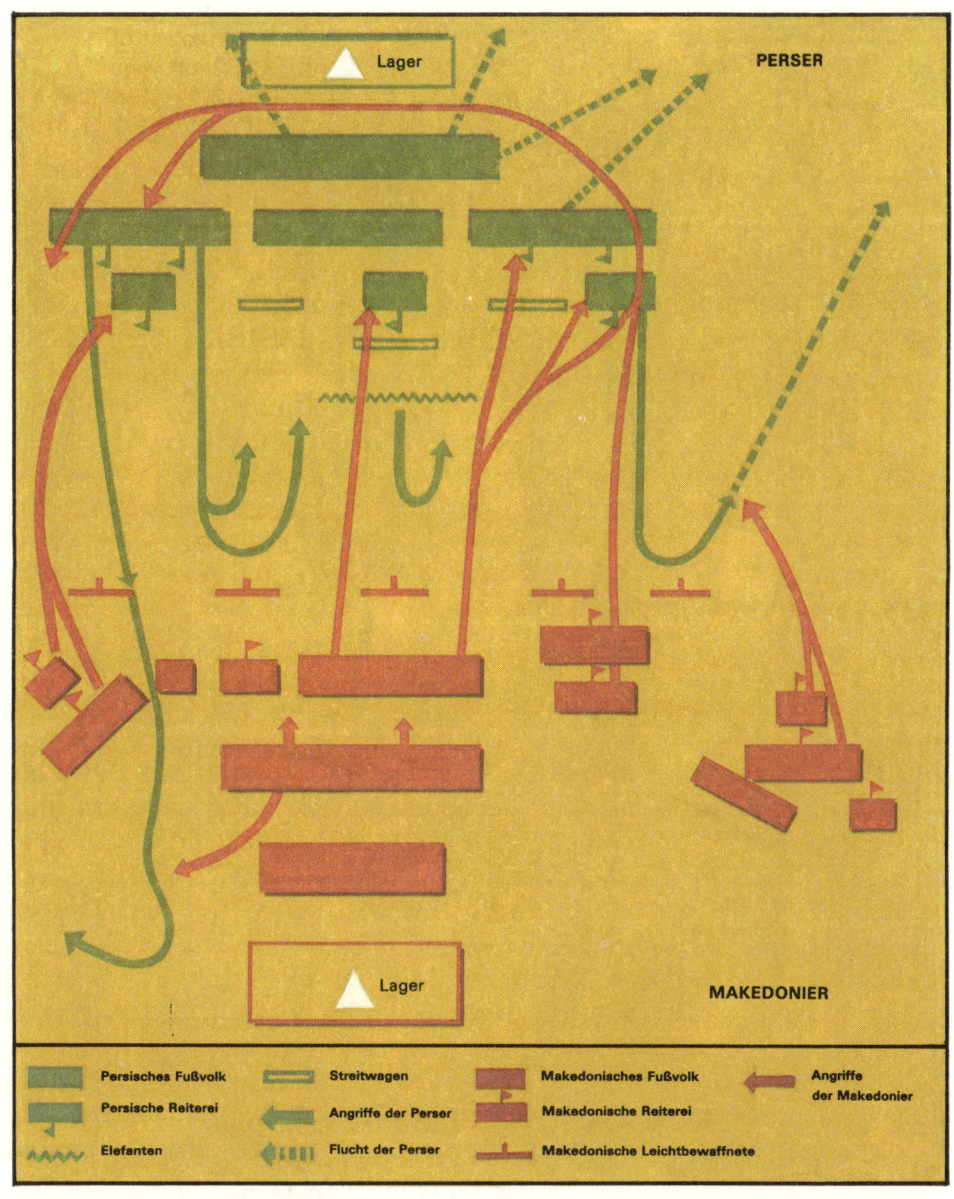

![green] Persisches Fußvolk	![white] Streitwagen	![red] Makedonisches Fußvolk	![arrow] Angriffe der Makedonier
![green] Persische Reiterei	![green arrow] Angriffe der Perser	![red] Makedonische Reiterei	
~~ Elefanten	◁◁◁ Flucht der Perser	— Makedonische Leichtbewaffnete	

Schlachtordnung und Angriffe des makedonischen und des persischen Heeres

gerieten auch die persischen Einkreisungstruppen, als Aretas und dessen Leute mit aller Wucht in sie einbrachen.

Schon kam es an dieser Stelle zu wilder Flucht der Perser. Denn die

Schlacht bei Gaugamela (nach einem Mosaik aus Pompeji)

Makedonen setzten nach und töteten, was ihnen von den Flüchtenden in die Hände fiel."*

Während der rechte Flügel der makedonischen Streitmacht Erfolge errang, geriet der linke in Schwierigkeiten. Die Perser durchbrachen die makedonische Aufstellung. Alexanders fähiger Feldherr Parmenion (gest. 330 v. u. Z.) kommandierte hier vor allem griechische und thessalische Hilfstruppen, die nicht über die Kampfkraft der makedonischen Phalangen verfügten. Er sandte eilig Botschaft an den König und bat um rasche Unterstützung.

Arrian berichtet weiter: „Auf diese Meldung hin ließ Alexander von der weiteren Verfolgung ab, schwenkte mit der Hetairenreiterei ein und führte diese eiligst gegen den rechten feindlichen Flügel. Unterwegs aber geriet er als erster an die zurückjagenden feindlichen Reiter, Parther, einige Inder und die Hauptmasse der kampfkräftigsten Perser, und nun kam es zum erbittertsten Reiterkampf der ganzen Schlacht. Schwadronenweise in Kolonnen formiert, wendeten sich die Perser nach rechts und stießen so frontal mit den Makedonen zusammen. Jetzt gab es keinen Platz mehr für Speerwurf oder Schwenkungen der Pferdeleiber, wie dies sonst bei Reiterkämpfen üblich ist, vielmehr

* Arrian, Der Alexanderzug. Indische Geschichte, 1. T., Akademie-Verlag, Berlin 1985, S. 223 ff.

suchte jeder für sich die Feinde zu brechen, wo er eben stand, die einzige Möglichkeit, überhaupt durchzukommen. So teilte man, dichtgedrängt, schonungslos Hiebe aus, um sie auch wieder zu empfangen, denn niemand kämpfte mehr um den Sieg für einen anderen, der ihm persönlich gleichgültig sein konnte: Worum es ging, war einzig das eigene nackte Leben."*

Dareios III. hatte schon während der Schlacht die Flucht ergriffen und den Kampf seines rechten Flügels nicht abgewartet, obwohl die Perser hier eine gewisse Erfolgschance hatten. Aber sie erlagen dem Zusammenwirken der makedonischen Reiterei mit der Infanterie. Das persische Heer löste sich auf. Am Morgen des 2. Oktober nahm die makedonische Reiterei Arbela ein und sicherte die im feindlichen Lager aufgefundenen Schätze und Güter.

Die Schlacht hatte große politische und militärische Auswirkungen. Das persische Reich brach auseinander, eine Reihe von Satrapen, wie der von Babylon, ging auf die Seite Alexanders über und öffnete den Eroberern die Städte. Der makedonische König zog in die Residenzstädte Susa und Persepolis ein und wandte sich anschließend gegen das iranische Hochland.

Dareios III. war mit einer kleinen Schar Getreuer nach Nordpersien geflohen, hier ließ ihn 330 v. u. Z. ein Satrap ergreifen und ermorden.

Im Besitz des Kerngebiets des ehemaligen persischen Großreichs, plante Alexander III. weitere Feldzüge nach Norden und Osten, die ihn zu den Grenzen der den Griechen und Makedoniern damals bekannten Welt führten.

Militärisch hatte die Schlacht bei Gaugamela gezeigt, wie notwendig ein koordiniertes Zusammenwirken der Infanterie mit der Kavallerie war und welche Stoßkraft die mächtige Phalanx der Sarissenträger besaß. Eine entscheidende Rolle spielte die schwere und mittlere Reiterei, vor allem ihr verdankte Alexander III. den Sieg. Der König selbst kümmerte sich sehr um die Kavallerie, er gehörte zu den besten Reitergeneralen des Altertums.

Im Vergleich zu früheren Kriegen war die Truppenführung in der makedonischen Zeit komplizierter geworden. Der Feldherr benötigte einen Stab von Gehilfen, die er zu den Befehlshabern der einzelnen Teile der Schlachtordnung entsenden konnte oder die ihn bei den rasch zu treffenden Entscheidungen berieten. Hinzu kam, daß es sich um zahlenmäßig sehr starke Heere handelte, die mit den Bürger-

* ebenda, S. 227

Bauern-Aufgeboten der griechischen Stadtstaaten nicht vergleichbar waren. Ausrüstung, Verpflegung, Nachschuborganisation und Märsche über mehr als 1000 Kilometer sowie der Einsatz solcher Armeen von über 50000 Mann stellten die militärische Führung vor neue Aufgaben.

Militärs und Historiker haben die weiten Feldzüge und großen Schlachten des makedonischen Königs als militärische Leistungen hervorgehoben. So betont der preußische General und Militärtheoretiker Carl von Clausewitz (1780–1831): „Ebenso einzig in ihrer Art sind die Kriege Alexanders. Mit einem kleinen, aber durch seine innere Vollkommenheit ausgezeichneten Heere wirft er die morschen Gebäude der asiatischen Staaten nieder. Ohne Rast und rücksichtslos durchzieht er das weite Asien und dringt bis Indien vor.“*

* Vom Kriege. Hinterlassenes Werk des Generals Carl von Clausewitz, Verlag des Ministeriums für Nationale Verteidigung, Berlin 1957, S. 704

„Hannibal ante portas!"

Cannae 216 v. u. Z.

Der Zusammenstoß zwischen dem römischen und dem karthagischen Heer bei Cannae war eine der größten und bedeutendsten Schlachten der Antike. 537 Jahre lag die sagenhafte Gründung Roms (753 v. u. Z.) zurück, und das 538. Jahr verhieß für den römischen Staat nicht viel Gutes.

Im 3. Jahrhundert v. u. Z. war die römische Sklavenhalterrepublik erstarkt und territorial gewachsen. Ihr Widersacher, das mächtige Karthago, der führende phönizische Staat, hatte im Ersten Punischen Krieg (264 – 241 v. u. Z.) eine Niederlage erlitten. Aber die karthagischen Sklavenhalter und reichen Händler fanden sich mit einem geringeren Einfluß nicht ab und rüsteten eifrig für einen neuen Krieg, der Rom niederwerfen sollte. Seit 237 v. u. Z. schoben die Punier, wie die Römer die phönizischen Karthager nannten, die Grenzen ihres Machtbereichs auf der Iberischen Halbinsel (Spanien – Portugal) immer weiter vor, am Ebro stießen sie 11 Jahre später auf die Römer, die auch jenseits der Pyrenäen Fuß gefaßt hatten. Die Beziehungen zwischen beiden Ländern waren so gespannt, daß es nur noch einiger Funken bedurfte, um das Feuer eines neuen Raubkriegs auflodern zu lassen.

Aus dem Streit um die Hafenstadt Sagunt (heute Sagunto in Ostspanien) erwuchs der Zweite Punische Krieg (218–201 v. u. Z.). Der karthagische Staatsmann und Feldherr Hannibal (247–183 v. u. Z.), einer der reichsten Bürger Karthagos, verließ mit etwa 60000 Soldaten Spanien, überschritt die Pyrenäen, marschierte durch das südliche Gallien, überwand die schneebedeckten und schwer passierbaren Alpen und erschien in der oberitalienischen Tiefebene. Sein Heer aus kriegserfahrenen karthagischen, iberischen (spanischen), keltischen und nordafrikanischen Fuß- und Reiterkriegern war allerdings durch Kämpfe,

Krankheiten und Wetterunbilden arg gelichtet und zählte nur noch etwa 26000 Mann sowie einen einzigen der schreckenerregenden Kriegselefanten. Mit diesen erprobten Truppen, die durch keltische Krieger und Verstärkungen aus Nordafrika aufgefrischt wurden, schlug Hannibal die ihm entgegenziehenden römischen Legionen an der Trebia und am Trasimenischen See. Furcht breitete sich in der rö-

Hannibal

Römische Krieger

mischen Republik aus, scheinbar gab es kein Halten gegen diesen Feind.

Die römische Streitmacht jener Zeit war kein stehendes Heer mit dienenden Wehrpflichtigen und Berufssoldaten, sondern eine Miliz (lat. militia = Soldatendienst), das heißt eine reguläre Armee, die vom Staat nur zeitweise unterhalten, im Kriegsfall einberufen und im Frieden ausgebildet wurde. Jeder freie und taugliche römische Bauer und Stadtbewohner war zu Militärdiensten verpflichtet und mußte an einer festgelegten Zahl von Feldzügen teilnehmen. Zu seinen politischen Rechten als Bürger der römischen Republik gehörte die Pflicht, eine Schutzrüstung – Helm, Schild, Brustpanzer, Arm- und Beinschienen – und Waffen – Wurfspieß und Kurzschwert – zu besitzen und sich im Waffengebrauch zu üben. Diese Ausrüstung war nach dem Vermögen des betreffenden Kriegers gestaffelt, die reichsten Römer erschienen beritten zum Kriegsdienst, die ärmsten Freien als Leichtbewaffnete nur mit Wurfspießen und Schleudern. Auf Grund seiner festen Disziplin und Ordnung sowie der Ausbildung in Friedens- und Kriegszeiten bildete das Heer eine schlagkräftige Streitmacht. An seiner Spitze standen im Krieg die Konsuln, die höchsten Beamten der Sklavenhalterrepublik, die wiederum dem Senat gegenüber verantwortlich waren.

216 v. u. Z. bereitete sich Rom auf einen vernichtenden Schlag gegen die Karthager vor. Die Verluste waren weitgehend ersetzt und 8 neue Legionen in einer Gesamtstärke von 40000 Mann formiert worden. Zusätzlich 40000 Krieger stellten die italienischen Bundesgenossen Roms, so daß die beiden Konsuln – der vorsichtig abwägende Aemilius Paullus und der hitzige, draufgängerische Terentius Varro – über 80000 Mann zur Verfügung hatten, dazu noch 6000 Reiter. Beide Konsuln wechselten sich täglich im Kommando ab, was die Führung erschwerte und die Truppen verunsicherte.

Im allgemeinen kämpfte das römische Heer in einer langen, in sich gegliederten Aufstellung. Gewöhnlich bildeten 120 Krieger eine Unterabteilung, ein Manipel. Diese rechteckige Formation war 20 Mann breit und 6 Glieder tief. Die Manipel operierten nicht dicht neben- und hintereinander, sondern in Abständen und mit Zwischenräumen, so daß nach Bedarf Manipel von hinten nach vorn in die Lücken einrücken konnten. Eine solche Ordnung war elastisch und für Angriff und Verteidigung vorteilhaft. Allerdings hatte diese Manipulartaktik in den blutigen Schlachten des Jahres 218 v. u. Z. gegen die ungestüme Angriffswucht der Karthager versagt. Aus den Niederlagen zogen die römischen Konsuln die Schlußfolgerung, eine dichtgeschlossene Aufstellung zu formieren, an der sich die feindlichen Angriffe brechen sollten. Das etwa 60000 Krieger starke Fußvolk der Römer bildete eine fast 2 Kilometer lange Front, Manipel an Manipel ohne sichtbaren Zwischenraum, 36 Mann hintereinander. Eine solche Formation nach Art der makedonischen Phalanx ließ sich schwer lenken, Umgruppierungen waren kaum möglich. An den Flügeln standen die Reiter, etwa 6000 Mann, vor der Front die Leichtbewaffneten – Steinschleuderer und Wurfschützen.

Hannibal war mit über 40000 Fußkriegern und 10000 Reitern der

Leichtbewaffnete

10 Manipel
zu je
120 Mann

10 Manipel zu je
120 Mann

10 Manipel
zu je
60 Mann

Römische Manipularordnung im 3. Jahrhundert v. u. Z.

römischen Heeresmacht an Zahl unterlegen. Aber ein Großteil seiner
Streiter rekrutierte sich aus kampferfahrenen Söldnern, namentlich die
libyschen Fußtruppen und die schwergerüstete Reiterei zählten zu
den Eliteeinheiten, auf die sich der karthagische Feldherr verlassen
konnte. Die Schlachtordnung ähnelte der römischen nur äußerlich,
Hannibal hatte seine Kräfte ganz anders verteilt. Auf dem linken Flügel standen 8000 Mann iberische und keltische Reiter unter dem Feldherrn Hasdrubal (gest. 207 v. u. Z.), im Zentrum über 30000 Fußkrieger, auf dem rechten Flügel 200 leichter gerüstete Reiter aus Nordafrika. Das Fußvolk bildete auch nicht wie bei den Römern eine dichte
Masse, am rechten und linken Flügel waren jeweils 6000 libysche Söldner als eine Art Eckpfeiler aufmarschiert. Die 6000 Leichtbewaffneten

standen hier ebenfalls vor der Front der Fußkrieger. Die Aufstellung bot das Bild eines Halbmonds mit nach vorn gerichteter Krümmung.

Der griechische Historiker Polybios (um 200–120 v. u. Z.), der in Rom lebte, schreibt über die karthagische Schlachtordnung:

„Zur gleichen Zeit führte Hannibal die Balearer und Lanzenträger über den Fluß und stellte sie vor dem Heere auf, führte dann die übrigen aus dem Lager und an zwei Stellen über den Fluß und ließ sie dem Feind gegenüber in Schlachtordnung aufmarschieren. Unmittelbar an den Fluß auf seinem linken Flügel stellte er die iberischen und keltischen Reiter der römischen Reiterei gegenüber, an diese schloß sich

Angriffe der karthagischen Reiterei und des römischen Fußvolks

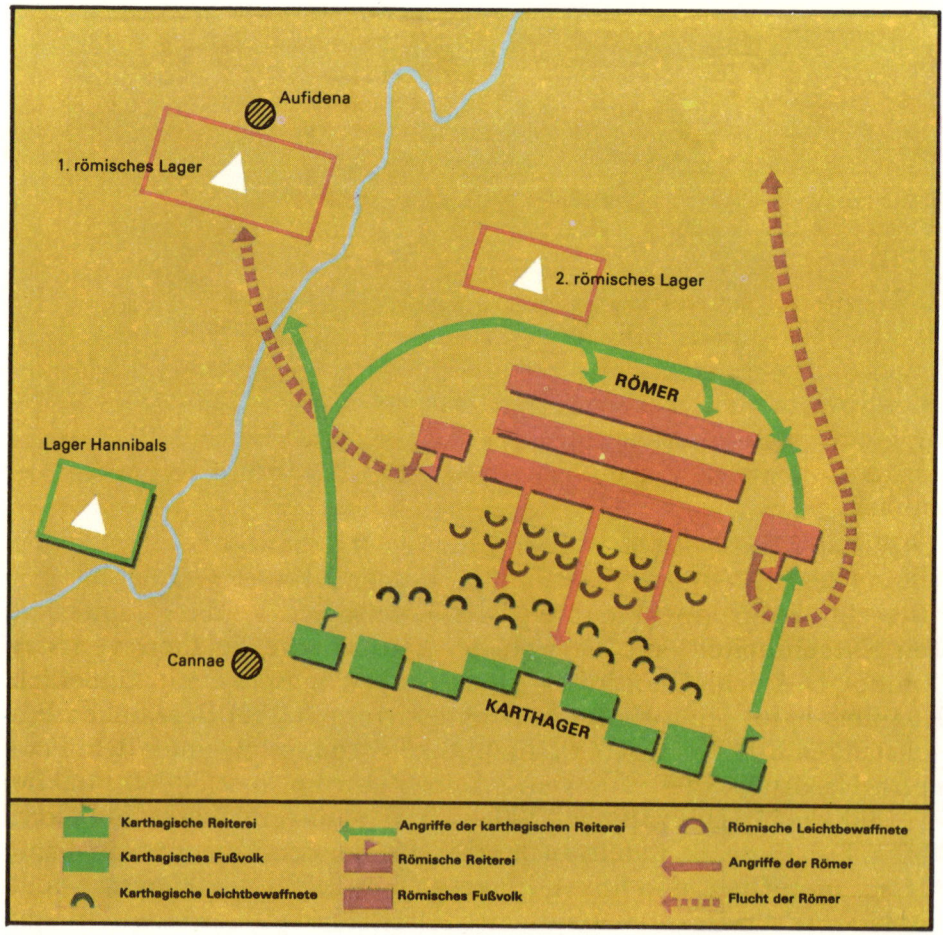

Schlacht bei Cannae (Gemälde von Heinz Zander – Armeemuseum der DDR, Dresden)

die Hälfte der schwerbewaffneten Libyer, an diese wiederum die Iberer und die Kelten; auf diese folgte die restliche Hälfte der Libyer, dann auf dem rechten Flügel die numidischen Reiter … Da sie nun abteilungsweise abwechselnd nebeneinander standen, die Kelten nackt, die Iberer nach Vätersitte mit leinenen, purpurgesäumten Röcken geschmückt, boten sie einen ebenso befremdenden wie furchterregenden Anblick."*

Auf römischer Seite hatte am 2. August Terentius Varro den Oberbefehl. Er nutzte seine Vollmachten unverzüglich, um die Schlacht zu schlagen. Die Leichtbewaffneten beider Heere eröffneten das Ringen. Auf den Flügeln stürmte die Reiterei gegeneinander vor, hier kam es zu einem verbissenen, gnadenlosen Nahkampf. Schließlich unterlagen die römischen Reiter der stärkeren gegnerischen Kavallerie, sie flohen in Richtung auf das Lager und die Straße nach Aufidena (Alfedena). Die karthagischen Reiter jagten in großem Bogen um das feindliche Heer und vereinigten sich mit den Reiterabteilungen des rechten Flügels.

* Polybios, Geschichte, 1. Bd., Artemis-Verlag, Zürich und Stuttgart 1961, S. 312 f.

Während des Reiterkampfs hatte sich die Masse des römischen Fußvolks in Bewegung gesetzt. Mit Wucht drückten die Manipel die keltischen und iberischen Reihen immer mehr zurück. Aus dem nach vorn gewölbten Bogen entstand allmählich eine Gerade, in die das römische Fußvolk eindrang. Dabei aber wurde die gesamte römische Ordnung noch dichter und schwerfälliger, die Kämpfer konnten sich kaum noch rühren. Die Truppenführung ging mehr und mehr verloren, überall drängte und schob es, riesige Staubwolken behinderten die Sicht und vergrößerten das Chaos.

Einschließung der Römer

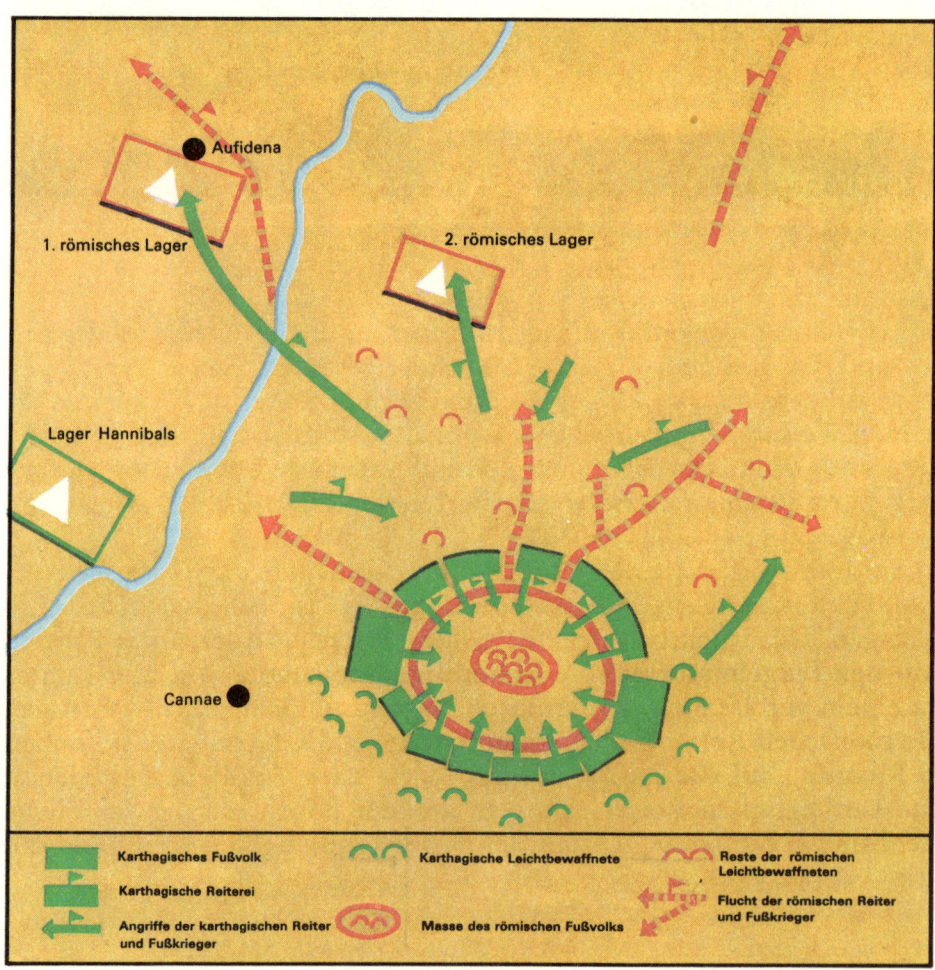

Aufidena

1. römisches Lager

2. römisches Lager

Lager Hannibals

Cannae

Karthagisches Fußvolk

Karthagische Reiterei

Angriffe der karthagischen Reiter und Fußkrieger

Karthagische Leichtbewaffnete

Masse des römischen Fußvolks

Reste der römischen Leichtbewaffneten

Flucht der römischen Reiter und Fußkrieger

Hannibal erkannte wohl die gefährliche Lage im Zentrum seiner Schlachtordnung, aber er wußte, daß die starken libyschen Abteilungen standhalten würden. Die Libyer schwenkten nun gegen die Flanken des eingebrochenen römischen Fußvolks ein. Im Rücken der Römer hatte inzwischen die karthagische Reiterei ihre volle Bewegungsfreiheit gewonnen, die römische Kavallerie war vom Schlachtfeld verschwunden, und Hannibals Reiterabteilungen griffen die gegnerische Streitmacht im Rücken an. Eine Katastrophe bahnte sich an. Auf engstem Raum war die Masse des römischen Fußvolks eingeschlossen. Die Römer leisteten erbitterten Widerstand und schlugen sich Mann gegen Mann, ein organisiertes Zusammenwirken der Truppen erfolgte nicht mehr. Stundenlang, bis zum Einbruch der Dunkelheit, währte das mörderische Ringen. Es war der blutigste Tag in der Geschichte Roms, Hannibal hatte den bis dahin größten Sieg über die Römer errungen.

„Die Römer hielten so lange stand, als sie noch nach den verschiedenen Seiten hin eine Front gegen die bilden konnten, von denen sie eingeschlossen waren. Als aber ringsum die in den vorderen Gliedern Stehenden mehr und mehr fielen und sie auf einen engen Raum zusammengedrängt wurden, da fielen zuletzt alle, wo sie standen ... Während diese im Handgemenge den Feinden erlagen, verfolgten die Numider die fliehenden Reiter, töteten die meisten von ihnen, andere warfen sie von den Pferden. Nur einige wenige entkamen nach Venusia ... Dies war der Ausgang der Schlacht bei Cannae zwischen den Römern und Karthagern, einer Schlacht, in der sich sowohl die Sieger wie die Besiegten als tapfere Männer bewährten."*

Über 50000 Tote und 10000 Gefangene kostete diese Schlacht die Römer, ihre Legionen waren zerschlagen, die Waffen und Ausrüstungen verloren, eine reiche Beute fiel den Siegern in die Hände. Hannibal büßte dagegen nur über 7000 Tote ein. Obwohl seine Armee ihre Kampffähigkeit behielt, sah er von einer Verfolgung der Reste des Gegners ab und blieb zunächst in der Gegend von Cannae. Die Römer erwarteten einen Angriff auf ihre Hauptstadt, und verschiedentlich erscholl der Ruf „Hannibal ante portas!" (Hannibal vor den Toren!). Als sich die Nachricht vom karthagischen Sieg verbreitete, schlossen sich viele Stämme im Süden der Apenninenhalbinsel dem karthagischen Feldherrn an, im Triumph zog er durch das südliche Italien.

Rom dachte nicht daran, aufzugeben und sich Karthago zu unterwerfen. In aller Eile formierte die Republik neue Legionen, hob junge

* ebenda, S.316 f.

Dienstpflichtige aus, zog sogar freigelassene Sklaven in das Heer ein – was vorher undenkbar gewesen war – und mobilisierte die ihr noch verbliebenen verbündeten Stämme. Um 212 v. u. Z. hatte Rom bereits wieder 25 Legionen im Feld. Allmählich wurden die Städte zurückerobert und die abgefallenen Stämme abermals unterworfen.

Cannae brachte nicht das Kriegsende. Mehr als 10 Jahre kämpfte die karthagische Armee noch auf der Apenninenhalbinsel, ein neuer Schlachtenerfolg blieb ihr versagt. 202 v. u. Z. landeten die Römer in Nordafrika und besiegten Hannibal bei Zama. Ein Jahr später wurde Frieden geschlossen, der das mächtige karthagische Reich zu einem kleinen Stadtstaat machte.

Militärs und Historiker bewegt immer wieder die Frage, warum Hannibal nach Cannae Rom nicht angriff. Einige von ihnen sprechen davon, daß die karthagischen Krieger in süditalienischen Städten Quartier bezogen und dort in den Armen schöner Frauen und im üppigen Leben verweichlichten. Die Wirklichkeit sah jedoch anders aus. Hannibals Armee befand sich trotz des überwältigenden Schlachtensiegs in einer komplizierten Lage, sie blieb abgeschnitten von ihren rückwärtigen Verbindungen nach Gallien und Spanien. Es war nicht leicht, die Stärke und Kampffähigkeit dieser Streitmacht aus kostspieligen Söldnern ständig zu sichern. Der römische Dichter Livius (gest. Ende des 3. Jahrhunderts v. u. Z.) soll damals ausgerufen haben: „Zu siegen verstehst du, Hannibal, den Sieg auszunutzen, nicht!" Ein solcher Tadel war jedoch nicht berechtigt. „Es beruhte auf einer völligen Verkennung der Sachlage", so schreibt Franz Mehring (1846–1919), „wenn ihm zum Vorwurf gemacht worden ist, daß er zwar zu siegen, aber den Sieg nicht zu benutzen verstehe. Sein Heer war lange nicht stark genug, um eine so große und gut befestigte, mit Vorräten aller Art reich versehene Stadt wie Rom zu belagern und zu erobern. Ein mißlungener Sturm auf die Stadt würde ihn aber um die Frucht aller seiner Siege gebracht, würde gerade das vereitelt haben, worauf er es abgesehen hatte, den Abfall der italienischen Bundesgemeinden von der römischen Hegemonie."*

Hannibal handelte beim weiteren Einsatz seines Heeres außerordentlich vorsichtig. Aber auch die Römer entzogen sich geschickt neuen Schlachten gegen die sieggewohnten Karthager. Sie wichen dem Feind aus und griffen ihn dort überraschend an, wo sie sich leichte Erfolge ausrechneten. Diese hinhaltende Kriegführung zehrte an den Kräften der Karthager.

---

* Franz Mehring, Gesammelte Schriften, Bd. 8, Dietz Verlag, Berlin 1967, S. 176

Die Einschließung und Vernichtung eines großen Heeres durch eine zahlenmäßig unterlegene Armee erweckte das besondere Interesse von Feldherren, Politikern und Militärtheoretikern. Sie sahen in Hannibals Handlungen das Rezept für siegreiche Schlachten und selbst für ganze Kriege. Generalfeldmarschall Alfred Graf von Schlieffen (1833–1913), von 1891 bis 1905 Chef des Großen Generalstabs des Heeres im deutschen Kaiserreich, verfaßte wenige Jahre vor seinem Tod eine Arbeit über die Schlacht bei Cannae. Darin schreibt er: „Waffen und Kampfesart haben sich seit 2000 Jahren völlig geändert. Man geht sich nicht mit kurzen Schwertern zu Leibe, sondern man beschießt sich auf Tausenden von Metern; der Bogen ist durch das Rücklaufgeschütz, die Schleuder durch das Maschinengewehr ersetzt worden. An die Stelle von Metzeleien sind Kapitulationen getreten. Die großen Schlachtbedingungen sind indes unverändert geblieben. Die Vernichtungsschlacht kann heute nach demselben Plane, wie ihn Hannibal in vergessenen Zeiten erdacht hat, geschlagen werden."*

Viele Militärs dachten um die Wende vom 19. zum 20. Jahrhundert ähnlich. Was dem karthagischen Feldherrn gegen die Römer gelungen war, das sollte unter veränderten Bedingungen mit starken Heeren und neuen Waffen auch den modernen kapitalistischen Armeen möglich sein. Allerdings vergaßen diese Generale und Politiker eins: Hannibal hatte zwar die Schlacht bei Cannae gewonnen, aber der Krieg war für Karthago verlorengegangen, das heißt, der große Schlachtensieg hatte die Niederlage am Ende nicht abwenden können. Hinzu kommt, daß die kriegführenden Länder nicht nur ihre Heeresstärken und Waffenvorräte in die Waagschale des Kampfes werfen, zugleich messen sich im Krieg das Potential und die Leistungsfähigkeit von Wirtschaft und Technik, die personellen und materiellen Reserven. Nicht eine Generalschlacht bringt die Entscheidung, sondern eine Reihe von Schlachten, bis die Kräfte einer Seite erschöpft sind oder politisch-soziale Umwälzungen, Aufstände und Revolutionen den Krieg beenden.

* Generalfeldmarschall Graf Alfred von Schlieffen, Cannae, Verlegt bei E. S. Mittler & Sohn, Berlin 1925, S. 3

„Varus, gib mir die Legionen wieder!"

Teutoburger Wald 9

Als die Schlacht im Teutoburger Wald geschlagen wurde, waren über zwei Jahrhunderte seit den Tagen von Cannae vergangen. In dieser Zeit hatte sich die politische Karte Europas verändert. Die römische Republik war zum beherrschenden Großreich im Mittelmeerraum und in Westeuropa emporgestiegen, ihr Rivale Karthago dagegen 146 v. u. Z. untergegangen; im selben Jahr hatten die Römer auch Griechenland unterworfen. Um die Zeitenwende erstreckte sich das Römische Reich von Nordafrika bis an die Donau, von den Gestaden des Atlantiks bis zum Euphrat. Seit der Eroberung Galliens durch Gajus Julius Cäsar (100–44 v. u. Z.) in den Jahren 58 bis 51 v. u. Z. standen römische Legionen am Rhein und rüsteten sich zu Vorstößen in das Land zwischen Rhein und Elbe. Ziel der römischen Sklavenhalter war es nunmehr, die germanischen Stämme ihrer Ausbeuterherrschaft zu unterwerfen und eine Provinz Germania zu errichten. Dafür schienen günstige militärische Voraussetzungen zu bestehen.

Roms Militärmacht war während der Eroberungskriege vom 3. bis 1. Jahrhundert v. u. Z. beträchtlich gewachsen. Die römischen Legionen rekrutierten sich nicht mehr aus dienstpflichtigen freien Bauern und Stadteinwohnern, sondern aus Freiwilligen, die das risikoreiche Leben von Berufssoldaten auf sich nahmen. Aus dem Milizheer war eine stehende Armee geworden. Eine Reihe von Ursachen hatte diese Entwicklung gefördert, vor allem der wirtschaftliche Ruin vieler dienstpflichtiger Freier infolge der lang dauernden Feldzüge auf weit abgelegenen Kriegsschauplätzen. So mancher verarmte römische Bauer und Handwerker hoffte nun, im Heer seinen Lebensunterhalt zu finden.

Legionär der kaiserlichen Garde (Staatliche Museen zu Berlin, Antiken-Sammlung)

Hier erhielt er reichlichen Sold, Anteil an der Kriegsbeute und am Ende der fünfundzwanzigjährigen Dienstzeit eine Landparzelle; Nichtrömern wurde zudem das römische Bürgerrecht mit seinen politischen Privilegien versprochen. Diese Veränderungen in der Zusammensetzung der Armee wirkten sich auf die militärische Organisation, Taktik und Technik aus. Der Berufssoldat wurde intensiv ausgebildet, mußte Schanz- und Pionierarbeiten verrichten und sich einer strengen Disziplin unterwerfen. An die Stelle der Manipularordnung traten die kampfstarken Kohorten (lat. cohors = Schlachthaufen), die etwa 600 Mann zählten und in der Schlacht selbständig Aufgaben lösten. Die Legion gliederte sich in 10 Kohorten, dazu kamen Berittene sowie viele Wurfmaschinen und Belagerungsgeräte. Feste Militärstraßen verbanden die Legionslager, so daß die Truppen rasch von einer Provinz in eine andere marschieren konnten. Heeresorganisation und Kriegskunst erreichten um die Zeitenwende einen Höhepunkt ihrer bisherigen Entwicklung in der Sklavenhaltergesellschaft. Kein Land und kein Volk im Mittelmeerraum schien die römische Militärmacht aufhalten zu können.

Die Cherusker, Chatten, Marser, Friesen und die anderen germanischen Stämme lebten demgegenüber noch in der Urgesellschaft. Allerdings hatten bei ihnen schon seit langem wirtschaftlich-soziale Entwicklungen eingesetzt, die auf den Zerfall der alten Gentilordnung hinwiesen. Die Kontakte mit dem Römischen Reich beschleunigten diesen Prozeß. So gab es bei den germanischen Stämmen bereits Fürsten und einen Stammesadel, die sich von der Masse der Stammesangehörigen durch einen größeren politischen Einfluß, durch Sondereigentum und eine gewisse Wohlhabenheit abhoben. Nicht wenige dieser Adligen sympathisierten mit den Römern, deren Macht und Reichtum sie faszinierte.

Die gentilgesellschaftlichen Verhältnisse bestimmten auch Heeresorganisation und Kriegskunst. Im Kriegsfall wurde die Masse der tauglichen Männer in das Aufgebot eingereiht. Die Teilnahme an den Feldzügen war militärische Pflicht und politisches Recht der männlichen Stammesangehörigen. Dieses ungeschriebene Gesetz galt auch für die Fürsten und Adligen, wobei erstere in der Regel eigene Gefolgschaften unterhielten, mit denen sie Raub- und Streifzüge unternahmen und im Krieg zum Aufgebot stießen. Sehr treffend charakterisiert Friedrich Engels (1820–1895) diese neue militärische Erscheinung: „Der Kriegsführer, der sich einen Ruf erworben, versammelte eine Schar beutelustiger junger Leute um sich, ihm zu persönlicher Treue, wie er ihnen, verpflichtet. Der Führer verpflegte und beschenkte sie, ordnete sie hierarchisch; eine Leibgarde und schlagfertige Truppe zu kleineren, ein fertiges Offizierskorps für größere Auszüge."* Die Gefolgschaften bildeten den Anfang einer besonderen militärischen Organisation des emporstrebenden Stammesadels mit einem Herzog oder König an der Spitze; daneben aber blieb noch lange das allgemeine Aufgebot sämtlicher kriegstauglichen Männer des Stammes bestehen.

Der innere Aufbau der germanischen Heeresorganisation ist nicht genau bekannt, auf alle Fälle gaben die Familien- und Sippenbande dem Heer einen festen politisch-moralischen Zusammenhalt. Lateinische Quellen sprechen von Hundert- und Tausendschaften, dabei ist jedoch nicht an konkrete Zahlen zu denken, sondern mehr an große Abteilungen, die zusammen das ganze Aufgebot bildeten.

Die taktische Formation war eine trapezförmige, tiefgegliederte Aufstellung, die Keil oder auch Eberkopf genannt wurde. An seiner Spitze kämpften die stärksten, erfahrensten und am besten bewaffneten Männer, dahinter stand die Masse der Krieger. Die Wirkung des Keils lag in der Wucht des ungestümen Angriffs, je nach der Größe des Aufgebots bildete man einen oder mehrere Keile.

Allerdings setzte diese Taktik freies Feld voraus; im Wald und in einer von Bächen, Busch- und Baumreihen und Senken durchzogenen Flur – in durchschnittenem Gelände – stritten die Germanen vorwiegend in aufgelöster Ordnung, das heißt nicht im geschlossenen Haufen, sondern in kleinen Gruppen oder als Einzelkämpfer. Zum Angriff stimmten die germanischen Krieger einen dumpfen Schlachtgesang an und schlugen auf ihre Schilde, um den Gegner einzuschüchtern.

Die Masse des germanischen Heeres bestand aus Fußkriegern, die mit Lanzen, Wurfspießen, Bogen, Pfeilen, Streitäxten sowie Keulen ausgerüstet waren und zu ihrem Schutz Schilde trugen. Da es an Eisen mangelte, gehörten Schwerter, Brustpanzer, Arm- und Beinschienen sowie Eisenhelme zu begehrten Beutewaffen und Geschenken. Es gab in den Dörfern keine Waffenwerkstätten wie in Rom, jeder Krieger brachte Waffen, Rüstung und Verpflegung selbst mit. Die vom Stammesadel gestellte Reiterei eröffnete in der Regel den Kampf, zusammen mit den Berittenen fochten gewandte junge Männer zu Fuß, die sich beim Vorwärtsstürmen an den Mähnen der Pferde festhielten oder auch kurze Zeit mit aufsaßen.

Aus alldem geht hervor, daß sich die Germanen waffentechnisch und taktisch mit den kriegserprobten römischen Legionen nicht in je-

* Friedrich Engels, Der Ursprung der Familie, des Privateigentums und des Staats, in: Karl Marx/ Friedrich Engels, Werke, Bd. 21, Dietz Verlag, S. 139

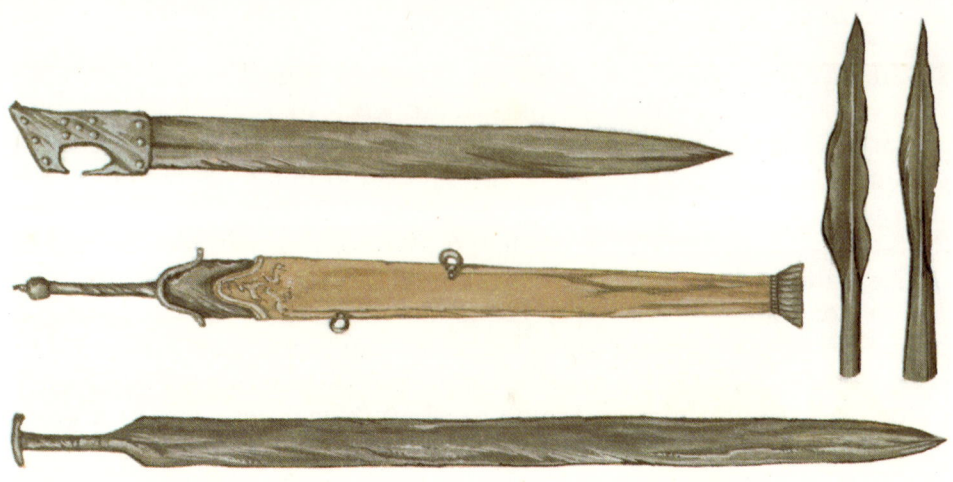
Schwerter und Lanzenspitzen der Germanen

dem Fall messen konnten, ihre Stärke lag in der geschickten Ausnutzung des Geländes für die Überraschung und im hinhaltenden, den Gegner zermürbenden Kleinkrieg. Allerdings scheuten sie auf ihren Kriegszügen Feldschlachten keineswegs, wenn ihnen günstiges Gelände und Unterlegenheit ihres Gegners Siegeschancen boten. So schlugen die Stämme der Kimbern und Teutonen Ende des 2. Jahrhunderts v. u. Z. ihnen entgegengesandte römische Heere.

Um die Zeitenwende waren die Gebiete ostwärts des Rheins schon Schauplatz militärischer Auseinandersetzungen zwischen Römern und Germanen. In den Jahren 12 v. u. Z. bis 6 u. Z. hatten die Feldherren Nero Claudius Drusus (38–9 v. u. Z.) und Claudius Nero Tiberius (42 v. u. Z.–37 u. Z.) Feldzüge bis zur Weser und zur Elbe unternommen. Entlang dem westlichen Rheinufer gab es römische Legionslager, so Castra Vetera (Xanten), Novaesium (Neuß), Bonna (Bonn), Mogontiacum (Mainz) und Argentorate (Strasbourg), unweit des Oberlaufs der Lippe lag das Kastell Aliso (in der Nähe des heutigen Paderborns). Der Lippe folgend, führte der Weg zur Weser. Gelegentlich bezogen römische Truppen bereits Sommerlager zwischen Weser und Ems. Die Küste entlang segelten und ruderten ihre Kriegsschiffe zur Mündung von Ems, Weser und Elbe in die Nordsee.

Die römische Unterdrückungspolitik, besonders gesteigert durch den neuen Statthalter Publius Quinctilius Varus (46 v. u. Z.–9 u. Z.), ließ den Widerstand bei den germanischen Stämmen anwachsen, allerdings hielt ein nicht geringer Teil der Adligen nach wie vor zu den Römern. Unter Führung des Cheruskers Arminius (19 v. u. Z.–21 u. Z.)

Angriffsoperationen der Römer östlich des Rheins um die Zeitenwende

schlossen sich die Cherusker, Sugamberer, Marser, Chatten und weitere Stämme gegen die Römer zusammen.

Varus hatte im Jahr 9 mit seinem Heer im Gebiet der Cherusker ein Sommerlager bezogen. Als der Herbst nahte, beschlossen die Römer, zum Rhein zurückzukehren; gleichzeitig erreichte sie die Nachricht vom Aufstand eines germanischen Stammes westlich der Weser. Ob es sich nun um ein Gerücht handelte oder ob tatsächlich eine solche Erhebung ausgebrochen war – jedenfalls hatte Varus Warnungen vor einer möglichen Rebellion germanischer Stämme gegen die römische Herrschaft erhalten, diese jedoch in den Wind geschlagen.

Mit einem umfangreichen Troß rückten die 3 Legionen, 6 Kohorten und 3 Reiterabteilungen aus dem Sommerlager, insgesamt 19 000 bis 20 000 Mann, dazu eine große Zahl von Händlern, Frauen und Kindern der Legionäre. Über den Marschweg und den genauen Ort der Schlacht sind keine gesicherten Angaben überliefert. Auf jeden Fall aber mußte Varus durch das waldreiche Weserbergland zwischen den heutigen Städten Minden, Osnabrück, Paderborn und Höxter ziehen. Dauerregen und schwer passierbare Wege behinderten alle Schritte.

In dieser Situation griffen die germanischen Krieger den langen Zug an. Aus den Wäldern schwirrten Pfeile, Speere und Steinwürfe rissen Lücken in die Marschkolonne. Immer wieder attackierten einzelne Gruppen germanischer Krieger aus dem Hinterhalt überraschend die Römer, vor allem an solchen Stellen, wo gefällte Bäume, Verhaue und andere Hindernisse die Wege sperrten. Nirgends fanden die römischen Soldaten eine Möglichkeit, sich zu der eingeübten und vertrauten Schlachtordnung zu formieren und den Gegner zu schlagen. Auf den verschlammten und aufgeweichten Pfaden kamen die Fuhrwerke nur langsam voran. Varus, der nun das Ausmaß der Gefahr zu erkennen begann, ordnete an, die Wagen zu verbrennen und an jedem

Schlachtgelände im Teutoburger Wald

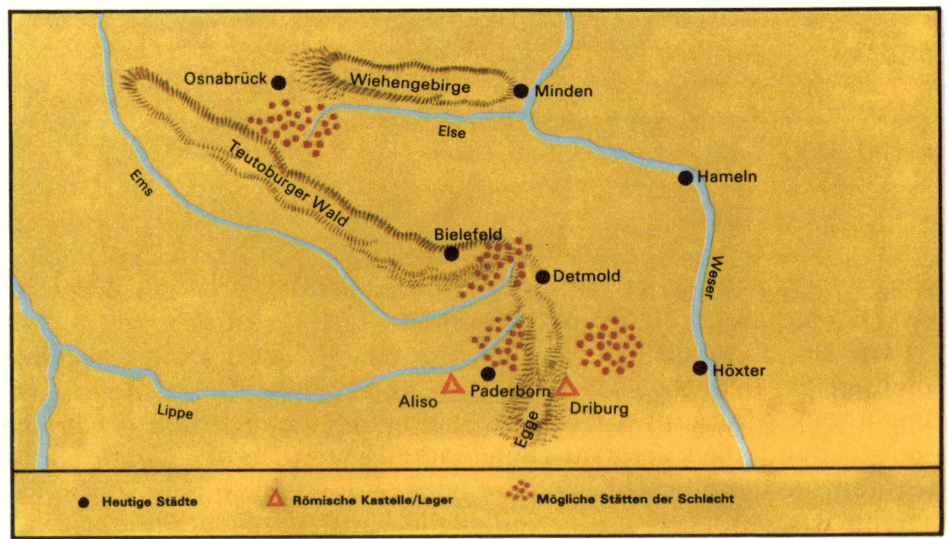

Germanicus bestattet die Gebeine der im Teutoburger Wald gefallenen römischen Soldaten (Darstellung aus dem 19. Jahrhundert).

Abend ein befestigtes Lager zu errichten. Letzteres gelang nur an den ersten beiden Tagen, danach löste sich die Ordnung immer mehr auf. Die Reiterei suchte einen eigenen Weg nach Aliso und zum Rhein und entkam mit Verlusten dem Gemetzel. Ein kleiner Teil der Legionäre erreichte mit Mühe und Not das Kastell. Die Masse der Krieger aber fiel in den blutigen Kämpfen in Schluchten, Tälern und Sümpfen des Wiehengebirges und des Teutoburger Waldes. Varus stürzte sich in sein Schwert, um nicht in die Hände der Germanen zu geraten. Selbstmord verübten auch viele Offiziere und Verwaltungsbeamte. Wer sich gefangen gab, wurde von den Germanen an Kultstätten geopfert oder fristete als Sklave ein erbärmliches Leben. Die Sieger erbeuteten zahlreiche Waffen, Rüstungen und Gut des Trosses.

Als der römische Feldherr Gajus Julius Caesar Germanicus (15 v. u. Z.–19 u. Z.) im Jahr 16 das ehemalige Schlachtfeld erreichte, bot sich ihm immer noch ein grausiges Bild. Der römische Historiker Tacitus (um 55–um 120) berichtet darüber: „Dann betreten sie die Stätte der Trauer, für den Anblick wie für die Erinnerung grauenvoll … Weiterhin erkannte man an dem halbverfallenen Wall und flachen Graben …, daß sich dort die schon zusammengeschmolzenen Reste gelagert hatten. Mitten auf dem Felde lagen bleichende Knochen, bald zerstreut, bald haufenweise, je nachdem die Soldaten geflohen waren oder Widerstand geleistet hatten. Daneben fanden sich zerbrochene Waffen und Pferdegerippe, auch vorn an den Bäumen befestigte Menschenschädel. In den benachbarten Hainen standen die Altäre der Barbaren, an denen sie die Tribunen und Centurionen ersten Ranges [höhere Offiziere – H. S.] geschlachtet hatten."*

Der Sieg im Teutoburger Wald war ein Triumph der germanischen Taktik. Diese fußte einerseits auf der Ausnutzung des Geländes für den Kleinkrieg und andererseits auf der moralischen Standfestigkeit der Krieger und ihrer Überzeugung, für die Freiheit von römischer Knechtschaft zu streiten. Arminius suchte das antirömische Stammesbündnis auch nach der Schlacht zu erhalten, aber das gelang nicht. Die Rivalitäten zwischen den Stämmen und ihren Fürsten brachen erneut auf.

Die Kunde von der Niederlage löste in Rom tiefe Bestürzung und großen Schrecken aus. Kaiser Augustus (63 v. u. Z.–14 u. Z.) soll ausgerufen haben: „Quinctilius Varus, gib mir die Legionen wieder!" In der Tat glaubten er und viele Römer, die Germanen würden den Rhein überschreiten, die Gallier mit sich reißen und zu einem Angriff auf die Hauptstadt ansetzen. In Eile wurden neue Legionen aufgestellt und Truppen an die Nordgrenze des Reiches verlegt. Aber die Furcht erwies sich als unbegründet; denn die germanischen Stämme überschritten nicht den Rhein.

In den folgenden Jahren ergriffen römische Feldherren erneut die militärische Initiative. Von 14 bis 16 unternahm Gajus Julius Caesar Germanicus drei Kriegszüge in das Gebiet zwischen Rhein, Ems und Weser. Er siegte in einer Schlacht über Arminius, eine zweite ging unentschieden aus. Die Kämpfe zeigten, daß es auf die Dauer nicht möglich war, die ostrheinischen Gebiete zu erobern und zu halten. Die Herrschenden Roms orientierten sich neu: Sie verzichteten hier auf weitere territoriale Expansion und gingen militärisch zur Defensive (Verteidigung) über. Rhein und Donau wurden zu einer befestigten Grenze. Römische Truppen bezogen in den Städten Garnisonen und errichteten zahlreiche Stützpunkte (Kastelle). Die gesamte Verteidigungsanlage hieß Limes (lat. = Grenzweg), hier sollten Angriffe germanischer und anderer Stämme gegen das Römische Reich abgewehrt werden.

* Tacitus, Annalen, Bei Heimeran in München, 1954, S. 83 ff.

Die Schlacht im Teutoburger Wald hatte weitreichende Auswirkungen, sie markierte, wie Friedrich Engels schreibt, „einen der entscheidendsten Wendepunkte der Geschichte"*. Der Sieg sicherte die Unabhängigkeit der germanischen Stämme und ihre eigenständige politische, wirtschaftliche, soziale und kulturelle Entwicklung ohne Beherrschung durch den römischen Sklavenhalterstaat. Dabei übernahmen die Germanen Ergebnisse der Technik, des Handwerks und der Kultur von den Römern; in begrenztem Maß gilt das auch für das Militärwesen, namentlich für die Waffentechnik, die Taktik und das Befestigungswesen. Es dauerte aber noch Jahrhunderte, ehe das römische Sklavenhalterreich in der Zeit der Völkerwanderung zusammenbrach.

* Friedrich Engels, Zur Urgeschichte der Deutschen, in: Karl Marx/Friedrich Engels, Werke, Bd. 19, Dietz Verlag, S. 447

Die Hunnenschlacht

Katalaunische Felder 451

Das blutige Ringen auf den Katalaunischen Feldern im Jahr 451 ging als Völkerschlacht in die Geschichte ein.

Seit dem letzten Viertel des 4. Jahrhunderts verstärkten sich sichtbar die Krisenerscheinungen im römischen Staat und in seinem Militärwesen. In den Jahrhunderten nach der Schlacht im Teutoburger Wald sank die politische und militärische Macht Roms immer mehr. Nach dem Tod des Kaiser Theodosius (346–395) teilten seine Söhne das gewaltige Erbe in zwei Hälften: in das Oströmische und in das Weströmische Reich. Beide Staaten vermochten sich nur mühsam gegen die von Norden und Osten eindringenden fremden Stämme und Völkerschaften zu behaupten, Westrom für nicht länger als ein knappes Jahrhundert, Ostrom hingegen nach grundlegenden inneren Wandlungen zu einem feudalen Staatswesen noch über ein Jahrtausend.

In der zweiten Hälfte des 4. Jahrhunderts nahmen die Hunnen, ein Volk aus Zentralasien, die Steppengebiete zwischen dem Kaspischen Meer und dem Schwarzen Meer in Besitz und verdrängten die dort lebenden Völker aus ihren Ländereien. Es begann die große Völkerwanderung, die das Ost- wie das Weströmische Reich in den Grundfesten erschütterte.

Der spätrömische Geschichtsschreiber Ammianus Marcellinus (um 330–400) berichtet über die Kriegführung der Hunnen: „Bei Kämpfen fordern sie den Gegner zuweilen heraus und beginnen das Gefecht mit ihm in geschlossenen Abteilungen, wobei ihre Stimmen furchtbar ertönen. Da sie für schnelle Bewegungen leicht bewaffnet sind und unerwartet auftauchen, können sie sich absichtlich plötzlich auseinanderziehen und ihre Reihen lockern wie in einer ungeordneten Aufstellung. Ein furchtbares Blutbad anrichtend, galoppieren sie hin und her, und wegen ihrer gewaltigen Schnelligkeit sieht man sie kaum, wenn sie

Gerüsteter hunnischer Reiter mit einem Gefangenen (nach einem Relief auf einem Goldgefäß aus dem 5. Jahrhundert)

in eine Befestigung eindringen oder ein feindliches Lager plündern. Man möchte sie aus dem Grunde die furchtbarsten von allen Kriegern nennen, weil sie im Fernkampf mit Pfeilen kämpfen, die mit spitzen Knochen anstelle von Pfeilspitzen mit wunderbarer Kunstfertigkeit zusammengefügt sind, ... im Nahkampf aber mit der Waffe ohne Rücksicht auf sich selbst fechten. Während sie den gefährlichen Schwerthieben ausweichen, fangen sie ihre Feinde mit geflochtenen Lassos, umschnüren die Glieder der Widerstrebenden und machen es ihnen

Hunnen auf dem Marsch (Darstellung aus dem 19. Jahrhundert)

damit unmöglich, zu reiten oder zu gehen. Niemand pflügt bei ihnen oder berührt jemals den Pflug. Denn sie alle kennen keine festen Wohnsitze, sondern schweifen umher, ohne Haus, ohne Gesetz und feste Lebensweise, immer wie auf der Flucht mit ihren Wagen, auf denen sie wohnen."*

Die Schilderung bezieht sich auf die Zeit des ausgehenden 4. Jahrhunderts. In den 50 Jahren bis zur Schlacht auf den Katalaunischen Feldern hatte sich an der Kampfführung der Hunnen nicht viel geändert. Ihre Krieger waren geübte Bogenschützen, unter ihnen gab es aber auch gerüstete Lanzenreiter mit Schwertern. Das hunnische Heer war eine Reiterarmee, begleitet von einem großen Troß mit vielen Wagen, auf denen die Frauen und Kinder mit in den Krieg zogen.

In der Zeit der beginnenden Völkerwanderung verfiel das römische Heer. Friedrich Engels charakterisiert diesen Prozeß folgendermaßen: „Der römische Nationalcharakter der Armee wurde bald durch das Eindringen barbarischer und halbbarbarischer, romanisierter und

* Ammianus Marcellinus, Römische Geschichte, 4. Teil, Buch 26–31, Akademie-Verlag, Berlin 1978, S. 245ff.

48

nichtromanisierter Elemente verwässert; nur die Kommandeure waren nach wie vor römischer Herkunft. Diese Verschlechterung der Elemente, aus denen sich die Armee zusammensetzte, wirkte sich sehr bald auf Ausrüstung und Taktik aus. Der schwere Brustschild und das pilum [der Wurfspieß – H. S.] wurden abgeschafft. Das mühevolle Ausbildungssystem, das die Welteroberer geformt hatte, wurde vernachlässigt. Unnützes Gefolge und Luxus wurden für die Armee zur Notwendigkeit, und die impedimenta (Troß) wuchsen, während Stärke und Ausdauer der Armee abnahmen."*

Zu Beginn des 5. Jahrhunderts existierten die sieggewohnten römischen Legionen mit ihrer Manipular- und Kohortentaktik, der straffen Disziplin und Ordnung nicht mehr. Die Truppen setzten sich aus Einwohnern der Provinzen und aus Abteilungen der in das Weströmische Reich eingedrungenen fremden Stämme und Völkerschaften zusammen. Häufig schloß Rom mit diesen Stämmen Übereinkommen, wonach ihnen ein bestimmtes Siedlungsgebiet überlassen wurde. Dafür stellte der Stammesfürst Abteilungen seiner Krieger als Hilfstruppen für das römische Heer, nicht selten stiegen dann kampferprobte Krieger in militärische Ämter und Würden auf. Die Römer bezeichneten solche mit ihnen verbündeten Stämme als Föderaten (lat. foederati = Verbündete).

Der alte römische Verwaltungs- und Militärapparat brach mehr und mehr zusammen, die ehemals straffe Ordnung löste sich auf. Unter diesen Umständen gewannen energische Heerführer großen politischen Einfluß, sie setzten schwache römische Kaiser ab und walteten in ihren Herrschaftsbereichen wie kleine Könige.

Einer dieser Männer war der römische Feldherr Flavius Aetius (um 390–454). Er betrieb eine ränkevolle Politik gegenüber den germanischen Stämmen und den Hunnen, verbündete sich vorübergehend mit einzelnen Völkerschaften und spielte sie dann gegeneinander aus. Eine Zeitlang hatte Aetius als Geisel am Hof des Hunnenkönigs Attila (gest. 453) gelebt und dort die Stärken und Schwächen der hunnischen Kriegsmacht kennengelernt. Der römische Heerführer festigte seine Stellung in Gallien und Italien. Mit hunnischer Hilfe zerschlug er 437 das Burgunderreich um Worms am Mittelrhein und zwang die Burgunder zur Umsiedlung in das obere Rhonetal (das heutige Burgund). Das Nibelungenlied spiegelt diese Ereignisse in sagenhafter Überlieferung wider.

Attila boten sich gleich zwei Vorwände für den Feldzug gegen

* Friedrich Engels, Armee, in: Karl Marx/Friedrich Engels, Werke, Bd. 14, Dietz Verlag, S. 24

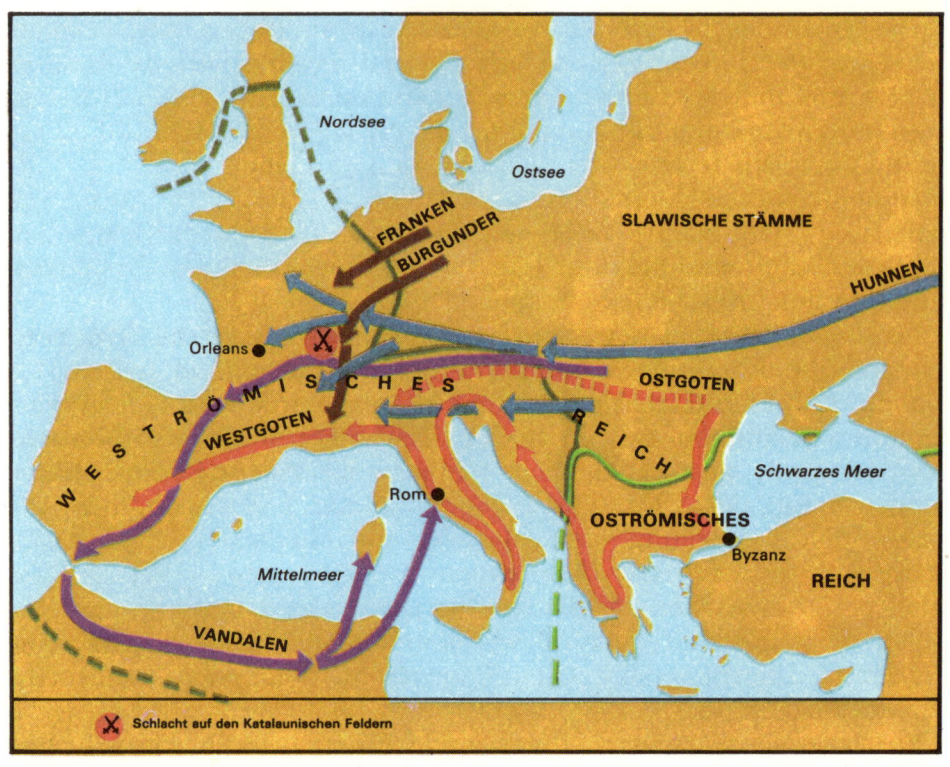

Schlacht auf den Katalaunischen Feldern

Kriegszüge in der Zeit der Völkerwanderung

Westrom. Die Schwester des römischen Kaisers, Honoria (geb. um 417/18), hatte ihm leichtfertig einen Heiratsring zugesandt, jedoch dachte der Kaiserhof nicht daran, einer solchen Hochzeit zuzustimmen. Diese Absage erforderte Rache. Dazu kamen Thronstreitigkeiten bei den Franken am Niederrhein. Ein Sohn des fränkischen Königs rief die Hilfe der Hunnen an.

In drei Säulen rückte Attilas Heeresmacht in Gallien ein. Die nördliche Gruppe stieß auf Arras vor, die südliche zur Rhone; die Hauptkräfte aber zielten auf Orleans an der Loire. Die Belagerung dieser Stadt zog sich in die Länge und brachte den Hunnen keinen Erfolg. Als Attila vom Herankommen eines weströmisch-westgotischen Heeres erfuhr, hob er die Belagerung auf, marschierte von Orleans ab und erschien auf den Katalaunischen Feldern, einer Ebene in der Nähe der heutigen Stadt Troyes. Dorthin kamen auch seine Truppen von Norden und Süden.

Die Größe des hunnischen Heeres ist nicht überliefert, ebensowenig die des gegnerischen. Zeitgenössische und spätere Chronisten sprechen von Hunderttausenden oder gar Millionen, doch das ist Phantasie. Wenn man die Nachrichten über die etwaige Kopfstärke der damaligen Völkerschaften und die Zahl wehrfähiger Männer berücksichtigt, dürften die beiden Heere einschließlich ihrer Verbündeten keineswegs mehr als 100 000 Mann umfaßt haben – auf alle Fälle aber handelte es sich um eine große Zahl, die durch Sage und Überlieferung in der Erinnerung der Völker blieb.

Aetius vereinte in seinem Heer weströmisch-gallische Truppen, westgotische Abteilungen unter ihrem König Theodorid (gest. 451), Alanen, Burgunder, fränkische Stämme und Kontingente einer Reihe kleinerer Völkerschaften. Ein großer Teil der Streitmacht war beritten, namentlich die westgotische und alanische Reiterei – letztere führte Lanzen – galt als kampferprobt und schlagkräftig. Auf den Katalaunischen Feldern formierte der weströmische Feldherr eine Schlachtordnung, bei der die Alanen im Zentrum und die westgotischen, gallischen und fränkischen Abteilungen an den Flügeln standen.

Der spätrömische Geschichtsschreiber Jordanis, der Herkunft nach ein Alane, berichtet in seiner „Gotengeschichte": „Das Schlachtfeld war eine Ebene, die sich allmählich ansteigend zu einer Anhöhe erhob. Dieses Punktes suchten sich beide Heere zu bemächtigen, weil seine günstige Lage nicht unbedeutende Vorteile bot; so besetzten die Hunnen mit den ihrigen die rechte, die Römer und Wesegoten [Westgoten – H.S.] mit ihren Hilfstruppen die linke Seite, und um den noch freien Gipfel des Berges erhob sich der Kampf. Den rechten Flügel bildete Theodorid mit den Wesegoten, den linken Aëtius mit den Römern; den Sangiban, den ... Anführer der Alanen, stellten sie ins Mitteltreffen und sorgten so mit militärischer Vorsicht dafür, daß sie den, auf dessen Treue weniger Verlaß war, zwischen die zuverlässigen Leute nahmen. Denn, wem der Weg zur Flucht versperrt ist, der fügt sich leicht in die Notwendigkeit zu kämpfen. Gegenüber war die Schlachtordnung der Hunnen so, daß Attila mit seinen Tapfersten in der Mitte stand; bei dieser Anordnung hatte der König besonders den Zweck im Auge, daß er inmitten der Kerntruppen seines Volkes vor jeder drohenden Gefahr geschützt wäre. Seine Flügel bildeten viele verschiedenartige Stämme, die er sich unterworfen hatte. Darunter sind besonders die Ostrogoten [Ostgoten – H. S.] hervorzuheben unter ihren Anführern, den Brüdern Walamir, Theodemir und Widemir ... Es fand also ein Kampf statt um den erwähnten Punkt. Attila schickte die Seinen ab, den Berggipfel zu nehmen; aber Thorismund und Aë-

Schlacht auf den Katalaunischen Feldern (Gemälde von Heinz Zander – Armeemuseum der DDR, Dresden)

tius kamen zuvor, und indem sie sich anstrengten, den Hügel zu ersteigen, erreichten sie zuerst die Spitze und verjagten die herankommenden Hunnen vermöge ihrer günstigen Stellung auf dem Berg mit Leichtigkeit."*

In der Schlacht richtete Attila den Hauptstoß seiner Truppen gegen die Alanen, die er rasch und leicht zu schlagen hoffte. Die Hunnen durchbrachen zwar das gegnerische Zentrum, aber Aëtius ließ seine beiden starken Flügel einschwenken und suchte den Feind einzuschließen. Theodorid, der an der Spitze seiner Westgoten ritt, wurde von einem Wurfspeer getroffen, in dem folgenden wilden Getümmel jagte die Reiterei über ihn hinweg. Die Westgoten, von schmerzlicher Wut über den Tod ihres Königs zu neuem Angriff angestachelt, warfen sich auf die hunnische Reiterei. Beinahe wäre Attila im Gemetzel gefallen. Auch der Hunnenkönig hatte sich, ohne Rücksicht auf die Gefahr, in den Kampf gestürzt und wollte unbedingt sein Heer zu einem überragenden Sieg führen. Als er aber sah, daß die Einschließung

* Jordanis, Gotengeschichte nebst Auszügen aus seiner Römischen Geschichte, Verlag der Dykschen Buchhandlung, Leipzig 1913, S.65 ff.

52

drohte, zog er sich in das Feldlager zurück. Gedeckt durch den Wall und die Troßfuhrwerke, wehrten Attilas Bogenschützen mit treffsicheren Schüssen die Attacken der Reiterei des Aëtius ab. Die Hunnen verteidigten erbittert ihr Lager. Attila, der auf keinen Fall in die Hände seiner Feinde geraten wollte, ließ in der Mitte des Lagers ein mächtiges Feuer anzünden, in dem die Beute und das eigene Gut verbrannt werden sollten, wenn der Gegner eindränge. Dann wollte der König den Flammentod sterben.

Jordanis schildert das erbitterte Ringen: „Es kam zum Handgemenge; ein schrecklicher Kampf, ein gewaltiger, vielförmiger, mit Hartnäckigkeit geführt, von dessengleichen nirgends im Altertum berichtet wird, wo derartige Taten erzählt werden, so daß der, der dieses Wunders Anblick genoß, nichts Großartigeres in seinem Leben hätte sehen können. Denn, wenn man den Erzählungen der älteren Leute glauben darf, – das Bächlein, das in niederen Ufern an der erwähnten Ebene vorbeifließt, schwoll von dem reichlichen Blut der Wunden der Getöteten an und wuchs nicht wie sonst durch Regengüsse, sondern wurde infolge der ungewohnten Flüssigkeit durch des Blutes Zufluß ein reißender Gießbach. Und die, welche dort eine Verwundung den brennenden Durst zu stillen nötigte, schlürften das Naß mit Blut vermischt.“*

Am Morgen des nächsten Tages erkannten die römischen Truppen und ihre Verbündeten das Ausmaß der Verluste und die Entschlossenheit der Hunnen, den Kampf in der Verteidigung fortzusetzen. Sie ließen sich auf keine neue Schlacht ein und wehrten Attila nicht den Abzug vom Schlachtfeld. Die Ursache dafür dürfte nicht allein in den großen Einbußen zu suchen sein. Aetius blickte mit Mißtrauen auf den Erfolg der Westgoten und der anderen Stämme und fürchtete, daß seine Verbündeten mehr Einfluß und Macht verlangen könnten. Die Westgoten riefen auf dem Schlachtfeld den Sohn des gefallenen Königs, Thorismund (gest. 453), zum neuen Herrscher ihres Volkes aus.

Attila zog nach einigen Tagen ab. Im folgenden Jahr griff er Italien an, eroberte Aquileja, zerstörte Mailand und Pavia und bedrohte Rom. Nach der Legende soll Papst Leo I. (gest. 461) dem Hunnenkönig entgegengezogen sein und ihn durch beschwörende Worte am weiteren Vormarsch auf Rom, die Ewige Stadt, gehindert haben. Angeblich waren bei dieser Unterredung über dem Kopf des Papstes die Apostel Petrus und Paulus zu sehen, die Schwerter in den Händen hielten. Der berühmte Renaissancemaler Raffael (1483–1520) stellte diese legen-

* ebenda, S. 68 f.

däre Begegnung in einem Wandgemälde des Vatikans dar. In Wirklichkeit dürften Verluste infolge einer Seuche sowie die Bedrohung durch Ostrom Attila veranlaßt haben, den Rückzug aus Italien anzutreten.

453 starb der Hunnenkönig. In den Wirren nach seinem Tod zerbrach das hunnische Reich, unbekannt blieb der Ort, wo Attila und sein großer Schatz aus den Raubzügen begraben wurden.

Die Schlacht auf den Katalaunischen Feldern verschaffte dem zerbrechenden Weströmischen Reich nochmals eine kurze Atempause. Nur 25 Jahre später, 476, setzte der Söldnerführer Odoaker (433–493), ein germanischer Stammesfürst im römischen Dienst, den letzten Kaiser, Romulus Augustulus (Regierungszeit 461–476), ab. In der Folgezeit entwickelte sich die neue Gesellschaftsordnung des Feudalismus, die auch ein neues Militärwesen hervorbrachte.

Franken gegen Araber

Poitiers 732

Zwischen der Schlacht auf den Katalaunischen Feldern und dem Zusammenstoß der Franken mit den Arabern liegen knapp drei Jahrhunderte. Während dieser Zeit vollzogen sich in Westeuropa bedeutende gesellschaftliche Wandlungen, die auch das Militärwesen tiefgreifend beeinflußten. Im 5. Jahrhundert waren vom Niederrhein die Stämme der Franken in das untergehende Weströmische Reich eingedrungen. Unter König Chlodwig (466–511) aus dem Geschlecht der Merowinger entstand ein fränkischer Staat, der in der Folge seinen Machtbereich über große Teile Galliens ausdehnte. Das 6. und das beginnende 7. Jahrhundert waren von zahlreichen Kriegen der merowingischen Herrscher untereinander um die Krone und gegen andere Stämme und Völkerschaften erfüllt. Nach dem Tod Chlodwigs begann die Macht der merowingischen Könige langsam zu verfallen, an ihrer Stelle stiegen die Hausmeier auf – ursprünglich Bedienstete der Könige, die die Verwaltung leiteten und die königliche Gefolgschaft anführten. Die bedeutendsten Hausmeier waren Pippin II. (um 640–714), sein Sohn Karl (688/89–741) – der Sieger in der Schlacht von Poitiers – und schließlich Pippin III. (714–768), der 751 König wurde und damit die Herrscherwürde an das Geschlecht der Karolinger band.

Die Heeresorganisation der fränkischen Stämme fußte auf der Dienstpflicht der Freien; im Krieg zog das allgemeine Aufgebot der wehrfähigen Männer aus, begleitet von den zumeist etwas besser bewaffneten, berittenen Gefolgschaften der Stammesadligen mit dem König an der Spitze. Mit dem Seßhaftwerden der Franken in Nordgallien veränderte sich diese Heeresorganisation allmählich, die alten gentilgesellschaftlichen Bande lockerten sich und zerfielen. Es entstand eine Schicht von Grundbesitzern, die aus der Hand des Königs Land erhiel-

Karl Martell

ten. Für dieses Lehen mußten sie Verwaltungs- beziehungsweise Militärdienste leisten. Die mächtigen Grundherren konnten aus ihrem Besitz gleichfalls Gefolgsleute und Bedienstete mit Land belehnen und von ihnen Leistungen als Entgelt verlangen. Diese kleineren Grundbe-

sitzer waren Vasallen, Lehnsleute der Großen, denen sie einen Treu-
eid zu schwören hatten. Nicht nur freie Franken besaßen die Möglichkeit, im Dienst eines Herrn aufzusteigen, sondern auch Angehörige
der alteingesessenen gallo-römischen Bevölkerung. Innerhalb eines
langen Zeitraums bildete sich aus ihnen die neue herrschende Adels-
klasse. Dieses System der Belehnung war zugleich eine wichtige
Grundlage des Militärwesens.

Die Landnahme und die vielen Kriege führten dazu, daß das bäuerli-
che Aufgebot seine Bedeutung mehr und mehr einbüßte. Für die
freien, dienstpflichtigen fränkischen Bauern wurde die festgelegte
Teilnahme an den Feldzügen eine immer schwerere Last. Während sie
gegen die Stämme der Sachsen, Bayern, Awaren und gegen andere Völkerschaften kämpften, verfiel zu Hause die eigene Wirtschaft. Die Familien gerieten in Abhängigkeit von den großen Grundbesitzern, wurden Schuldner, mußten schließlich ihr Land einem Herrn übergeben
und verloren damit ihre persönliche Freiheit. Als abhängige Bauern
aber brauchten sie keinen Militärdienst mehr zu leisten, sondern konnten sich ihrer Wirtschaft widmen. (Sie erhielten zumeist das vormals
eigene Land vom Grundherrn als Pachtland gegen die Verpflichtung
zu Abgaben und Frondiensten zurück.) Diese komplizierte gesellschaftliche Entwicklung zum Feudalismus machte im 8.Jahrhundert im
Frankenreich, vor allem in seinen Kerngebieten zwischen Loire und
Maas, kräftige Fortschritte.

Franz Mehring charakterisiert die militärgeschichtliche Seite dieses
Prozesses: „Als Kriegerstand hatten sich die Germanen in die Provinzen des römischen Reiches eingelagert, sie endlich wie eine dünne
Schicht, sozusagen als neue Haut unter ungeheuren Zerstörungen
überzogen und dadurch neue römisch-germanische Staaten gegründet.
In der mit der Gutsleihe verbundenen Vasallität, dem Lehnssystem,
hatten sie dann – zuerst im fränkischen Reiche – die Form gefunden,
den Kriegerstand brauchbar zu erhalten. Diese Krieger waren ganz
vorwiegend beritten und hatten ihre Verpflegung mitzubringen; die
Ausrüstung eines einzigen Kriegers war eine sehr schwere Last ... Der
Übergang aus dem alten Aufgebot des Volkes durch den König als
Volkshaupt in das Aufgebot von Vasallen mit ihren Untervasallen
durch den König als Oberlehnsherrn vollzog sich langsam, aber unaufhaltsam."*

Die überlieferten Quellen aus dem 8. Jahrhundert geben keine
schlüssige Auskunft, wie das fränkische Heer konkret aussah, ob die

* Franz Mehring, Gesammelte Schriften, a.a.O., S.191f.

Reiterei gegenüber dem Fußvolk schon absolut vorherrschte. Auf jeden Fall dürfte ein Teil des Heeres der Franken, das bei Poitiers den Arabern entgegentrat, bereits aus berittenen Kriegern bestanden haben. Es existiert ein Zeugnis für das Wachstum der Reiterei: Für das Jahr 755 wurde die Versammlung der großen Grundherren und ihrer Vasallen sowie der anderen Krieger vom bis dahin üblichen Monat März auf den Mai verlegt, wahrscheinlich deshalb, weil die Pferde dann schon genügend neues Gras vorfanden.

Zur Schlacht erschienen die Gefolgsleute der Herzöge, Grafen und Grundbesitzer (die Vasallen) beritten, mit Helm, Ring- oder Platten-

Fränkischer Fußkrieger des 8. Jahrhunderts

Fränkisches Kurzschwert

panzer gerüstet, bewaffnet mit Lanze, Bogen, Schwert und Streitaxt. Für die gewachsene Kampfkraft der Reiterei war noch eine Neuerung ausschlaggebend: der Steigbügel aus Metall, den viele Völker des Nahen Ostens bereits kannten. Bis dahin waren die Germanen ohne Steigbügel geritten, höchstens benutzten sie eine lederne Fußschleife. Die Metallsteigbügel gaben dem Reiter einen sicheren Sitz und Halt im Kampf.

Das Fußvolk war mit Schwert, Speer und Streitaxt – der Franziska – bewaffnet und deckte sich mit einem kleinen Schild; es trug bis auf einen Helm keine besondere Schutzrüstung.

In der fränkischen Schlachtordnung hatte das in einer tiefen, rechteckigen Formation geordnete Fußvolk seinen Platz im Zentrum, die Reiterei griff an den Flügeln an, vor der Front eröffneten Bogenschützen und Speerwerfer zu Fuß den Kampf.

Die arabische Streitmacht bot insofern ein ähnliches Bild, als sie gleichfalls aus den Verhältnissen der zerfallenden Gentilgesellschaft und des aufkommenden Frühfeudalismus erwachsen war und die Reiterei in ihr eine wichtige Rolle spielte.

In den hundert Jahren seit dem Tod des Begründers der islamischen Religion, Mohammeds (um 570–632), hatten die arabischen Stämme eine große Expansionskraft entwickelt. Hier geschah ähnliches wie zur Zeit der Völkerwanderung in Europa: Der Übergang von urgesellschaftlichen Verhältnissen zur Klassengesellschaft führte zu weiten Feldzügen der Stämme und zu zahlreichen Kriegen. Die Araber unterwarfen sich große Teile Nordafrikas, das Perserreich und entrissen Byzanz seine Besitzungen in Syrien und Nordafrika. 711 setzte der Feldherr Tarik ibn Sijad (gest. um 720) von Nordafrika über die Meerenge von Gibraltar nach Spanien über. In der Schlacht bei Jérez de la Frontera erlitt das Heer der Westgoten eine vernichtende Niederlage; Spanien wurde arabisch, nur im äußersten Nordwesten hielt sich das kleine christliche Königreich Asturien. Von Spanien aus unternahmen die Eroberer Streifzüge über die Pyrenäen in das benachbarte Gallien, wo reiche Beute lockte.

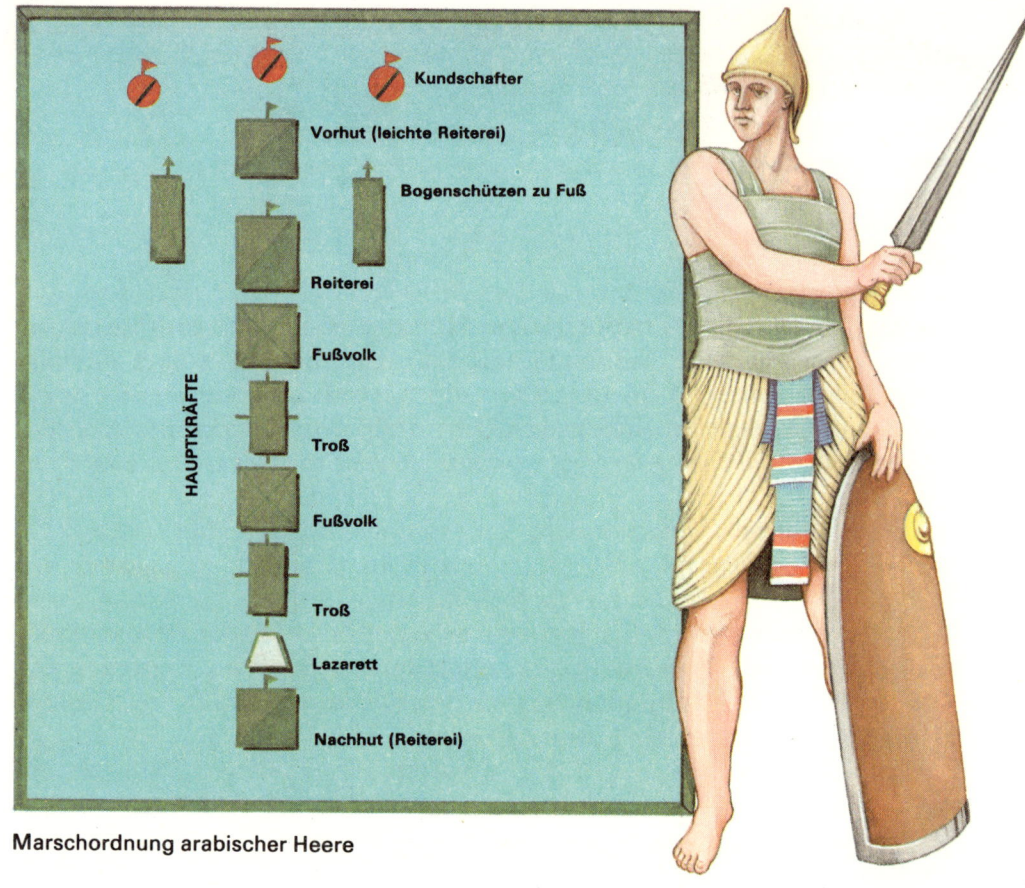

Kundschafter

Vorhut (leichte Reiterei)

Bogenschützen zu Fuß

Reiterei

Fußvolk

HAUPTKRÄFTE

Troß

Fußvolk

Troß

Lazarett

Nachhut (Reiterei)

Marschordnung arabischer Heere

Ihre militärischen Erfolge verdankten die Araber unter anderem der Schnelligkeit, mit der die Truppen operierten. Das hauptsächliche Transport- und Fortbewegungsmittel waren die Kamele, sie trugen auf dem Marsch die Krieger und die Versorgungsgüter. Anspruchslos und widerstandsfähig, hielten sie die Entbehrungen und Strapazen in den Wüsten- und Steppengebieten aus. Die große Zahl von Pferden, über die die Araber verfügten, war für den Einsatz in den Schlachten und bei schnellen Vorstößen bestimmt.

Das Heer des arabischen Großreichs, das sich vom Atlantik bis an die Grenzen Indiens erstreckte, setzte sich im 8. Jahrhundert aus verschiedenen Truppen zusammen: Die persischen Reiter kamen mit Lanze, Schwert und einem Schutzpanzer, die Turkvölker aus Mittelasien stellten berittene Bogenschützen, die arabischen Stämme kämpften zu Pferd mit leichteren Lanzen und Säbeln, Berber und Mauren aus Nordafrika dienten als Fußkrieger mit Steinschleuder, Speer und Bogen. Trotz der beträchtlichen politisch-sozialen Unterschiede und der bunten Bewaffnung und Rüstung zeichnete sich die Streitmacht durch eine hohe Kampfkraft und einen festen Zusammenhalt aus, der islamische Glaube mit seinem Haß gegen die Ungläubigen und seinen Vorstellungen vom Paradies, das den gefallenen Krieger erwarte, festigte die Kampfmoral.

732 drangen die Araber über die Pyrenäen in Südgallien ein, schlugen die schwachen Truppen des Herzogs Eudes von Aquitanien (gest. 735), eroberten Tolosa (Toulouse) und Bordeaux und stießen nordwärts bis zum Fluß Vienne vor, wo sie auf das Heer der Franken unter dem Hausmeier Karl trafen. Der arabische Heerführer Abd ar-Rahman (gest. 732) hatte viele nordafrikanische Nomaden aus dem Stamm der Berber in Dienst genommen, die als ausdauernde Reiter und sichere Bogenschützen galten. Die arabische Streitmacht bestand aus leichter Reiterei und Fußvolk, sie war siegesbewußt und beutegierig.

Die Angaben über die Stärke der beiden Heere in den zeitgenössischen Chroniken sind sehr unzuverlässig. Fränkische Quellen sprechen von fast 400000 Arabern – eine Zahl, die weit übertrieben ist

Schlacht bei Poitiers

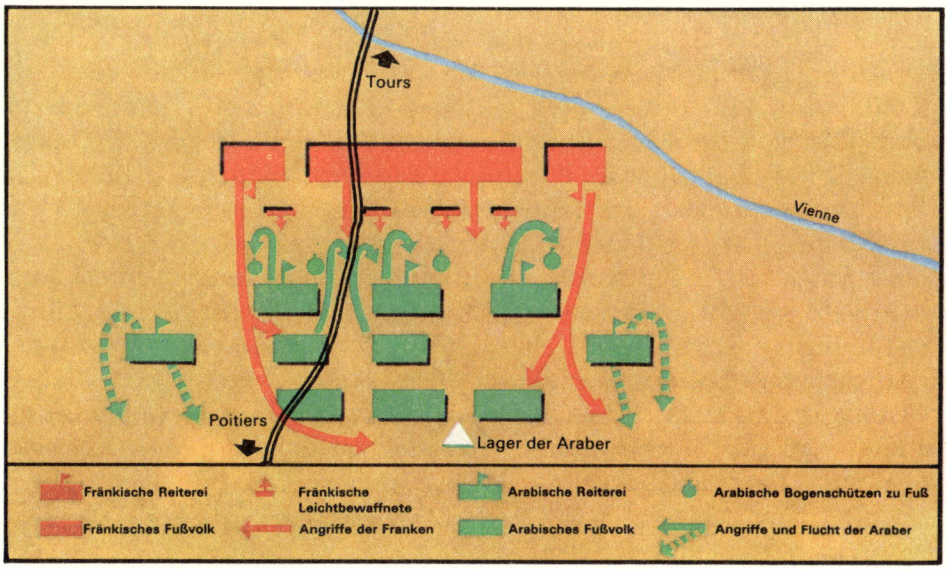

und von keiner der arabischen Armeen erreicht wurde. Wahrscheinlich hatte die arabische Seite vor Poitiers maximal 40 000 Kämpfer und Angehörige des Trosses. Das fränkische Heer dürfte gleich stark, vielleicht auch der Zahl nach etwas schwächer gewesen sein, 30 000 bis 40 000 Mann.

Sieben Tage standen sich beide Armeen südlich der Vienne an der Straße zwischen Tours und Poitiers gegenüber. Erst am achten Tag ergriffen die Araber die Initiative und eröffneten mit stürmischen Attakken die Schlacht. Sie scheiterten jedoch an der Aufstellung der Franken, die wiederholt vorgetragenen Angriffe brachten zwar hohe Verluste, aber keine Entscheidung. Der Historiker Isidorus Pacensis schreibt darüber: „Die Männer aus dem Norden standen bewegungslos wie eine Mauer. Wie ein zu Eis erstarrter Gürtel wichen sie nicht und erschlugen ihre Feinde mit dem Schwert ... Die Austrasier [Franken aus den östlichen Landesteilen – H.S.], von starkem Körperbau und eiserner Hand, fochten tapfer im Kampfgetümmel; sie stellten auch den König der Sarazenen zum Kampf und erschlugen ihn ..."*

An einigen Stellen mögen den Arabern Einbrüche in die fränkische Aufstellung gelungen sein, doch ein Sieg blieb ihnen versagt. Die Defensive des fränkischen Fußvolks erwies sich als stärker und zermürbte die arabischen Krieger. Schließlich ging die besser gerüstete fränkische Reiterei an den Flügeln zum Angriff über und schlug die leichte Reiterei des Gegners in die Flucht. Hinzu kam, daß sich die Nachricht verbreitete, die Franken hätten das arabische Lager eingenommen, wo schon große Beute lagerte. Daraufhin wandten sich die Araber nach rückwärts, ihrem Lager zu. Abd ar-Rahman bemühte sich vergeblich, die Ordnung wiederherzustellen. In dem Kampfgetümmel wurde er plötzlich von Franken umzingelt und von mehreren Speeren durchbohrt. Der Tod des Heerführers besiegelte die Niederlage, die arabischen Reiterscharen wichen zurück und verließen am Abend das Schlachtfeld. Als sich am folgenden Morgen fränkische Späher dem gegnerischen Lager näherten, fanden sie es verlassen vor.

Die Schlacht bei Poitiers hatte für Araber und Franken eine unterschiedlich gewichtige Bedeutung. Sie beendete die arabischen Streifzüge und Einfälle in Gallien, allerdings hatten die Araber nie daran gedacht, sich dauernd nördlich der Pyrenäen festzusetzen. Innere Machtzwistigkeiten in ihrem Herrschaftsbereich auf der Iberischen Halbinsel lähmten den Expansionsdrang. Für den fränkischen Staat war die

---

* zit. nach: Feldmarschall Viscount Montgomery of Alamein, Kriegsgeschichte. Weltgeschichte der Schlachten und Kriegszüge, Bernard & Gräfe Verlag für Wehrwesen, Frankfurt am Main 1972, S.146

Kampf zwischen Arabern und Franken (Darstellung aus dem 14. Jahrhundert)

Schlacht bei Poitiers ein wesentlicher Schritt auf dem Weg zur Einigung und Unterwerfung ganz Galliens. Hausmeier Karl erhielt für den Sieg den ehrenden Beinamen Martell (der Hammer), sein Enkel stieg als Karl der Große (742–814) zum überragenden Herrscher des Frankenreichs auf.

Militärisch zeigte die Schlacht die gewachsene Stärke und Kampfkraft der Reiterei. Aber auch das fest geordnete fränkische Fußvolk bewährte sich noch einmal in der Defensive. Leichte Reitertruppen, wie sie die Araber in großer Zahl hatten, konnten einem Angriff gepanzerter fränkischer Reiter nicht widerstehen, ebensowenig vermochten sie in ein diszipliniertes, den inneren Zusammenhalt wahrendes Fußvolk einzubrechen.

In der Folgezeit büßte jedoch das fränkische Fußvolk seine Stärke und Schlagkraft ein. Da die freien Bauern an zahlreichen Feldzügen teilnehmen mußten, konnten sie sich immer weniger um ihre Wirtschaft kümmern, sie verarmten und gerieten schließlich in Abhängigkeit von den Großgrundbesitzern. So verloren sie ihre politischen Rechte und nahmen daher auch nicht mehr an Kriegszügen teil. Der Militärdienst wurde zu einem Privileg der aufsteigenden Klasse der Feudalherren, sie erschienen als gerüstete Reiter hoch zu Roß auf dem Schlachtfeld.

Die Ungarnschlacht

Lechfeld 955

Die Schlacht auf dem Lechfeld war Höhe- und zugleich Schlußpunkt jahrzehntelanger kriegerischer Auseinandersetzungen zwischen den Ungarn und dem aufsteigenden deutschen Feudalstaat.

Die Stämme des Nomadenvolks der Ungarn hatten gegen Ende des 9. Jahrhunderts auf ihren Zügen durch Osteuropa das Pannonische Becken (das heutige Ungarn) erreicht. Sie befanden sich zu jener Zeit auf der Stufe des allmählichen Übergangs von der Gentil- zur Klassengesellschaft. Es gab schon einen Stammesadel und Fürsten, die Gefolgschaften von Kriegern unterhielten, mit denen sie auf weite Streif- und Raubzüge gingen. Die Masse der Viehzüchter und Jäger lebte als Nomaden, aber während der Landnahme zwischen Donau und Theiß gegen Ende des 9. Jahrhunderts war ein Teil der Ungarn ansässig geworden und betrieb Ackerbau.

Im Kriegsfall boten die Heerführer, die sich Könige nannten, die Mehrzahl der wehrfähigen Männer der Stämme auf, die als leichte Reiter ins Feld zogen. Speere, Bogen, Streitäxte und Schwerter gehörten zu ihrer Bewaffnung. In der Schlacht suchten die Reiterkrieger in ungestümen Angriffen schnell die Entscheidung zu erzwingen. Sie waren Meister in vielen Kriegslisten; geschickt täuschten sie Flucht und Rückzug vor, um den Gegner in einen Hinterhalt zu locken. Auf ihren kleinen zähen Pferden waren sie schnell heran und überschütteten den Feind mit einem Pfeilhagel.

Während der Kriegszüge führten die Ungarn einen großen Troß mit sich, Frauen und alte Krieger kümmerten sich um Lebensmittel, sorgten für die Verwundeten und Erkrankten und rafften die Beute zusammen. Die Fuhrwerke des Trosses konnten zu Wagenburgen zusammengestellt werden, die bei der Verteidigung einen starken Rückhalt gaben. In Organisation, Bewaffnung und Taktik ähnelte das ungarische Heer im 9. und 10. Jahrhundert der Streitmacht der Hunnen im 5. Jahrhundert.

Ein anderes Bild bot hingegen das Militärwesen des frühfeudalen deutschen Staates. Im Jahr 919 wurde der Sachsenherzog Heinrich (um 876–936) deutscher König. Er sah sich schon zu Beginn seiner Herrschaft Angriffen der Ungarn ausgesetzt. 919 und 924 drangen sie in das Herzogtum Sachsen ein, das damals das heutige Niedersachsen und

Gerüsteter deutscher Reiter des 9./10. Jahrhunderts

das nördliche Thüringen umfaßte, plünderten das Land und erhoben Tribute. 926 überfielen sie die Herzogtümer Bayern und Schwaben. In diesem Jahr geriet ein ungarischer Anführer in deutsche Gefangenschaft. Für seine Freilassung gingen die Ungarn einen neunjährigen Waffenstillstand ein; jedoch mußte Heinrich I. jährlich Tribute entrichten.

Die deutsche Königsgewalt ließ die erkaufte Friedenszeit nicht ungenutzt verstreichen. Alte Burgen wurden ausgebessert und neue Verteidigungsanlagen errichtet. Die Orte Goslar, Quedlinburg, Corvey und Gandersheim erhielten Gräben und Schutzwehren, Augsburg und Regensburg setzten ihre Befestigungen instand. Adelssitze, Klöster und Kirchen wurden durch Gräben, Palisaden, Erdwälle und Steinmauern geschützt. Die Besatzungen all dieser Burgen und befestigten Orte hießen agrarii milites (landwirtschaftliche Krieger). Die agrarii milites bebauten Land, sorgten für Vorräte und übten sich gleichzeitig im Waffen- und Wachdienst. Sie waren eine Truppe von gerüsteten Reiterkriegern, die Schwert, Lanze und Keule führten. König Heinrich I. kümmerte sich sehr um diese gepanzerte Reiterei, die einen Zusammenstoß mit den schlechter bewaffneten ungarischen und slawischen Berittenen und Fußkämpfern nicht zu fürchten brauchte, zumal die fremden Krieger nur selten eine eiserne Schutzrüstung trugen. Bereits in den Eroberungskriegen gegen die slawischen Stämme östlich der Elbe 928 und 929 bewies die neue Reiterei ihre Kampfkraft.

Im Heer des frühfeudalen deutschen Staates vollzog sich im 9. und 10. Jahrhundert eine ähnliche Entwicklung wie im fränkischen Militärwesen im 8. Jahrhundert. An die Stelle des Aufgebots der freien Bauern, das juristisch nicht abgeschafft wurde, trat in der militärischen Praxis das Reiterheer der Lehnsherren und ihrer Vasallen. Diese Streitmacht, über die der deutsche König als oberster Feudalherr im Kriegsfall verfügte, fiel schwer in die Waagschale militärischer Stärke. Nur die berittenen gerüsteten Krieger der Herzöge, Grafen, Bischöfe und Äbte, die alle Grundbesitz mit darauf ansässigen abhängigen Bauern hatten, galten als vollwertige Kämpfer, miles oder loricati (Gepanzerte) genannt. Wieviel gerüstete Reiter ein solcher Grundherr dem König zu stellen hatte, ist lediglich in Ausnahmefällen überliefert. Der frühfeudale deutsche Staat kannte – wie andere Feudalländer – keine einheitlichen militärischen Normen oder ständigen Verpflichtungen nach Gesetzen. Aus dem späten 10. Jahrhundert stammt das Verzeichnis eines Aufgebots von Kaiser Otto II. (955–983) für einen Kriegszug gegen die Sarazenen (Araber) in Süditalien. Demnach hatten die Bistümer Mainz, Köln, Straßburg und Augsburg je 100, Trier, Salzburg und

Regensburg je 70, Verdun, Lüttich, Würzburg, die Abteien Fulda und Reichenau (Bodensee) je 60, die Klöster Lorsch und Weißenburg je 50, das Herzogtum Elsaß 70, das Herzogtum Niederlothringen 20 und eine Reihe von Grafschaften jeweils zwischen 10 und 30 Reiter für das Heer zu stellen. Insgesamt verlangte der Kaiser über 2000 Krieger; die weltlichen Feudalen sollten 586 aufbringen, die geistlichen Herren 1504.

Diese Aufgebotsforderung umfaßte nicht die ganze Heeresmacht des deutschen Feudalstaats; denn sächsische, norddeutsche und bayrische Lehnsherren fehlten. Allerdings gibt das Dokument einen Anhaltspunkt für die Einschätzung der militärischen Kräfte, über die die deutsche Königsgewalt gegen Ende des 10. Jahrhunderts im Krieg verfügte. Ein solches Heer gepanzerter Reiter stellte zugleich einen hohen Wert dar. Nach Berechnungen von Militärhistorikern entsprach im 9. und 10. Jahrhundert der Wert der Rüstung eines Reiters samt seinem Pferd etwa dem von 40 bis 45 Kühen – dem Bestand eines Dorfes. Diese Mittel sowie die Zeit für Waffenübungen konnten nur reiche Feudalherren aufbringen. Auch die Kirche hatte aus der Hand des Königs Land mit darauf ansässigen Bauern erhalten und stellte dafür gerüstete Reiter.

Ein Vorläufer der Schlacht auf dem Lechfeld 955 war das Treffen bei Riade an der Unstrut im Jahr 933. Der König und die mächtigsten adligen Herren hatten auf einer Versammlung in Erfurt beschlossen, den Ungarn keine Tribute mehr zu zahlen; die angelegten Burgen und die gepanzerte Reiterei schienen eine sichere Gewähr für die Abwehr des zu erwartenden Rachefeldzugs zu bieten. Die ungarischen Reiterscharen fielen in zwei Gruppen ein. Die westliche Gruppe stieß an der Werra auf eine von Thüringern und Sachsen gestellte Reiterabteilung und erlitt im Kampf eine Niederlage. Die ungarischen Hauptkräfte belagerten eine Burg in der Hainleite (in der Nähe der heutigen Stadt Sondershausen) und wandten sich dann gegen das von König Heinrich I. geführte deutsche Feudalheer. Bei Riade – die genaue Lage dieses Ortes ist nicht überliefert – flohen die Ungarn kampflos, als sie die gegnerische Armee gerüsteter Reiter erblickten. Größere Verluste dürften sie nicht erlitten haben, wenn man von den auf der Flucht Umgekommenen absieht. Diese Erfolge hoben das Ansehen des Königtums und festigten den Zusammenschluß der deutschen Stämme, sie waren zugleich ein moralischer Sieg über die Furcht vor den Ungarn.

Als die Ungarn 955 erneut in Bayern und Schwaben einfielen und Augsburg einschlossen, war die politisch-militärische Lage des deutschen Feudalstaats, an dessen Spitze seit 936 Otto I. (912–973) stand,

Otto I.

erheblich besser als 22 Jahre zuvor. Der König bot von Magdeburg aus die großen feudalen Grundherren mit ihren Vasallen zum Feldzug auf. Als Versammlungsort des Heeres gab er den Raum zwischen Ingolstadt und Neuburg an der Donau an, hier trafen im Juli die berittenen Abteilungen – Legionen genannt – ein. Der Geschichtsschreiber Widukind von Corvey (um 925 – nach 973) berichtet darüber: „Die erste, zweite und dritte Legion bildeten die Baiern, an ihrer Spitze die Befehlshaber Herzog Heinrichs, denn er selbst war unterdessen vom Kampfplatze entfernt, weil er an einer Krankheit darniederlag, woran er auch starb. Die vierte bildeten die Franken, deren Leiter und Führer Herzog Konrad war. In der fünften, der stärksten, welche auch die königliche genannt wurde, war der Fürst selbst, umgeben von den Auserlesenen aus allen Tausenden der Streiter und von muthigen Jünglingen, und vor ihm der sieggewohnte Erzengel, durch einen dichten Haufen gedeckt. Die sechste und siebente Schaar machten die Schwaben aus, welche Burghard befehligte, dem der Bruder des Königs seine Tochter zur Ehe gegeben hatte. In der achten waren tausend auserlesene böhmische Streiter, besser mit Rüstungen als mit Glück versehen; hier war auch alles Gepäck und der ganze Troß, weil man die Nachhut für den sichersten Platz hielt."*

Die böhmische Legion befehligte Herzog Boleslav I. (gest. 967). Im deutschen Heer fehlten die Sachsen, die zu dieser Zeit bereits Krieg gegen westslawische Stämme führten. Auch Truppen aus Lothringen waren nicht dabei; sie deckten Schwarzwald und Bodensee, um einen Vorstoß der Ungarn in die oberrheinische Tiefebene zu verhindern.

Der Kriegsplan Ottos I. verfolgte weite strategische Ziele. Durch die Aufstellung an der Donau nordöstlich von Augsburg waren die Rückzugswege der Ungarn bedroht, gleichzeitig ermöglichte es die zentrale Lage dieses Raumes, die einzelnen Abteilungen relativ rasch zusammenzufassen und von dort aus in südlicher Richtung gegen Augsburg vorzurücken. Die Stärke des deutschen Heeres dürfte insgesamt 7 000 bis 8 000 Panzerreiter betragen haben, nicht gerechnet die Angehörigen des Trosses.

Das ungarische Heer könnte ebensoviel oder nur etwas mehr Reiter besessen haben; die zeitgenössischen Quellen enthalten darüber kaum und wenn, dann lediglich sehr allgemeine Angaben. Wie in vielen anderen frühmittelalterlichen Schriften erhöhten die Schreiber in der Regel die Zahl der Feinde, um im Fall des Sieges den eigenen Ruhm desto heller strahlen zu lassen oder bei einer Niederlage den Mißerfolg zu entschuldigen.

Den Ungarn war es nicht gelungen, Augsburg zu stürmen, obgleich die Stadt nur niedrige Wälle und keine Türme hatte. Die Verteidiger, an der Spitze Bischof Udalrich (890–973) und sein Bruder Graf Dietpold von Dillingen, wehrten die Angriffe ab, der Bischof soll sich

* Widukinds Sächsische Geschichten, Verlag der Dyk'schen Buchhandlung, Leipzig 1891, S. 101 f.

selbst im geistlichen Ornat, ohne Helm und Panzer, in den Kampf gestürzt haben. An eine systematische Belagerung konnten die Ungarn nicht denken, da ihnen die dafür notwendigen Geräte fehlten. So dürften sie sich wohl auf eine Einschließung durch die Reiterscharen beschränkt haben. Als Otto I. im August mit seinen Truppen von Norden heranrückte, verließ ein Teil der Verteidiger die Stadt und zog ihm entgegen. Die Ungarn hoben daraufhin die Einschließung auf, ordneten ihre Scharen und stießen gegen das deutsche Feudalheer vor.

Der eigentlichen Schlacht ging am 9. August ein Reitergefecht voraus. Die Ungarn, deren Lager sich auf dem Lechfeld zwischen den Flüssen Lech und Wertach südlich der Stadt befand, griffen östlich des Lechs die böhmische Reiterei an. Aber ihr Angriff scheiterte; denn die Franken kamen den Böhmen zu Hilfe. Die Hauptkräfte Ottos I., die Bayern und Franken und die Legion des Königs, rückten am 10. August sofort weiter nach Süden vor, um dem Gegner den Rückzug

Schlacht auf dem Lechfeld

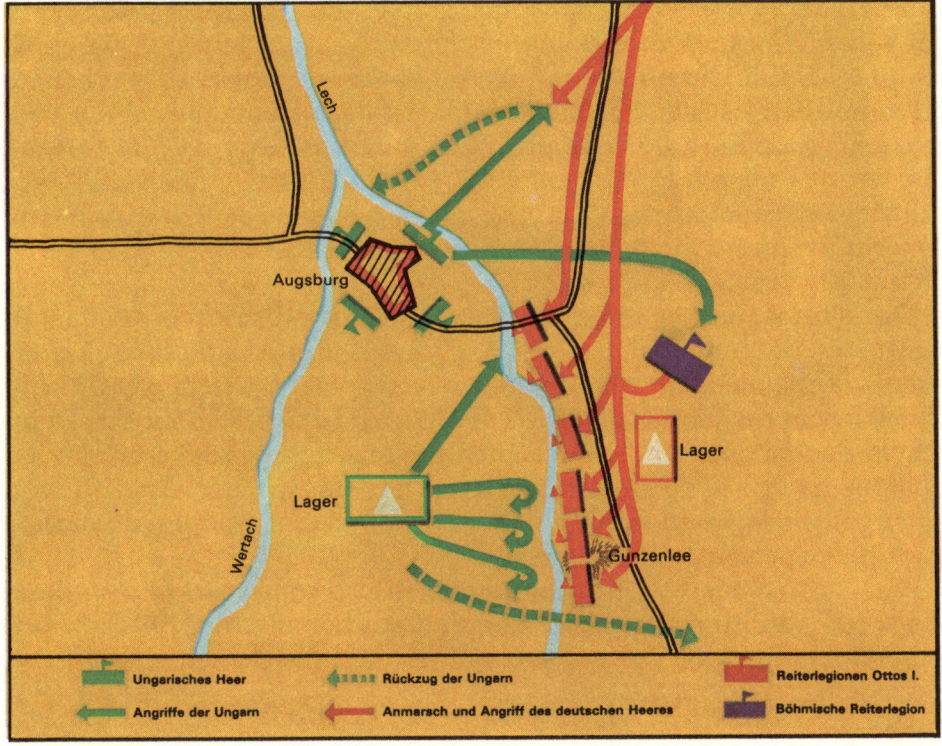

über den Lech abzuschneiden. Unmittelbar am Fluß, in der Nähe des Hügels Gunzenlee, stießen die Heere zusammen. Alle Versuche der Ungarn, in ungestümen Attacken die deutschen Panzerreiter zu schlagen und sich über den Lech einen Weg nach Osten freizukämpfen, endeten erfolglos. Ihr Heer erlitt schwere Verluste und löste sich auf, viele der Flüchtenden ertranken, etliche machte die drangsalierte Bevölkerung nieder. Der König Hortis Bulcsu und zahlreiche gefangengenommene Ungarn wurden aufgehängt, andere mit abgeschnittenen Nasen und Ohren zurückgeschickt.

Der sächsische Chronist Bischof Thietmar von Merseburg (975–1018) berichtet über die Schlacht: „Am folgenden Tage, dem Feste des Märtyrers Christi Laurentius, demütigte sich der König vor Gott, bekannte sich allein unter allen als schuldig und tat unter Tränen ein Gelübde: Wenn Christus ihm an diesem Tage durch die Fürbitte eines solchen Sprechers in Gnaden Sieg und Leben gebe, wolle er in der Burg Merseburg zu Ehren des Siegers über das Feuer ein Bistum errichten und ihm seine große, jüngst begonnene Pfalz zur Kirche ausbauen lassen. Er erhob sich vom Boden, feierte die Messe und empfing die von seinem wackeren Beichtiger Ulrich gereichte Kommunion; dann ergriff er unverzüglich Schild und heilige Lanze, brach als erster vor seinen Kriegern in die Reihen der Widerstand leistenden Feinde ein und vernichtete und verfolgte sie, als sie sich zur Flucht wandten, bis zum Abend. Nach der Blutarbeit lagerte der König mit seinen siegreichen Truppen in der grünen Niederung und ließ sorglich feststellen, wer aus seinem Heere geblieben war. Da erfuhr er den Tod seines Schwiegersohnes Herzog Konrad, eines hervorragenden Kriegsmannes. Er betrauerte ihn mit Recht und sandte die Leiche sorgsam bereitet zur Bestattung nach Worms."*

Die Schlacht auf dem Lechfeld bewies die Überlegenheit der Kriegskunst des deutschen Feudalheers über die des ungarischen Reiterheers. Die einzelnen Abteilungen wirkten taktisch eng zusammen, daran scheiterte auch der ungarische Angriff in den Rücken der Deutschen. Zudem nutzten die deutschen gepanzerten Reiter geschickt den Fluß als natürliches Hindernis aus, um die ungarischen Angriffe von einer günstigen Position aus abzuschlagen und den Feinden den Rückzug zu versperren.

Die ganze Schlacht fand mit umgekehrter Front statt: Die Ungarn, die von Osten kamen, wurden vom deutsch-böhmischen Heer aus östlicher Richtung angegriffen, sie mußten kehrtmachen und gewisser-

---

*-Thietmar von Merseburg, Chronik, Rütten & Loening, Berlin 1957, S. 45

maßen gegen rückwärts angreifen. Eine Niederlage war in solchem Fall besonders verhängnisvoll, weil zwischen dem Rückzugsweg und dem Heimatland der Gegner stand, der das fliehende und aufgelöste Heer vollends zerschlagen konnte.

Auch für die weitere Geschichte der Ungarn war die verlorene Schlacht auf dem Lechfeld entscheidend. Die ungarischen Stämme wurden endgültig seßhaft. Unter der Herrschaft der Könige aus dem Geschlecht der Árpáden (890–1301) entwickelte sich ein eigenständiger feudaler Staat, der den Mongoleneinfall im 13. Jahrhundert überstand und erst im 16. Jahrhundert dem Ansturm der Osmanen erlag.

Die Schlacht der goldenen Sporen

Kortrijk 1302

Die Sporenschlacht bei Kortrijk (Courtrai) am 11. Juli 1302 gehört zu den interessantesten und für die mittelalterliche Kriegsgeschichte wichtigsten Schlachten. Sie wurde bekannt als überragender Sieg eines flämischen Bürgerheers, das ausschließlich aus Fußvolk bestand, über ein französisches Reiterheer, in dem die Blüte des Feudaladels dieses Landes diente.

Die Grafschaft Flandern – das Gebiet entspricht dem heutigen Westbelgien – gehörte zu Beginn des 14. Jahrhunderts zu Frankreich. Es war ein wirtschaftlich weit fortgeschrittenes Land mit entwickeltem Handel und Gewerbe. Im Bereich der Tuchproduktion und -bearbeitung gab es bereits frühkapitalistische Verhältnisse. In den Städten, unter denen Gent und Brügge die größte Bedeutung hatten, herrschte das reiche Patriziat, aber auch die Zünfte der Handwerker waren wirtschaftlich erstarkt und wollten politisch in den Stadtverwaltungen ein Wort mitreden. Unterhalb der Zunftbürger standen die plebejischen Schichten – Tagelöhner, Bedienstete und Arme. Sie alle trugen durch ihre Arbeit zum Reichtum des Patriziats bei. Flandern war eine ergiebige Geldquelle für die mächtigen Handelsherren, in erster Linie aber für die französische Krone. König Philipp IV. (1268–1314), genannt „der Schöne", nutzte die Spannungen zwischen Patriziat und Zünften aus, um seine Stellung in der Grafschaft zu festigen. Neue Steuern wurden ausgeschrieben, die die königliche Kasse füllen sollten. Diese finanzielle Schröpfung und die wachsende Unterdrückung des Landes führten dazu, daß die politischen Gegensätze zwischen der Krone Frankreichs und der Masse der Bevölkerung Flanderns offen ausbrachen.

Im Mai 1302 erhoben sich die Bürger von Brügge gegen die französi-

Französische Ritter belagern eine flandrische Stadt.

sche Herrschaft und vertrieben die fremden Truppen aus ihrer Stadt. Die Welle der Empörung griff auf weitere Städte und Dörfer über. Der Krieg gegen Frankreich stand bevor.

Das Bürgertum der flandrischen Städte war keine wehrlose Masse. Hausbesitzer und Gewerbetreibende hatten Kriegsdienste zu leisten, sich an den Arbeiten zur Erhaltung und zum Ausbau der Verteidigungsanlagen – der Wälle, Tore, Türme und Gräben – zu beteiligen und Wache zu halten. Die politischen Bürgerrechte waren mit militärischen Pflichten verbunden. Die Bürger mußten auch Waffen und Schutzrüstung besitzen, an Übungen teilnehmen und ihre Waffen bei Musterungen auf Brauchbarkeit prüfen lassen. Im Kriegsfall konnte der Rat der Stadt die Wehrfähigen als Aufgebot ins Feld zu führen; in den Zeughäusern lagerten Piken, Hellebarden und Rüstungen, um ärmere Bewohner zu bewaffnen. Eine gefüllte Stadtkasse erlaubte, Fuß- und Reitersöldner gegen klingende Münze anzuwerben.

Organisatorisch gliederte sich das gesamte Bürgeraufgebot nach den Zünften, ihre Vorsteher waren zumeist auch militärische Unterbefehlshaber; als Oberbefehlshaber nahm der Rat der Stadt in der Regel einen kampferprobten Söldnerführer oder einen angesehenen Ritter aus der Umgebung in Dienst.

Das flämische Fußvolk hatte im 13. Jahrhundert schon praktische Kampferfahrungen im Ringen mit feudalen Heeren und Söldnerhaufen gesammelt. Im bevorstehenden Krieg mußten die Aufständischen allerdings mit einem besonderen Faktor rechnen: Ein Teil des Patriziats stellte selbstsüchtig die eigenen Interessen über den Volkskampf und unterstützte politisch die französische Krone. Diese reichen Stadtherren und ihr Anhang, Leliards genannt, bezahlten auch die neuen Steuern.

Die französischen Truppen hielten bei Beginn der Erhebung die Burgen von Cassel und Kortrijk. In Gent, der reichsten Stadt Flanderns, war es den französenfreundlichen Patriziern gelungen, die Macht an sich zu reißen und die Aufständischen zum Verlassen der Stadt zu nötigen. In anderen Gebieten hingegen herrschten die Bürger.

Gegen die aufständischen flandrischen Städte entsandte König Philipp IV. im Sommer 1302 ein Heer. Zahlreiche Adlige, vor allem aus Nordfrankreich und Lothringen, waren dem königlichen Aufgebot gefolgt. Hinzu kamen beutegierige Soldritter, geworbene Abteilungen spanischer und italienischer Fußsöldner – kriegserfahrene Armbrustschützen und Wurfspießschleuderer – sowie Fußvolk aus französischen Städten. Diese Streitmacht, die Graf Robert d'Artois (1250–1302) als Generalkapitän des Königs befehligte, hatte einen sehr unterschiedlichen Kampfwert. Der stärkste Teil waren die Ritter mit Lanzen und Schwertern, begleitet von leichter gerüsteten Reitern. Die Zahl dieser Krieger dürfte etwa 5000 bis 6000 betragen haben, dazu kamen rund 3000 Fußsöldner. Über das Fußvolk der französischen Städte ist nicht viel bekannt. Es war wenig organisiert und kaum

Schlachtordnung eines Ritterheers vom 12. bis 14. Jahrhundert

Innerhalb der Abbildung:

Lager und Troß

● Fußkrieger   ◗ Berittene Bogenschützen   ◨ Banner der Ritter

ausgebildet für die Schlacht; mit dem flämischen Bürgeraufgebot konnte es sich keinesfalls messen. In der Regel diente solches Fußvolk nur zum Schutz des Trosses und des Lagers, außerdem setzten es die Ritter bei der Belagerung von Burgen und Städten ein.

Dieses Heer, das die in Kortrijk eingeschlossene französische Garnison befreien sollte, war sehr siegessicher. Die französische Krone und die Ritter rechneten mit einem raschen Erfolg und sprachen höchst abfällig vom „Pöbel" der Städte, dem man keine Gnade gewähren würde.

Das Heer der flandrischen Städte war mit über 13 000 Kriegern an Zahl den Franzosen überlegen. Es sammelte sich vor der Stadt Kortrijk. Über 6000 Mann hatte allein die Stadt Brügge gestellt, nur 700 hingegen waren aus Gent gekommen, aus Ypern 500, etwa 3000 hatten die kleineren Städte Bergues, Furnes (Veurne), Damme, Oudenaarde und einige andere Orte entsandt. Die aufständischen Bauerngemeinden waren mit einem Kontingent von 3000 Bewaffneten vertreten. Den Oberbefehl hatten Willem van Gulick und Guido von Namur, Angehörige des flämischen Grafenhauses. Führer der städtischen Aufgebote waren der Brügger Zunftmeister Pieter de Coninck und der Genter Bürger Jan Borlup. Im Unterschied zum französischen Heer bestand die Streitmacht der Flamen ausschließlich aus Fußvolk, nur 10 Ritter sollen ihm angehört haben, und diese stiegen in der Schlacht von den Pferden und fochten als Fußkrieger. Damit bekundeten sie ihre Verbundenheit mit den Bürgern und Bauern. Nach der Überlieferung nahmen die Kämpfer des Volksheers eine Handvoll Erde in den Mund als Zeichen für die Liebe zur Heimat, die sie mit allen Kräften verteidigen wollten.

Armbrustschütze mit Schild

Goedendags

Die Flamen führten Schwerter, Lanzen, Keulen, Spieße und eine große Zahl von Goedendags, zu deutsch „Guten Tag". Eine genaue Klassifizierung dieser Blankwaffe ist nicht überliefert, offenbar handelte es sich um eine Art Hellebarde mit einer Spitze zum Zustoßen und einem Haken, um den Berittenen vom Pferd herabzureißen. Es gab wenige Armbrustschützen, im Unterschied zu italienischen und deutschen Städten jener Zeit hatte das Schießen mit der Armbrust in flandrischen Städten keine Tradition.

Da die Zünfte geschlossen anmarschiert waren, herrschte im flämischen Heer eine sichtbare Einheitlichkeit innerhalb großer Abteilungen, die Befehlshaber konnten eine Schlachtordnung aufbauen, die den Masseneinsatz gleicher Waffen gewährleistete. Südlich der Stadt Kortrijk, zwischen einem Bach und einem Kloster, formierte sich die rund 1000 Meter lange Schlachtordnung, 7 Glieder tief die Hellebarden- und Spießträger, vor der Front die Armbrustschützen. Das Kontingent aus Ypern blieb vor der Burg der Stadt, um einen Ausbruch der französischen Besatzung zu verhindern. Unter Jan van Renesse (gest. 1304) hatten die Flamen eine Reserve hinter der Front zurückbehalten. Die ganze Stellung erlaubte kein Absetzen nach rückwärts, für die Aufständischen gab es nur Sieg oder Niederlage. Vor sich hatten sie das unerbittliche feindliche Ritterheer, hinter sich die Franzosen in der Burg, die engen Gassen der Stadt, Sumpfgelände und den Fluß Lys.

Das französische Heer näherte sich von Süden. Graf Robert d'Artois erkannte die Schwierigkeiten des von Bächen durchzogenen Geländes, das für seine Reiterei äußerst ungünstig war. Aber er und die Ritter durften nicht lange zögern; denn die Besatzung der Burg litt Mangel an Verpflegung und Waffen und hätte sich ohne baldigen Entsatz ergeben müssen. Einen solchen Prestigeverlust konnten die Adligen nicht hinnehmen.

Südlich des Groeninger Baches stellten sich die Franzosen am 11. Juli auf. Vorn die italienischen und spanischen Schützen, dahinter die Ritter, eine schwache Reserve blieb zurück. Die Fußkrieger eröffneten den Kampf und fügten den eng stehenden Flamen einige Verluste zu. Dann zog die französische Führung das Fußvolk zurück, um dem Angriff der Ritter freien Raum zu geben. Die Bewegungen konnten nicht exakt aufeinander abgestimmt werden, vorreitende Ritter und Fußkrieger gerieten ineinander. Um die Aufstellung der Flamen zu erreichen, mußten die Franzosen das versumpfte Gelände und den Groeninger Bach überwinden. Nur mühsam kamen die Berittenen voran, wobei sich die innere Ordnung ihres Heeres lockerte.

Diese entscheidenden Momente der Schwäche bei den Franzosen erkannten die Flamen. Sie gingen – völlig überraschend für den Feind – zum Gegenstoß über und stürzten sich auf die Ritter. Ein erbitterter Nahkampf entbrannte. Im Zentrum hatten die Franzosen etwas Zeit gefunden, sich nach dem Durchreiten des Baches zu sammeln und geordnet vorzugehen. Hier brachen sie in die Schlachtordnung der Flamen ein. Die flämische Reserve griff zur Unterstützung des Zentrums an und drängte die Ritter zurück. An den Flügeln bekamen die Franzosen keine solche Atempause, dort attackierten die Bürger

Schlacht bei Kortrijk

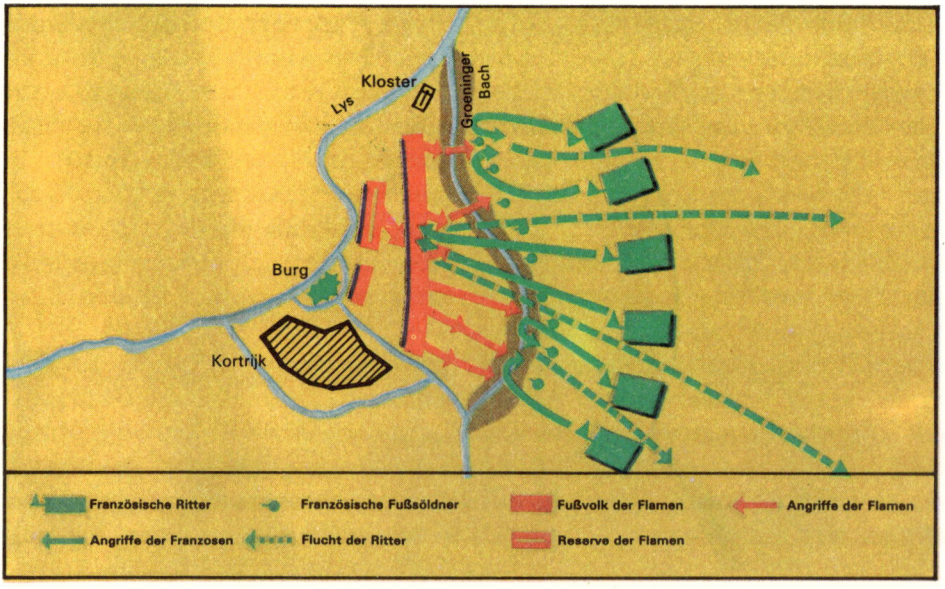

sie, noch ehe sie festen Boden erreicht hatten. Die Pferde wurden durchbohrt und stürzten, die eisengepanzerten Ritter unter sich begrabend; mit den Hellebarden und Goedendags rissen die Flamen die Berittenen vom Pferd und erstachen sie. Eine Chronik berichtet über die Anweisungen der flämischen Hauptleute an ihre Krieger: „Schlagt nur auf die Köpfe der Pferde, und sie werden ihre Reiter abwerfen; niemand soll Pardon geben oder Beute machen, bis der Sieg erfochten sei, sonst soll er von seinen Nebenleuten sogleich getötet werden."*

Das Feldgeschrei der Flamen war „Vlaenderen den Leeuw!" (Flandern, der Löwe!), es war ein Bekenntnis zum Heimatland und zum angestammten Grafengeschlecht, dessen Banner einen Löwen zeigte.

Der belgische Schriftsteller Hendrik Conscience (1812–1883) zeichnet in seinem historischen Roman „Der Löwe von Flandern" (1838) ein Bild dieser Schlacht. Über den Angriff der französischen Ritter am Bach heißt es:

„Jeder wollte der erste sein; nur mit diesem Gedanken beschäftigt, rannten sie die Bogenschützen über den Haufen und durchbohrten die eigenen Leute. Hunderte von Fußknechten kämpften unter den Hufen der Rosse, die sie zertraten, mit dem Tod, die übrigen flohen nach allen Seiten vom Schlachtfeld. So machten die Ritter den errungenen Vorteil zunichte und ließen den flämischen Schleuderern Zeit, sich wieder zu sammeln. Das Geschrei der Verletzten war fürchterlich. Die hintersten Scharen, die glaubten, daß der Kampf begonnen habe, sprengten zu dem Bache hin, an dessen Ufern das geschah, und ein großer Teil von ihnen vermehrte nur die Opfer der Unbesonnenheit des Feldherrn.

Die Flamen hatten sich noch nicht gerührt, sie standen immer noch bewegungslos und schweigend in einer langen Reihe und sahen diesem Schauspiel mit Verwunderung zu. Die flämischen Anführer gingen mit vieler Klugheit und Erfahrung zu Werke …

Endlich waren die beiden Bäche mit Leichen von Menschen und Pferden angefüllt, und es glückte Raoul de Nesle, mit ungefähr tausend Reitern hinüberzugelangen …

Mit Wut und unverzagt griff er die Mitte des flämischen Heeres an. Diese hatten ihre langen Goedendags mit dem einen Ende in die Erde gestemmt und empfingen die französischen Reiter mit der Spitze dieser furchtbaren Waffe. Viele Feinde fielen bei dem Stoß aus dem Sattel und waren bald erstochen. Aber Godfried von Brabant, der mit seinen

* zit. nach: Felix Wodsak, Die Schlacht bei Kortryk. 11. Juli 1302, Dissertationsverlag Carl Arnold, Berlin-Wilmersdorf 1905, S. 87

neunhundert schweren Reitern auch den Bach überschritten hatte, griff die Schar Wilhelms von Jülich mit solcher Kraft an, daß er die ersten drei Glieder zu Boden warf und die flämische Schlachtordnung durchbrach.

Nun entstand ein furchtbarer Kampf. Die französischen Reiter hatten ihre Speere weggeworfen und hieben mit ihren Schlachtschwertern auf die Flamen los. Diese wehrten sich tapfer mit Keulen und Streitäxten und erschlugen auch manchen Reiter, aber der Vorteil blieb doch auf Seiten Godfrieds von Brabant, denn seine Leute hatten bereits viele Flamen rund um sich zu Boden gestreckt, und es entstand eine große Lücke in der flämischen Schlachtordnung. Durch diese drangen nun alle Franzosen, die über den Bach gelangen konnten, und griffen die Flamen im Rücken an, was für diese sehr mißlich war."

Über den Gegenstoß der flämischen Reserve schreibt Conscience: „Als Herr van Renesse, der auf dem rechten Flügel stand, die Gefahr bemerkte, in die Wilhelm von Jülich geriet, verließ er seinen Platz, eilte hinter die Schlachtreihe und griff mit Breydel und seinen Fleischern die Franzosen von der Seite an. Nichts konnte diesen Leuten Widerstand leisten; sie stürzten mit bloßer Brust auf die Waffe los; unter ihren Streichen fiel alles, was sich ihnen entgegenstellte. Sie hieben mit ihren Beilen den Pferden die Füße ab, daß ihre Reiter stürzten, und spalteten ihnen die Köpfe. Wenige Augenblicke, nachdem sie Wilhelm von Jülich zu Hilfe gekommen, waren hier nur ungefähr zwanzig Franzosen übriggeblieben."*

In erbittertem Ringen wurde das Ritterheer in die Flucht geschlagen. Erst auf den beiden Flügeln, dann auch im Zentrum zurückgeworfen und in den Groeninger Bach, in die Gräben und Sümpfe getrieben, erlag die schwere französische Reiterei dem vorstürmenden Fußvolk.

Die flämischen Krieger gaben keinen Pardon. Graf Robert d'Artois wollte sich freikaufen, aber der Mönch Wilhelm von Säftingen schlug ihn tot. Hart war die Rache der Sieger an den hochmütigen, grausamen Rittern, viele von ihnen wurden, wie zeitgenössische Chroniken berichten, „unter Schmerzen" getötet. Manche Ritter suchten im flämischen Fußvolk unterzutauchen, sie stimmten auch in das Feldgeschrei der Sieger ein. Aber wo man sie erkannte – so die Überlieferung –, riß man ihnen die Zunge aus und stach sie nieder. Die schwache französische Reserve wich kampflos zurück, die Besatzung von Kortrijk ergab sich.

Das französische Heer erlitt eine schwere Niederlage, nach unter-

* Hendrik Conscience, Der Löwe von Flandern, Verlag Neues Leben, Berlin 1985, S. 232 ff.

schiedlichen Zeugnissen sollen zwischen 2000 und 4000 Ritter ums Leben gekommen sein. 700 vergoldete Sporen nahmen die Sieger den Getöteten ab und hängten sie zum Andenken an diesen Tag in der Kirche der Stadt auf. Davon rührt der Name „Sporenschlacht".

Der Krieg in Flandern dauerte noch bis 1305. In einem Vertrag verpflichtete sich die Grafschaft zu Geldzahlungen an Philipp IV., behauptete aber ihre relativ eigenständige Stellung innerhalb Frankreichs.

Militärisch kündigte die Schlacht bei Kortrijk den Aufstieg des Fußvolks an. In den mittelalterlichen Kriegen hatte es bis dahin keine schlachtentscheidende Rolle gespielt, es galt als Nebenwaffe und stand völlig im Schatten der Ritter. Mit dem allmählichen wirtschaftlichen und politischen Erstarken der Städte begann sich dieses Bild jedoch langsam zu wandeln. Schon in den Kämpfen zwischen deutschen Feudalherren und oberitalienischen Städten hatten die Bürger wiederholt ihre Fußkrieger aufgeboten und sie in Feldschlachten zusammen mit Soldrittern eingesetzt. In der Schlacht bei Legnano 1176 behauptete das Mailänder Fußvolk seine Verteidigungsstellung gegen die Angriffe der deutschen Ritter. Auch im Kampf bei Cortenuova 1237 widerstanden die Fußkrieger den Berittenen. Ein solcher Erfolg war im allgemeinen aber nur dort möglich, wo das Gelände den Angriff der Ritter erschwerte und dem Fußvolk Rückhalt bot. Die Schlacht bei Kortrijk unterschied sich von diesen Treffen insofern, als das Fußvolk zunächst defensiv blieb, dann jedoch offensiv handelte und einen vernichtenden Stoß gegen die Ritter führte. Voraussetzung dafür war, daß die Fußkrieger Übung im geschlossenen Einsatz hatten und als ein taktischer Körper angriffen. Nicht mehr der noch so gewandte Einzelkrieger, sondern der ganze Schlachthaufen entschied über den Ausgang des Ringens.

Der Erfolg hob das Selbstbewußtsein der flämischen Aufgebote. In zeitgenössischen Quellen wurde sogar die Meinung geäußert, daß der mit der Hellebarde bewaffnete Fußkrieger, sofern er nur Mut habe, es mit zwei Rittern aufnehmen könne. Ein solches Urteil bestätigte sich allerdings in der Folgezeit nicht generell. Ritterheere, in denen mehr und mehr Söldner dienten, schlugen nach Kortrijk nicht selten städtische Bürgeraufgebote, wenn sich diese ungeschützt im offenen Feld aufstellten. 1328 bei Cassel, 1379 bei Oudenaarde und 1382 bei Roosebecke mußten die flämischen Fußkrieger Niederlagen hinnehmen.

Aber in anderen europäischen Ländern hatte inzwischen ein ähnlicher Aufstieg des Fußvolks begonnen. 1315 schlugen die Schweizer bei Morgarten ein österreichisches Ritterheer, im 15. Jahrhundert besiegten die Haufen Schweizer Fußkrieger in glänzenden Schlachten burgundische Ritter. Die hussitischen Fußkämpfer wehrten, unterstützt von Reiterei, die Kreuzzüge der feudalen Armeen gegen Böhmen ab und gingen selbst zur Offensive gegen Sachsen, Schlesien, Österreich und andere Feudalländer über. Die Schlacht bei Kortrijk hatte den Beginn dieser militärischen Entwicklung durch einen kräftigen Paukenschlag angekündigt.

Sieg am Don

Kulikowo Pole 1380

Am 8. September 1380 standen sich auf dem Kulikowo Pole (Schnepfenfeld) rund 250 Kilometer südöstlich von Moskau am Oberlauf des Don zwei große Heere gegenüber: die Armee einer Reihe russischer Fürstentümer, geführt von dem kriegserfahrenen Feldherrn und Großfürsten von Moskau, Dmitri Iwanowitsch (1350–1389), und die vielköpfige Streitmacht des Tatarenkhans Mamai (gest. 1380). Eine Entscheidungsschlacht im langjährigen Ringen zwischen den Tataren und den Russen bahnte sich an.

Rund 150 Jahre waren seit dem Einbruch der Mongolen in Osteuropa vergangen. 1223 hatte ein russisches Heer in der Schlacht an der Kalka eine vernichtende Niederlage erlitten. Nach diesem Kampf schlug eine Sturmflut über den sich verzweifelt wehrenden russischen Fürstentümern zusammen. 1240 wurde Kiew, die „Mutter der russischen Städte", vom Heer Batu-Khans (gest. 1255) zerstört. Diese eingefallenen mongolischen Stämme, Tataren genannt, gründeten 1243 einen eigenen Staat, das Reich der Goldenen Horde mit der Hauptstadt Sarai am Unterlauf der Wolga. Von hier aus zogen sie von den umliegenden russischen Ländern Tribute ein. Nur mühsam konnten die russischen Fürstentümer, die Vasallen der Tataren waren, die Fesseln der Fremdherrschaft lockern. Das Zentrum der Unabhängigkeitsbewegung bildete das Großfürstentum Moskau, das politisch, wirtschaftlich und militärisch erstarkte. Zwischen den russischen Fürstentümern und der Goldenen Horde kam es immer wieder zu kriegerischen Auseinandersetzungen. 1377 erlitten die Moskauer Truppen noch eine Niederlage, aber ein Jahr später besiegten sie im Kampf an der Wosha, einem Nebenfluß der Oka, eine tatarische Abteilung. Der Erfolg hob das Selbstvertrauen der russischen Krieger, hatten die Tataren doch bis dahin als unbesiegbar gegolten.

Einfall der Tataren in Rußland (zeitgenössische Darstellung)

Die russische Streitmacht setzte sich aus Aufgeboten der reichen Grundbesitzer zusammen. Eine Schar gerüsteter Reiter eines vermögenden Adligen wurde Drushine (Gefolgschaft) genannt. Die Krieger waren mit Speeren, Lanzen, Schwertern und Streitäxten bewaffnet und trugen eine Schutzrüstung mit Kettenhemd, Helm, Beinschienen und Schild. Im äußeren Erscheinungsbild ähnelte ein Drushine-Reiter dem Ritter der mitteleuropäischen Feudalheere.

Die Dörfer und Städte stellten im Krieg für den Landesfürsten das Fußvolk. Dieses trug gleichfalls eine Rüstung, die aber leichter und billiger als die der Reiter war. Die Fußkrieger kämpften mit Spießen, Schwertern, Äxten und Streitkolben. Waffentechnisch konnten sie sich mit den Reitern nicht messen, ihre Stärke lag im Zusammenhalt des Haufens. Solange das Fußvolk seine innere Ordnung und Geschlossenheit wahrte, vermochten ihm Reiterangriffe nicht viel anzuhaben, gefährlich wurde es, wenn Unordnung entstand oder der Haufen sich gar aufzulösen begann.

Der Feldherr mußte sorgfältig auf das Zusammenwirken von Reiterei und Fußvolk achten und für die feste Marsch- und Schlachtordnung sorgen. Zu Beginn eines Feldzugs teilte man das ganze Heer ge-

wöhnlich in Regimenter – Polki – ein. Befehlshaber wurde ein kriegs-
erfahrener Adliger. Im allgemeinen organisierte er 5 solcher Polki: die
Vorhut (peredowoi polk), das Große Regiment (bolschoi polk) als
Zentrum der Schlachtordnung, das Regiment zur Rechten Hand (polk
prawoi ruki) als rechten und das Regiment zur Linken Hand (polk le-
woi ruki) als linken Flügel sowie die Nachhut. Sicherungskräfte aus
Berittenen und Fußkriegern hatten den langsamen Marsch des gesamten Heeres gegen überraschende Angriffe des Feindes zu decken. Die
russische Armee war eine feudale Streitmacht, aber im Unterschied zu
west- und mitteleuropäischen Heeren besaß sie ein kampfstarkes Fußvolk, das auf dem Schlachtfeld wirksam die gerüsteten Reiter unterstützte.

Das Heer der Tataren rekrutierte sich aus vielen Völkern, die unter
der Herrschaft der Goldenen Horde lebten und im Krieg für den Khan

Marschordnung des Moskauer Heeres im 14. Jahrhundert

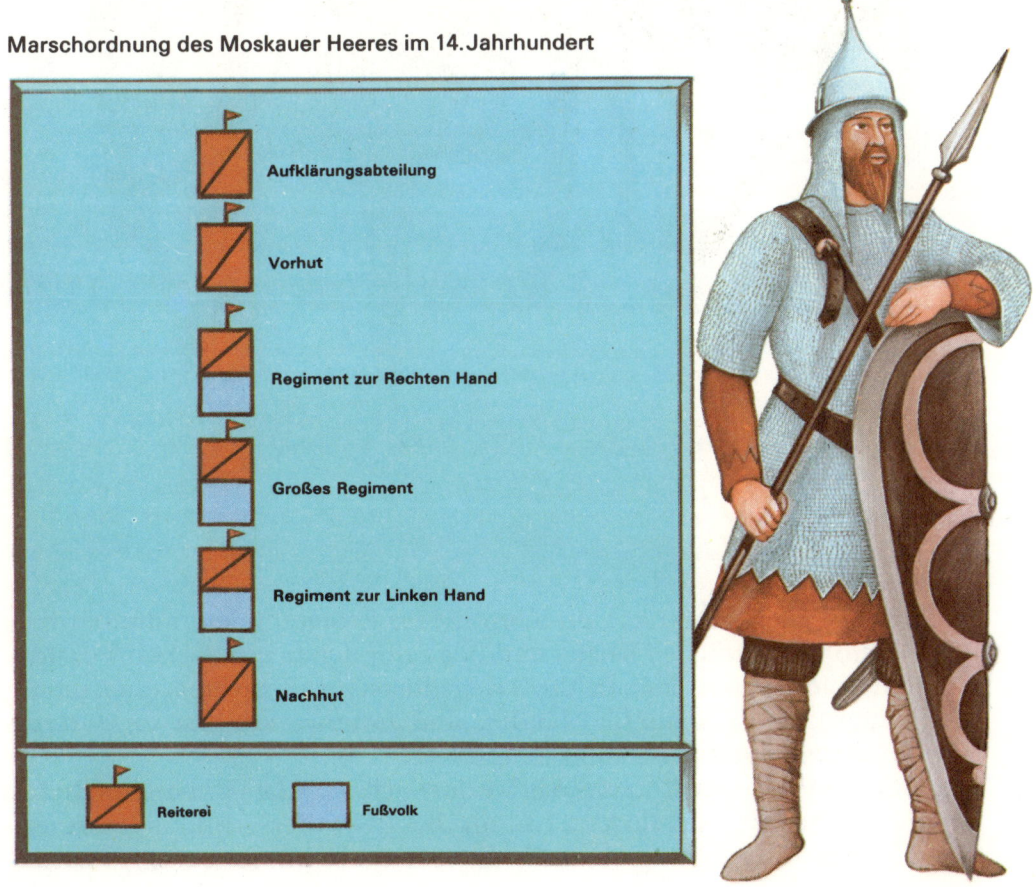

Tatarische Berittene

Truppen stellen mußten. Den Kern dieser Armee bildeten die berittenen Gefolgschaften des Khans und der zahlreichen tatarischen Fürsten und Adligen, hinzu kamen die kriegsdienstverpflichteten tatarischen Viehzüchter, Ackerbauern, Händler und Handwerker, die in Dörfern oder auch noch als Nomaden lebten.

Mit dem Namen Tataren verbindet sich oft die Vorstellung von einer wilden und zügellosen Streitmacht. Aber dieses Bild ist einseitig und ungenau. Der Mongolenherrscher Temüdschin (Tschinggis-Khan,

1155–1227) hatte im 13.Jahrhundert in seinem Heer eine feste Organisation, straffe Disziplin und einheitliche Truppenführung durchgesetzt. Dies ermöglichte unter anderem den mongolischen Siegeszug bis zum Gelben Meer im Osten und zur Adria im Westen.

So gliederte sich die tatarische Streitmacht in Zehner-, Hundert-, Tausend- und Zehntausendschaften, deren Befehlshaber mit harter Hand für Ordnung sorgten; Todesurteile für Disziplinverstöße waren nicht selten. Auch die Kriegführung erschöpfte sich nicht im bloßen Vorstürmen. Die Feldzüge der Tataren wurden durch Aufklärung gründlich vorbereitet, die Kampfhandlungen zeichneten sich durch Entschlossenheit und Zielstrebigkeit aus. Das feindliche Heer sollte in zügigem Angriff zerschlagen und die wichtigsten Städte rasch besetzt und ausgeplündert werden, ehe der Überfallene zur Besinnung kam und seine Kräfte sammelte. In der Regel schickten die Tataren besondere Abteilungen vor, die durch Raub, Mord und Brand Furcht und Schrecken verbreiteten und die gegnerische Widerstandsfähigkeit lähmten. Über ihre Kriegführung schrieb im 16.Jahrhundert der österreichische Gesandte Siegmund Freiherr von Herberstein (1486–1566): „Sie schiessen blos von fern und rücken so an, als ob sie fliehen wollten. Eilt man ihnen nach, so thun sie grossen Schaden durch Hintersichschiessen und wenn sie dann bemerken, dass die Nacheilenden in Unordnung kommen, so wenden sie sich schnell um. Wenn sie sich gegen grosse Hauffen schlagen wollen und ein weites Feld zur Verfügung haben, so rücken ihre Führer mit ihren Haufen neben die Feinde, schiessen ab und eilen hinweg, aber mittlerweile thut ein anderer Haufe das nämliche, und so ein Haufe nach dem anderen; der erste kommt dann wieder nach dem letzten. Wenn sie es so weit bringen, sind sie im Siege …"*

Die tatarische Reiterei kämpfte mit Bogen, Lanzen, Krummsäbeln und Schwertern und trug Lederpanzer und Helme mit einem Nasen- und Ohrenschutz, sie war bekannt und gefürchtet wegen ihrer vielen Kriegslisten und blitzartigen Überfälle. Im Heer gab es wenig Fußvolk, da die meisten tatarischen Krieger beritten dienen mußten. Jedoch mieteten die reichen Khane bei Kriegsausbruch abenteuerlustige europäische Söldner, so Armbrustschützen und Spezialisten für die Bedienung von Wurfmaschinen (Katapulten) und Belagerungsgeräten.

Im Sommer 1380 erhielt der Moskauer Großfürst Nachrichten von einem bevorstehenden Angriff der Tataren. Er bot sofort das Heer auf,

* zit. nach: Hermann Meynert, Geschichte des Kriegswesens und der Heerverfassungen in Europa, Bd.1, Beck'sche Universitäts-Buchhandlung (Alfred Hölder), Wien 1868, S.180f.

setzte sich mit den benachbarten Fürstentümern in Verbindung und berief einen Kriegsrat ein. Es wurde beschlossen, den Tataren entgegenzuziehen und deren Vereinigung mit den Gegnern Moskaus – vor allem mit Litauen und dem Fürstentum Rjasan – zu verhindern. Als Versammlungsort für das Heer bestimmte der Kriegsrat die Stadt Kolomna, von dort aus sollte der Marsch zum Don erfolgen. Ende August war es dann soweit. Das russische Heer rückte entlang der Oka vor und erreichte am 5. September den Don. Nach dem Überschreiten des Flusses war die Schlacht unvermeidlich. Ähnlich wie 1302 bei Kortrijk das flämische Volksaufgebot durch seine Aufstellung vor der Lys einen Rückzug ausschloß, so trat das russische Heer südlich des Don zum Kampf an. Dmitri ließ die Brücken über den Fluß niederbrennen, um damit jeden Gedanken an ein Zurückweichen abzuwehren. Die Krieger sollten sich moralisch auf Sieg oder Tod einstellen.

Auch das tatarische Heer hatte inzwischen den oberen Don erreicht. Mamai-Khan erwartete hier das Eintreffen der Truppen des litauischen Großfürsten Jagiełło (1348–1434) und des Fürsten von Rjasan. Aber beide Verbündete kamen nicht.

Auf dem Kulikowo Pole stellte sich das russische Heer in den 5 Polki unterschiedlicher Stärke auf. Im Zentrum das Große Regiment, rechts und links die Flügel aus Reiterei und Fußvolk, vor dem Zentrum die Vorhut, rückwärts an der linken Flanke eine schwache Reserve. Hinter der Schlachtordnung und gedeckt vor Einsicht des Feindes stand noch eine zweite Reserve. Wälder und Schluchten schützten die Flügel vor überraschenden gegnerischen Kavallerieattacken. Die tatarische Reiterei hatte nur das 5 bis 8 Kilometer breite Feld vor dem Zentrum der Russen für den zügigen Angriff gegen die Masse von Dmitris Truppen.

Genaue Angaben über die Stärke der Heere sind nicht überliefert, die zeitgenössischen Chronisten sprechen von 300000 bis 400000 Mann. Aber so mächtige Heere gab es in der Feudalzeit nur als seltene Ausnahme. Nach dem sowjetischen Militärhistoriker Jewgeni Rasin, der seinen Berechnungen die ökonomische und soziale Lage der russischen Länder im 14. Jahrhundert zugrunde legte, zählte das russische Heer 50000 bis 60000 Krieger, davon etwa zwei Drittel Berittene und ein Drittel Fußvolk.* Andere Veröffentlichungen nennen Zahlen bis zu 100000 Mann, darin könnte der große Troß mit seinen Knechten und Bediensteten enthalten sein.

---

* vgl. J. A. Rasin, Geschichte der Kriegskunst, Bd. II, Verlag des Ministeriums für Nationale Verteidigung, Berlin 1960, S. 233

Die tatarische Armee dürfte weit stärker gewesen sein, etwa 130000 bis 150000 Mann einschließlich des vieltausendköpfigen Trosses. Mamai-Khan ordnete seine Krieger so, daß die Masse der Reiterei an den Flügeln stand, um die Flanken des russischen Heeres anzugreifen und

Zweikampf vor der Schlacht auf dem Kulikowo Pole (zeitgenössische Darstellung)

zu schlagen, im Zentrum befanden sich neben Reitern die Fußsöldner. Der Khan wollte durch einen mächtigen Stoß schnell den Sieg erzwingen.

Die Schlacht wurde mit einem Zweikampf eröffnet. Der russische Krieger Alexander Pereswet und der Zehntausendschaftsführer Temir Mursa ritten gegeneinander an und durchbohrten sich – der Überlieferung nach – mit den Lanzen. Danach griffen die Vorhuten an. Das Ringen brachte den Tataren zunächst Vorteile, das Zentrum und der linke Flügel der Russen mußten zurückweichen. „Und so stießen die beiden großen Heere zum Kampf aufeinander", heißt es in einer altrussischen Chronik, „und es war eine harte Schlacht und ein sehr böses Gemetzel, und das Blut floß wie Wasser, und es gab unzählige Gefallene auf beiden Seiten ... überall lagen eine Menge Tote, und die Pferde konnten nicht durch die Leichen stampfen. Sie erschlugen einander nicht nur mit der Waffe, sondern während sie selbst kämpften, kamen sie auch unter den Hufen der Pferde um, erstickten im großen Gedränge, da sie wegen der zusammengekommenen großen Streitkräfte auf dem Kulikower Feld zwischen Don und Metscha kaum Platz finden konnten."*

Die Lage des russischen Heeres verschlechterte sich am Nachmittag weiter. Tatarische Reiter durchbrachen seinen linken Flügel und bedrohten den Rücken des Zentrums, das sich nur mühsam des frontalen Angriffs erwehrte. Die schwache Reserve der Russen am linken Flügel konnte das feindliche Vordringen nicht aufhalten. Nun war die Stunde für die seitwärts postierte Reserve gekommen. Die Tataren glaubten bereits, den Sieg errungen zu haben, und achteten kaum auf das, was sich an ihrer rechten Flanke abspielte. Aus dem hügligen Waldgelände stürmte die russische Reserve vor und zersprengte die tatarische Reiterei, andere Reiterabteilungen wurden in die Flucht mit hineingerissen, Panik breitete sich unter den Truppen des Khans aus. Das erschütterte Zentrum der Russen und der standhafte rechte Flügel faßten neuen Mut und wendeten sich zum Angriff. Bald strömte der Rest des tatarischen Heeres ungeordnet zurück. Auch Mamai-Khan floh vom Schlachtfeld. Die russische Reiterei verfolgte den Feind noch fast 50 Kilometer weit nach Süden, während das abgekämpfte Fußvolk auf dem Schlachtfeld lagerte.

Als der Abend niedersank, war eine der blutigsten Schlachten des Mittelalters geschlagen. Die Verluste der Russen an Toten und Verwundeten betrugen nach Schätzungen etwa 25000 bis 30000 Mann,

* zit. nach: ebenda, S. 243 ff.

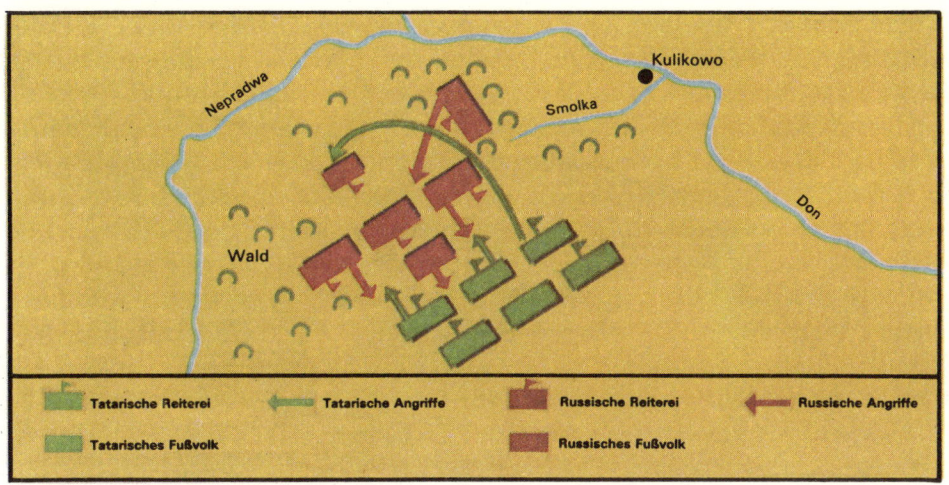

Tatarische Reiterei   Tatarische Angriffe   Russische Reiterei   Russische Angriffe

Tatarisches Fußvolk   Russisches Fußvolk

Schlacht auf dem Kulikowo Pole

die der Tataren dürften noch höher gewesen sein, genauere Zahlen sind nicht überliefert. Fast eine Woche lang lagerte das russische Heer auf dem Schlachtfeld, beerdigte die Toten, versorgte seine Verwundeten und barg die große Beute. Erst am 21. September kam es wieder nach Kolomna, und am 1. Oktober zogen die Sieger in Moskau ein. Großfürst Dmitri erhielt für seine Tat am Don den Beinamen „Donskoi".

Der Sieg auf dem Kulikowo Pole legte den Grundstein für die Befreiung der russischen Fürstentümer von der Tatarenherrschaft, die Goldene Horde mußte einen Schlag hinnehmen, von dem sie sich nicht mehr erholte. Obwohl der neue Khan Tochtamysch (gest. 1406), der kurz nach der Schlacht die Herrschaft an sich riß (Mamai wurde ermordet), 1382 einen Rachefeldzug gegen Moskau organisierte, konnte die Goldene Horde ihre frühere politische und militärische Machtstellung gegenüber Rußland nicht wiedererlangen. Das Ansehen und der Einfluß des Großfürstentums Moskau stiegen. 100 Jahre nach der Schlacht auf dem Kulikowo Pole marschierte ein neues tatarisches Heer gegen Moskau. An der Ugra standen sich die beiden Armeen monatelang gegenüber. Schließlich zogen die Tataren ab, ohne das Risiko einer verlustreichen Schlacht zu wagen. Der russische Zar Iwan III. Wassiljewitsch (1440–1505) verweigerte die weitere Anerkennung der tatarischen Oberhoheit. Damit endete faktisch die zweihundertfünfzigjährige tatarische Herrschaft über die Länder der Rus.

Die Schlacht auf dem Kulikowo Pole zeigte wichtige Elemente der damaligen Kriegskunst. Dmitri setzte seine Kräfte geschlossen gegen den Hauptfeind ein, gegen den Großfürsten von Litauen und den Fürsten von Rjasan hielt er keine Truppen zurück. Er riskierte damit einiges. Als die Schlacht gewonnen war, wagten es diese beiden Gegner nicht mehr, gegen Dmitri vorzugehen. Der Moskauer Großfürst handelte zügig und ließ, was viele andere Feldherren des Mittelalters nicht taten, eine Reserve in der Schlacht zurück. Das war keineswegs einfach; denn die Reiterei der großen Grundbesitzer wollte von einer festen Disziplin nichts wissen und beugte sich nicht einfach einem fremden Heerführer. Dmitri aber wurde als Befehlshaber auch von seinen adligen Unterführern anerkannt.

Ähnlich verhielt es sich mit der Verfolgung über das Schlachtfeld hinaus. Zumeist endete der Kampf zwischen feudalen Heeren mit der Plünderung des gegnerischen Lagers. Dabei zerstreuten sich die Krieger, während die Geschlagenen wegreiten konnten. Dmitris Autorität war so groß, daß seine Reiterei ohne Aufenthalt den Feind weit verfolgte.

Die Ursache für diesen Sieg ist nicht allein in militärischen Gründen zu suchen. Kulikowo Pole zeigte, welche Fähigkeiten die Volksmassen auch unter den Bedingungen feudaler Ausbeutung im Kampf gegen eine fremde Unterdrückung entwickeln können. Fürsten und Heerführer wie Alexander Newski (um 1220–1263) und Dmitri Donskoi nutzten die Kräfte der bäuerlichen und städtischen Schichten im Krieg. Letztlich erwiesen sich gerade im jahrhundertelangen Ringen mit den Tataren die Volksmassen als diejenigen, deren Anstrengungen dem weiteren gesellschaftlichen Fortschritt in den russischen Ländern den Weg bahnten.

Das Ordensbanner sinkt!

Grunwald 1410

Zu Beginn des 15. Jahrhunderts spitzten sich die Gegensätze zwischen dem Staat des Deutschen Ordens und Polen-Litauen zu. 1409 führte die Eroberungspolitik des Deutschen Ordens schließlich zum Krieg. Ein Jahr später, im Sommer 1410, stießen die Heere beider Länder in der Nähe des Dorfes Grunwald nahe von Tannenberg (Stębark) zusammen.

Der Deutsche Orden, auch Deutscher Ritterorden genannt, war Ende des 12. Jahrhunderts während der Kreuzzüge in Palästina gegründet worden. Später rief ihn Herzog Konrad von Masowien (1202–1247) in sein Land an der Weichsel, um die noch heidnischen Stämme der Pruzzen (von ihnen ist der Name Preußen abgeleitet) zu unterwerfen und zum Christentum zu bekehren. Mit brutaler Gewalt schuf sich der Deutsche Orden, der vom Papst und vom Kaiser unterstützt wurde, einen eigenen Staat zwischen Weichsel und Neman. Im 13. und 14. Jahrhundert dehnte er seinen Herrschaftsbereich über die baltischen Länder bis zum Finnischen Meerbusen aus.

Der Ordensstaat zeichnete sich gegenüber anderen feudalen Ländern durch eine straffe politische Verwaltung aus, deren Zentrum die Marienburg (Malbork) war, wo der Hochmeister des Deutschen Ordens saß. Mit harter Hand unterdrückten die Ordensritter jedes Aufbegehren der Bauern und Städtebürger gegen ihre Herrschaft. Die zahlreichen Burgen dienten als militärische Stützpunkte, dort lagerten auch Waffen, Rüstungen, Vorräte an Lebensmitteln und Futter für die Pferde. Die Ordensherren betrieben mit der Ausfuhr von Holz, Getreide und vor allem dem begehrten Bernstein eine rege Handelspolitik und füllten ihre Kassen. Das ermöglichte es dem Orden, die kostspieligen neuen Feuerwaffen zu kaufen und Büchsenmeister für die

Geschütze in Dienst zu nehmen, was nur die reichen Fürsten und Städte konnten.

Polen und Litauen, Nachbarstaaten des Deutschen Ordens, waren gleichfalls feudale Länder. Die polnische Krone herrschte über die Gebiete zwischen Weichsel, Oder und Bug; das Großfürstentum Litauen war im 14. Jahrhundert erheblich größer als die heutige Litauische SSR, zu ihm gehörten beträchtliche Teile Belorußlands und der Ukraine. Der Feudaladel beider Länder strebte danach, im Osten weitere russische Gebiete an sich zu reißen und im Westen die Eroberungsabsichten des Deutschen Ordens zu durchkreuzen und Zugang zur Ostsee zu erlangen. Zwischen Polen und Litauen bahnten sich im 14. Jahrhundert auf Grund vieler gemeinsamer politischer Ziele engere Bindungen an. 1386 wurde der litauische Großfürst Jogaila (1348–1434) als Władysław II. Jagiełło König von Polen. Er begründete die polnisch-litauische Dynastie der Jagiełłonen, die zeitweise auch die Krone Böhmens und Ungarns trug. Die polnisch-litauische Union bedeutete keine Verschmelzung beider Länder, Verwaltung, Rechtsprechung sowie das Heerwesen blieben weitgehend getrennt. Seit 1392 regierte der Feudalherr Witold (1350–1430) als Großfürst von Litauen.

Die beiden Armeen bei Grunwald waren feudale Heere und ähnelten sich sehr, wiesen aber auch Unterschiede auf. Den Kern der Ordensstreitmacht bildeten die Ritter vom Deutschen Orden. Sie trugen als äußere Kennzeichen ihrer Würde Ritterschwert, Sporen, Helm, einen langen weißen Mantel mit schwarzem Kreuz und nannten sich untereinander Brüder. Zum Kriegszug erschienen die adligen Lehnsleute des Ordens mit ihrem Gefolge von Reitern und Fußkriegern. Hinzu kamen noch Ritter aus anderen Ländern, die Beute und Landbesitz erstrebten. Bauern, die Ländereien vom Orden erhalten hatten, mußten gleichfalls im Krieg dienen, ebenso waren die Städte verpflichtet, Soldkrieger, Wagen und Lebensmittel zu stellen und Geld zu zahlen. Jedoch galt das ganze Fußvolk, das kaum ausgebildet und schlechter bewaffnet war als die Ritter, nicht für einsatzfähig in der Feldschlacht. Die Heerführer verwendeten es vor allem bei Belagerungen von Städten und bei der Sicherung von Lagern. Die Hauptlast des Kampfes trugen die Ritter, sie fochten mit dem Schwert und ritten entweder nebeneinander (in Linie) oder als eine Art Kolonne (Keil) gegen den Feind an. Nach dem Zusammenstoß überwogen die Zweikämpfe der Ritter. Das Ordensheer hatte den Vorteil, daß seine Ritter durch die Ordensregeln, die Leben und Dienst genau vorschrieben, einer strengen Disziplin unterlagen, sie mußten gehorchen und konnten nicht einfach wegreiten oder wegbleiben, wie es andere Adelsherren taten, wenn sie mit dem Heerführer aus irgendwelchen Gründen nicht einverstanden waren. Diese „Glaubenskämpfer" stritten fanatisch und scheuten nicht vor Raub, Terror und Verwüstung zurück.

Auch im polnischen und litauischen Heer trat der Adel als gerüstete Reiterei mit seinen Gefolgsleuten an, hinzu kamen viele berittene Krieger aus den östlichen Gebieten, die nicht so gut bewaffnet und gerüstet waren wie die Ritter, außerdem eine große Zahl von Fußkämpfern. Krieger aus Böhmen, Schlesien und Serbien hatten dem polnischen König ihre Dienste angeboten, darunter ein Mann, der sich in

Deutscher Ordensritter im 15. Jahrhundert

Gerüsteter polnischer Reiter im 15. Jahrhundert

den Hussitenkriegen nach 1419 einen Namen machen sollte: Jan Žižka von Trocnov (um 1370–1424).

Anfang Juli 1410 vereinigten sich die polnischen und litauischen Truppen nordwestlich von Warschau und zogen unter dem Befehl des polnischen Königs über Neidenburg (Nidzica), Soldau (Działdowo) und Lautenberg (Lidzbark) an die Drewenz (Drwęca). Dort erblickten sie am anderen Ufer das Heer des Deutschen Ordens, das der Hochmeister Ulrich von Jungingen (um 1360–1410) befehligte. Im Raum Tannenberg bezogen die Truppen ihre Schlachtordnung. Die überlieferten Angaben über die Stärke beider Heere weichen beträchtlich voneinander ab, sie reichen für das polnisch-litauische Heer von 16 000 bis 32 000, für das Ordensheer von 11 000 bis 27 000 Mann. Auf jeden Fall aber war die polnisch-litauische Streitmacht samt den Truppen aus den russischen Gebieten dem Ordensheer zahlenmäßig überlegen.

König Władysław II. Jagiełło ordnete sein Heer in 3 Linien. Am rechten Flügel standen die von Großfürst Witold befehligten Litauer, Russen und Tataren, am linken die Polen unter dem Kommando von Jan Zyndram von Maszkowic (gest. 1414), die Frontlinie war fast 3 Kilometer lang. Das Ordensheer stand ursprünglich gleichfalls in 3 Linien, als aber der Hochmeister die lange Front der Polen-Litauer sah, gruppierte er die 3 in 2 Linien um und verbreitete damit seine Aufstellung, um nicht vom Gegner umgangen zu werden. Auf beiden Seiten war die Reiterei in Fähnlein gegliedert, das Fußvolk blieb bei den Lagern zurück. Vor den Fähnlein der Ordensritter stand die Artillerie: plumpe Rohre, die schwere Steinkugeln verschossen. Ihre moralische Wirkung mit Pulverblitz und Donnerknall war damals noch weitaus größer als der militärische Nutzen.

Die Schlacht begann am 15. Juli 1410 um die Mittagszeit. Zuvor hatte der Hochmeister dem polnischen König zwei Schwerter überbringen lassen und damit nach überliefertem Ritual die Schlacht angesagt. Dann eröffnete die Artillerie des Ordensheers den Kampf. Aber das Ergebnis blieb sehr gering; denn ein gewittriger Regenguß hatte das Pulver naß gemacht. In ungestümem Angriff brachen die Tataren gegen den linken Flügel des Ordensheers vor. Mit ihren Pfeilen überschütteten sie den Gegner, doch eine solche Attacke konnte keinen Erfolg bringen. Wirkungslos prallten die Pfeile von den Rüstungen ab. Nun ging der linke Flügel der Ordensritter vor und drängte die Tataren wie die litauischen Fähnlein zurück.

Der polnische Schriftsteller Henryk Sienkiewicz (1846–1916) beschreibt in seinem Roman „Die Kreuzritter" den Angriff: „So tapfer und todesmutig sich die Litauer auch den Kreuzrittern entgegenwarfen, wankten sie doch unter ihrem ungeheuren Anprall. Die ersten Reihen, die am besten bewaffnet waren und in denen die vornehmeren Bojaren kämpften, stürzten gleich zu Boden. Die folgenden rangen wutentbrannt mit den Feinden, aber keine Tapferkeit, keine Ausdauer, keine menschliche Macht vermochte sie vor dem Verderben zu retten.

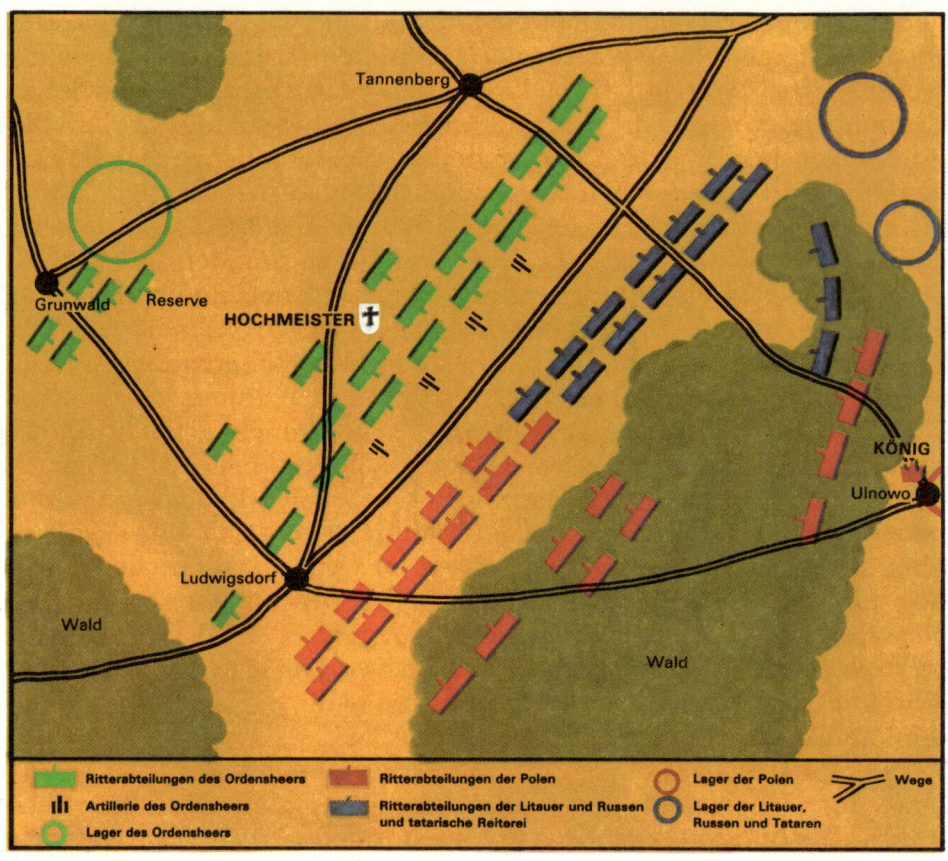

Schlacht bei Grunwald

Wie hätte es auch anders sein können. Auf der einen Seite kämpften stahlgepanzerte Ritter auf gepanzerten Pferden; auf der anderen Seite waren zwar hochgewachsene und starke Männer, aber nur mit Lederkollern bekleidet, und ihre Pferde waren klein und ungeschützt. Vergebens mühte sich der hartnäckige Litauer ab, dem Kreuzritter beizukommen. Die Schwerter, Wurfspieße, Lanzenspitzen oder die mit den Kieselsteinen oder Nägeln gespickten Knüttel prallten an den Panzern ab wie an Felsen oder Mauern. Die Wucht von gepanzerten Männern und Pferden erdrückte Witolds unglückliche Scharen, ihre Schwerter und Beile hieben sie nieder, Streitäxte zerschmetterten ihre aus Knochen gefertigten Wurfspieße, Pferdehufe zerstampften sie. Fürst Witold schickte immer neue Truppen in diesen Todesrachen, aber um-

100

sonst war alle Hartnäckigkeit, umsonst aller Ingrimm, alle Todesverachtung. Zuerst ergriffen die Tataren die Flucht, dann stoben die Bessarabier und die Wallachen auseinander, bald darauf barst auch die litauische Linie, und eine wilde Panik bemächtigte sich aller."*

Die Niederlage am rechten Flügel brachte das polnisch-litauische Heer in eine gefährliche Lage, war doch inzwischen auch am linken Flügel die Schlacht in vollem Gange. Die Fähnlein des Ordensheers stürmten gegen die polnischen Ritter und ihre Mitstreiter an. Erbitterte Kämpfe Mann gegen Mann entbrannten. Am Nachmittag schien eine Entscheidung zugunsten des Ordensheers zu fallen; denn von Osten her kamen die deutschen Fähnlein von der Verfolgung der Tataren zurück und bedrohten nun die Flanke des polnischen Heeres. König Władisław Jagiełło beorderte Fähnlein aus der zweiten und dritten Linie heran, während Großfürst Witold seine litauischen und russischen Krieger erneut in den Kampf führte. Jetzt griff auch die zurückgehaltene Reserve der Ordensritter ein, allerdings vermochte sie keine Entscheidung zu erzielen.

Sienkiewicz berichtet weiter: „Die Schlacht aber tobte erst dann am schrecklichsten, als man, nachdem die Lanzen zerbrochen waren, zu Schwert und Beil griff. Schild prallte auf Schild, man kämpfte Brust an Brust, Pferde stürzten, und Wappenzeichen fielen. Unter den Schlägen der Schwerter und Beile spalteten sich Helme, Armschienen und Panzer, die Rüstungen waren blutüberströmt, und die Ritter stürzten wie gefällte Bäume aus den Sätteln. Diejenigen der Kreuzritter, die schon bei Wilno die Schlacht mit den Polen mitgemacht hatten, wußten, wie hartnäckig und zäh dieses Volk war, die Neulinge und die ausländischen Gäste aber wurden von staunendem Schrecken erfaßt. Manch einer hielt sein Pferd zurück, blickte unentschlossen vor sich hin, und ehe er noch überlegt hatte, was zu tun sei, sank er bereits unter der Wucht einer polnischen Hand zu Boden ... Die aneinanderprallenden Waffen und Rüstungen schlugen Funken. Splitter von Lanzenschäften, Fahnen, Strauß- und Pfauenfedern flogen umher. Die Hufe der Pferde glitten an den am Boden liegenden blutüberströmten Panzern und Pferdekadavern ab. Wer verwundet niederstürzte, wurde von den Hufen der Rosse zerstampft."**

Am späten Nachmittag begann sich die Ordnung des deutschen Ritterheers aufzulösen. Nachdem der Hochmeister gefallen war, verließen viele Ritter panikartig das Schlachtfeld. Die Polen und Litauer er-

* Henryk Sienkiewicz, Die Kreuzritter, Verlag Neues Leben, Berlin 1981, S. 345f.
** ebenda, S. 347

Waffen und Rüstungen aus der Zeit der Schlacht bei Grunwald (Armeemuseum der DDR, Dresden)

stürmten das Lager des Gegners und machten dort reiche Beute. Drei Tage blieb das polnisch-litauische Heer auf dem Kampfgelände bei Grunwald und bekräftigte auf diese Weise den errungenen Sieg.

Auf beiden Seiten hatte die Schlacht viele Opfer gekostet. Genaue Zahlen sind nicht überliefert, mittelalterliche Quellen sprechen von 50 000 bis 100 000 Toten, Verwundeten und Gefangenen – aber solche Angaben sind Übertreibungen. Sie lassen jedoch den großen Eindruck erkennen, den diese Schlacht auf die Zeitgenossen machte.

Nach ihrem Sieg marschierten die Polen und Litauer vor die Marienburg, wo die Reste des Heeres des Deutschen Ritterordens Zuflucht gesucht hatten, und begannen mit der Belagerung. Sie zog sich in die Länge, schließlich brach der polnische König sie Mitte September 1410 ab; denn der Winter nahte und die Versorgung eines großen Belagerungsheers bereitete ernste Schwierigkeiten.

Am 1. Februar 1411 wurde in Toruń der Frieden geschlossen. Der Orden mußte einige Gebiete an Polen-Litauen abtreten und eine hohe Summe als Lösegeld für die Gefangenen und als Schadenersatz zahlen. Er schien damit noch einmal glimpflich davongekommen zu sein, doch dieser Schein trog. Schon vor Grunwald hatte der Deutsche Ritterorden den Höhepunkt seiner Macht überschritten. Nicht nur die unterdrückten Volksschichten lehnten sich gegen die feudale Zwangsherrschaft der „Ordensbrüder" auf, sondern auch viele Landadlige und vor allem die wirtschaftlich erstarkenden Städte wollten sich von der Ordensvormacht befreien, der Sieg der Polen und Litauer gab ihnen die Chance dafür. Der nächste Krieg zwischen dem Orden und Polen von 1454 bis 1466 endete mit einer schweren Niederlage des Deutschen Ritterordens. Im 2. Frieden zu Toruń mußte er die Oberherrschaft der polnischen Krone über seine Besitzungen anerkennen. Der Hochmeister wurde ein Vasall des polnischen Königs. Polen stieg als eine neue Großmacht zwischen dem römisch-deutschen Reich und der Moskauer Rus auf.

Die Todesfahrt der Armada

1588

Die Niederlage der großen spanischen Flotte im Kampf gegen die aufstrebende englische Seemacht war eins der aufsehenerregendsten militärischen Ereignisse in der frühen Neuzeit.

Das 16. Jahrhundert brachte gewaltige und vielfältige Umwälzungen. Vor der anbrechenden neuen Zeit mit ihren enormen Fortschritten auf allen Gebieten versank das mittelalterliche Welt- und Menschenbild. Auch die politische Karte Europas veränderte sich. Die spanische Krone strebte einem Höhepunkt ihrer Macht zu. König Philipp II. (1527–1598) herrschte über ein weltumspannendes Kolonialreich, in dem die Sonne nie unterging. Aber diese Weltmacht hatte mehrere Gegner. Die niederländischen Provinzen erhoben sich 1566/67 zu einem Aufstand und erklärten 1581 ihre Unabhängigkeit. Eine bürgerliche Republik, die Generalstaaten, sprach nun ein gewichtiges Wort in der europäischen Politik mit. Ein zweiter Gegner erwuchs Spanien in England, das im 16. Jahrhundert wirtschaftlich und politisch erstarkte.

Gerade in England schritt die kapitalistische Entwicklung stürmisch voran. Im Kampf um Kolonien und Handelsgewinne spitzten sich die Beziehungen zu Spanien immer mehr zu, verschärft wurden die machtpolitischen Konflikte durch die religiösen Gegensätze zwischen der protestantischen englischen Krone und dem fanatisch-katholischen Regime des spanischen Herrschers. England unterstützte die aufständischen Niederlande und fügte durch die Kaperfahrten seiner Freibeuter dem spanischen Überseehandel empfindliche Verluste zu. So konnte es nur eine Frage der Zeit sein, wann die schwelenden Konflikte in offenen Krieg umschlagen würden.

Spanien verfügte über eine starke Armee und Flotte, seine Söldnertruppen hatten bei Feldzügen in Europa und Amerika viele Siege an ihre Fahnen geheftet und galten als kriegstüchtig.

Bereits in den siebziger Jahren des 16. Jahrhunderts beriet die spanische Krone über eine Invasion in England. 1586 legte Admiral Álvaro de Bazán, Marquis de Santa Cruz (1526–1588), dem König einen neuen Plan vor, wonach 150 Kriegs- und über 360 Transportschiffe ein Heer von mehr als 30000 Mann von den spanischen Niederlanden nach England bringen sollten. Philipp II. bewilligte großzügig die Mittel dafür. Eine unheilvolle Wolke zog über England herauf.

Die energische Königin Elisabeth I. (1533–1603) und ihr Hof erkannten das durchaus, waren sich aber nicht klar, ob Philipp II. tatsächlich einen Krieg führen wollte oder nur damit drohte, um politische und ökonomische Vorteile zu erpressen. Der zweite Gedanke lag angesichts der Bindung der spanischen Truppen in den aufständischen Niederlanden nahe. Francis Drake (um 1540–1596), einer der erfolgreichsten englischen Freibeuter, drang 1587 mit 24 Schiffen überraschend in den Hafen Cádiz ein. Hier waren die Bau- und Ausrüstungsarbeiten für die Invasionsflotte in vollem Gange. Die Engländer verbrannten über 30 Schiffe und nahmen 6 Galeeren als Beute mit.

Der Schlag gegen Cádiz dürfte die spanischen Zeitpläne durcheinandergebracht haben. Hinzu kam, daß der vorgesehene Oberbefehlshaber Santa Cruz am 9. Februar 1588 verstarb. Nochmalige Friedensgespräche zwischen England und Spanien in Gravelines endeten ergebnislos, beide Seiten hatten sie nur geführt, um die Kriegsabsichten des Gegners zu erkunden. Philipp II. setzte Alonso Pérez de Guzmán, Herzog von Medina-Sidonia (1550–1615), als neuen Oberbefehlshaber ein. Der Herzog war ein reicher spanischer Grundbesitzer, der sich mit Flotten- und Seekriegsfragen bislang nicht beschäftigt hatte und dieses Kommando nur seiner Stellung am Hof verdankte.

Die „felicissima Armada" – die glücklichste Armada –, wie die große Invasionsflotte genannt wurde, versammelte sich im Hafen von Lissabon. Zu ihr gehörten über 130 Fahrzeuge unterschiedlicher Bestimmung und Kampfkraft. Den Kern bildeten 64 Galeonen, mehrdeckige Segelschiffe unterschiedlicher Größe mit 3 Masten, hohen Aufbauten und bewaffnet mit 8 bis 10 Kanonen, zur Besatzung gehörten – je nach Größe des Schiffes – 100 bis fast 500 Matrosen, Soldaten und Geschützbedienungen. Hinzu kamen 4 Galeassen, ein älterer Galeonentyp mit zwei Decks: Auf dem unteren saßen die Rojer (Ruderer), auf dem oberen standen einige Geschütze; die Besatzung zählte etwa 300 Rojer und mehr als 300 Matrosen und Soldaten. Die Galeassen konnten sowohl gerudert als auch gesegelt werden, die Galeonen führ-

ELISABET D. G. ANGLIÆ, FRANCIÆ, ET HIBERNIÆ, REGINA, FID. CHR. PROP. *

Mortua Anno MIserICorDIæ. Æt.70.

Elisabeth by der gratien Gods Coninginne van Engelant
Vrancryck ende Irlant, Beschermessc des Geloofs.

ten dagegen nur Segel, jedoch in größerer Zahl, so daß ihre Geschwindigkeit bei günstigem Wind die der anderen Fahrzeugtypen übertraf. Äußerlich ähnelten diese Schiffe schwimmenden Häusern. Der historisch älteste Bestandteil der Armada waren 4 Galeeren, die ausschließlich gerudert wurden. Ihre Rojer rekrutierten sich aus Kriegsgefangenen, Sklaven und Sträflingen, die Galeeren hatten etwa 200 bis 300 Mann Besatzung sowie 100 bis 150 Soldaten für den Enterkampf. Sie führten einige am Bug postierte Geschütze.

Bei allen Fahrzeugtypen der Spanier handelte es sich um relativ große und schwerfällige Segel- und Ruderschiffe, deren Zusammenwirken auf der Fahrt und in der Seeschlacht die Flottenführung vor komplizierte Aufgaben stellte. Insgesamt konnte die Armada eine große Zahl von Geschützen einsetzen: Sie verfügte über mehr als 1 000 Kanonen, davon fast die Hälfte schwere, großkalibrige Rohre. Die Artillerie galt jedoch nur als Nebenwaffe, die Entscheidung sollte im Nahkampf, im Entern des gegnerischen Schiffes gesucht werden. Für die Landung in England hatte der spanische Statthalter in den Niederlanden, Alessandro Farnese, Herzog von Parma (1545–1592), 30 000 Mann und viele Landungsfahrzeuge bereitgestellt. Die Kampfflotte wurde von zahlreichen Versorgungsschiffen begleitet, die Verpflegung, Waffen, Munition und andere Güter transportierten. Zudem befanden sich nicht wenige Ehefrauen und Freudenmädchen bei der Armada, die auf den Versorgungsschiffen wohnten; denn der Aufenthalt von Frauen auf spanischen Kriegsschiffen war streng verboten.

England hatte die Zeit seit dem Überfall auf Cádiz nicht ungenutzt verstreichen lassen. Die Krone zog im Süden des Landes Truppen zusammen, jedoch sollte nach den Vorstellungen der einflußreichen und kriegserfahrenen Kapitäne wie Francis Drake, John Hawkins (1532–1595), Martin Frobisher (1539–1594) und anderen dem Feind eine Landung gar nicht erst erlaubt werden. Eine Kriegsentscheidung in den Seekämpfen wurde angestrebt, wobei die Führung auf das taktische und seemännische Können der Kapitäne und Schiffsbesatzungen rechnete und sich auch von der imponierenden Größe der Armada nicht schrecken ließ. Den Oberbefehl hatte die Königin Lord Charles Howard of Effingham (1536–1624) übertragen. Zu den Seestreitkräften gehörten sowohl königliche Schiffe als auch bewaffnete Segelschiffe von Städten, von Freibeutern und Kaperkapitänen, die sonst auf eigene Faust, jedoch mit Einverständnis der Krone Piraterie gegen die Spanier trieben und nun zur Verteidigung Englands herbeikamen.

Elisabeth I.

Englische Fregatte „Golden Hind" (Goldener Hirsch)

Die englischen Fahrzeuge waren kleiner, aber manövrierfähiger und wendiger als die spanischen, zudem führten sie eine große Zahl von leichten, weittragenden Kanonen.

Der englische Kriegsplan sah vor, die in den Ärmelkanal einlau-

Vergleich zwischen der Armada und der englischen Kriegsflotte

	Armada	englische Kriegsflotte
Segelschiffe über 1000 t	7	2
Segelschiffe 500 bis 1000 t	50	11
Segelschiffe 100 bis 500 t	20	150
Seeleute	8000	15000
Soldaten	19000	1500
Kanonen	1124	1972

fende Armada anzugreifen und ständig zu verfolgen, ohne sich aber auf einen Enterkampf einzulassen. Ein Geschwader lag im Hafen Plymouth, ein zweites kreuzte vor der Themsemündung. Niederländische Schiffe liefen aus, um die Häfen, in denen die spanischen Invasionstruppen zusammengezogen wurden, zu blockieren.

Ein anderes Konzept lag dem spanischen Plan zugrunde, den Herzog Medina-Sidonia als versiegelte königliche Weisung erhielt, die er erst beim Erreichen der Höhe von Plymouth öffnen sollte. Danach hatte die Armada dicht unter der französischen Küste bis nach Flandern zu segeln und dort die Landungsflotte und die Invasionsarmee aufzunehmen. Die Landung sollte im Raum der Themsemündung erfolgen. Krönung der geplanten Invasion war der Sturm auf London.

Am 30. Mai 1588 verließ die Armada Lissabon. Bei Kap Finisterre an der Nordwestspitze der Iberischen Halbinsel geriet sie in einen schweren Sturm, in dem 4 Schiffe verlorengingen und weitere beschädigt wurden. Herzog Medina-Sidonia mußte daraufhin den Hafen La Coruña anlaufen, um die Schäden zu beseitigen und Frischwasser und Proviant aufzunehmen. Am 22. Juli setzte die Armada die Fahrt fort, diesmal bei günstigerem Wetter. In einer Woche überquerte sie die wegen häufiger Stürme gefürchtete Biskaya und erschien im Ärmelkanal.

Am späten Nachmittag des 29. Juli erfuhren die Engländer in Plymouth vom Nahen des Gegners. Doch der Südwestwind erschwerte und verzögerte zunächst das Auslaufen der Schiffe. Die Spanier hatten daher eine Möglichkeit, unter günstigen Bedingungen die englischen Flottenkräfte anzugreifen. Herzog Medina-Sidonia hielt sich aber strikt an seinen Befehl. In einer breiten mondsichelförmigen Formation, Schiff neben Schiff in 3 leicht gekrümmten Linien hintereinander, segelten beziehungsweise ruderten die Schiffe voran; praktisch bestimmte das langsamste Fahrzeug das Tempo der ganzen Armada. In der vorderen und hinteren Linie befanden sich die Galeonen, in der Mitte die Masse der Versorgungsschiffe, an den Flanken gedeckt durch die Galeassen und Galeeren.

Am 30. Juli liefen die Engländer aus Plymouth aus. Dank den günstigen Segeleigenschaften ihrer Schiffe und der Geschicklichkeit der Kapitäne und Besatzungen erreichten sie die vorteilhafte Luvposition – Wind im Rücken – hinter der langsamen Armada und eröffneten das Feuer. Damit begann der erste Akt der Tragödie der spanischen Flotte. Sehr bald zeigte sich die artilleristische Überlegenheit des Gegners. Herzog Medina-Sidonia ließ zwar durch die hintere Linie der Armada das Feuer erwidern, aber mit seinen langsamen Schiffen kam er nicht an die Engländer heran, die ihrerseits einem Nahkampf auswichen.

Vernichtung der Armada

Auch in den nächsten Tagen setzte die englische Flotte ihre bewährte Taktik fort, eine Reihe spanischer Fahrzeuge wurde durch Artilleriebeschuß beschädigt. Ein großes Segelkriegsschiff stieß mit einem anderen Schiff zusammen, beide sanken. Auf einer Galeone brach Feuer aus.

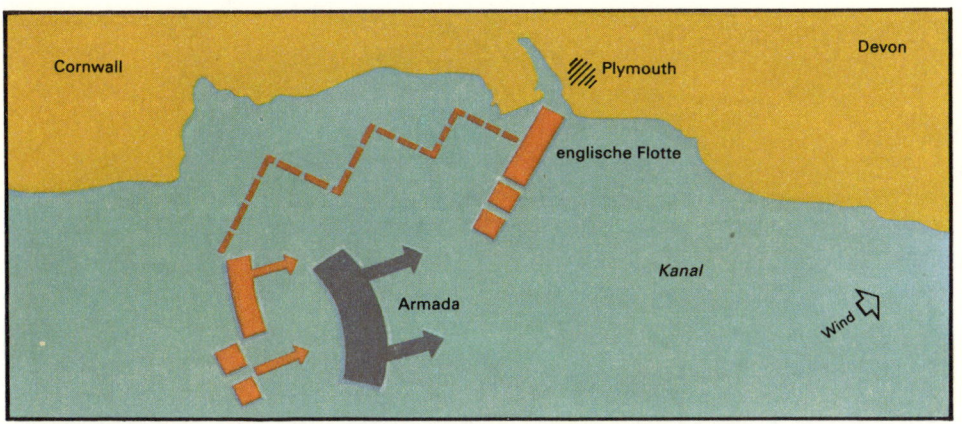

Englische Flottenbewegungen gegen die Armada am 30. und 31. Juli 1588

Aber noch wahrte die Armada den Zusammenhalt, obgleich die Schüsse der englischen Kanonen und Munitionsmangel der eigenen Artillerie das Siegesgefühl der Spanier dämpften. Ein Tag mit Windstille bot wiederum die Möglichkeit, mit den Ruderkriegsschiffen an die englischen Segler heranzukommen und sie zu entern, doch der Oberbefehlshaber verzichtete auf diese Kampfchance, mit aufkommendem Wind am Abend setzte er die Fahrt fort. Nach einigen Artilleriegefechten erreichte die Armada am 6./7. August die Gewässer von Calais – Gravelines, wo sie Anker warf. Medina-Sidonia hatte den ersten Teil des erhaltenen Befehls ausgeführt. Die Verluste betrugen 2 große und einige kleine Schiffe, andere Fahrzeuge waren beschädigt – in Anbetracht der Größe der Armada keine erschreckende Einbuße. Ein Orkan hätte die Spanier nach allen Erfahrungen erheblich mehr Schiffe gekostet.

Den entscheidenden Einbruch in die Pläne brachte der zweite Akt des Ringens. Zunächst schickte Herzog Medina-Sidonia Eilkuriere an den Herzog von Parma mit der Forderung, Munition zu liefern und die Invasionstruppen einzuschiffen. Aber Alessandro Farnese konnte weder das eine noch das andere tun. Die niederländische Flotte blokkierte Dünkirchen, Nieuport und weitere Häfen, Versorgungs- und Munitionstransporte kamen nicht heran. Deshalb schlug der Statthalter seinerseits vor, die Armada möge nach Dünkirchen segeln und dort die Blockade aufbrechen.

Es kam die Nacht vom 7. zum 8. August. Der englische Oberbefehlshaber hatte aus Dover 8 Brander, mit Brennmaterial gefüllte alte Seg-

Englische und niederländische Schiffe im Kampf mit der Armada (zeitgenössische Darstellung)

ler, herangeführt und ließ sie nun bei günstigem Wind als „schwimmende Feuer" gegen die spanische Schiffsansammlung los. Das löste bei den Spaniern eine Panik aus. Überstürzt wurden die Ankertaue gekappt, noch bevor die Segel gesetzt waren und die Fahrzeuge dem Ruder gehorchten. Viele Schiffe stießen zusammen, andere trieben mit der aufkommenden Flut gegen die Küste und strandeten. Nur wenige besonnene Kapitäne lichteten rechtzeitig die Anker und kreuzten außerhalb des Feuers. In dem heillosen Durcheinander ging die Führung der Flotte verloren. Erst im Morgengrauen sammelten sich die Schiffe, soweit noch manövrier- und kampffähig, und der Herzog konnte seine Anordnungen für die bevorstehende Schlacht treffen.

Die englische Flotte nutzte den starken Nordwestwind und segelte an die Spanier heran. Breitseite auf Breitseite ihrer Artillerie traf die gegnerischen Schiffe. Allmählich löste sich die spanische Gefechtsordnung auf, ein widriger Wind trieb beschädigte Fahrzeuge zu den Sandbänken und erschwerte alle Segelmanöver, überdies ging die Artilleriemunition rasch zur Neige. Eine heranziehende Sturm- und Regenböe trennte schließlich die Gegner und bewahrte die Spanier vor noch größeren Verlusten.

112

Am 10. August erörterte der Kriegsrat unter Leitung des Oberbefehlshabers der Armada die kritische Lage. Zwar verfügten die Spanier noch über 100 Schiffe, aber die Flotte erwies sich als militärisch und moralisch schwer angeschlagen. Von der ursprünglichen Siegeszuversicht war nichts mehr übrig. Resignation breitete sich bei Offizieren und Mannschaften aus. Herzog Medina-Sidonia beschloß die Rückkehr nach Spanien. Damit hob sich der Vorhang zum dritten und letzten Akt der Tragödie.

Den Weg durch den Kanal sperrte die englische Flotte, nur unter schweren eigenen Einbußen wäre diese Route zu erzwingen gewesen. Daher blieb allein die weite, ungewisse Fahrt um die Britischen Inseln. Englisch-holländische Flottenkräfte verfolgten zunächst die nach Norden segelnden spanischen Schiffe, ließen aber dann von einer Fortsetzung des Kampfes ab. Unbekannte Gewässer und Stürme erwarteten die Spanier in der Nordsee und an den zerklüfteten Felsenküsten Schottlands und der vorgelagerten Inseln.

Karl Marx (1818–1883) und Friedrich Engels schreiben in dem Artikel „Armada" über den weiteren Weg der spanischen Restflotte: „Doch nachdem die Spanier die Orkney-Inseln umsegelt hatten, erhob sich ein furchtbarer Sturm und trieb die ganze Flotte auseinander. Einige Schiffe wurden bis zur norwegischen Küste abgetrieben, wo sie auf die Felsen aufliefen; andere sanken in der Nordsee oder zerschellten an den Felsen der Küste Schottlands oder der Hebriden. Kurze Zeit später wurde die Armada an der Westküste Irlands erneut von Stürmen überrascht, und über 30 Schiffe gingen verloren. Wer sich von der Besatzung an Land retten konnte, wurde zumeist getötet; ungefähr 200 Mann wurden auf Befehl des Vizekönigs von Irland hingerichtet. Von der gesamten Flotte erreichten nicht mehr als 60 Schiffe und diese aufs äußerste beschädigt und mit Hungersnot an Bord Santander ungefähr Mitte September, als der Plan einer Eroberung Englands endgültig aufgegeben worden war."*

Spanien hatte eine schwere militärische und politische Niederlage erlitten. Darüber vermochte auch die Erklärung Philipps II., er werde im kommenden Jahr eine neue Invasionsflotte aussenden, nicht hinwegzutäuschen, seinen Worten konnten keine Taten folgen. Zusammen mit den Mißerfolgen der spanischen Armee auf dem niederländischen Kriegsschauplatz hatte das Fiasko der Armada den ökonomisch-politischen Niedergang des feudalabsolutistischen Spaniens offenbart. Rückwirkungen dieser Katastrophe auf die Finanzen und den Staats-

* Karl Marx/Friedrich Engels, Werke, Bd. 14, Dietz Verlag, S. 167

haushalt machten sich sehr bald bemerkbar. Der Versuch der spanischen Krone, mit militärischer Gewalt das protestantische England niederzuwerfen und damit auch den niederländischen Freiheitskampf zu unterdrücken, war gescheitert, das politisch-militärische Ansehen Spaniens sank.

Andererseits trug der Sieg Englands dazu bei, dessen Einfluß auf das politische und militärische Geschehen in Westeuropa zu erhöhen. Dieses Land, in dem Wirtschaft und bürgerliche Kultur sowie das Nationalbewußtsein einen kräftigen Aufschwung nahmen, stieg in den folgenden 200 Jahren zur herrschenden See- und Kolonialmacht auf.

Der Sieg über die Armada legte zugleich Zeugnis von der Kampfkraft der englischen Flotte und ihrer Taktik ab. Die Zukunft gehörte den schnellen, wendigen Segelkriegsschiffen, deren Artillerie im koordinierten Masseneinsatz das Gefecht zur See entschied.

Gegen Krummsäbel und Roßschweif

Wien-Kahlenberg 1683

Die Schlacht am Kahlenberg nördlich von Wien am 12. September 1683 gehört zu den bedeutendsten und folgenreichsten Schlachten der neueren Kriegsgeschichte.

Seit dem 14. Jahrhundert bedrohten die Osmanen, wie die Türken nach dem Begründer ihres Staates, Sultan Osman I. (1259–1326), auch genannt wurden, Ost- und Südosteuropa. 1389 zertrümmerten sie in der Schlacht auf dem Amselfeld (Kosovo Polje) ein serbisches Heer, 1396 bei Nikopolis und 1444 bei Warna Armeen des ungarischen und bulgarischen Feudalstaats, denen Ritter aus West- und Mitteleuropa zu Hilfe gekommen waren. 1453 nahmen sie schließlich Konstantinopel (Istanbul) ein und versetzten damit dem Byzantinischen Reich den Todesstoß.

Nach der Eroberung des Balkans zielte das weitere Vorgehen der Türken gegen Ost- und Mitteleuropa. In der Schlacht bei Mohácz (Ungarn) 1526 vernichteten sie ein ungarisch-böhmisches Heer und besetzten große Teile Ungarns. Drei Jahre später erschienen sie erstmals vor Wien.

Ende des 16. Jahrhunderts erstreckte sich das Osmanenreich von dem östlichen Alpenvorland und der Slowakei bis Ägypten und von Persien bis Marokko. Die Kriege im 16. und 17. Jahrhundert offenbarten die militärische Stärke dieses Vielvölkerstaats, allerdings machten sich bereits Stillstands- und Niedergangserscheinungen bemerkbar. Während in weiten Teilen Europas die kapitalistische Entwicklung fortschritt, das Bürgertum erstarkte und wissenschaftlich-technische Neuerungen dem Militärwesen und der Kriegführung zugute kamen, blieben im Osmanischen Großreich solche Ansätze kapitalistischen Wachstums in den Anfängen stecken.

Janitscharen im 17. Jahrhundert

Die militärische Überlegenheit der Osmanen konnte unter diesen Bedingungen nicht andauern. Mahnende Zeichen hatten vor 1683 bereits die türkischen Niederlagen in der Seeschlacht bei Lepanto 1571 und in der Schlacht bei St. Gotthard–Mogersdorf an der Grenze zwischen Österreich und Ungarn 1664 gesetzt. Die Herrschaft der Sultane wurde immer wieder von Aufständen der unterjochten Völker des Balkans und Vorderasiens erschüttert.

116

1682 spitzten sich die Beziehungen zwischen den Osmanen und dem römisch-deutschen Kaiserreich erneut zu. Das Streitobjekt war Ungarn, dessen größter Teil sich in türkischer Hand befand. Einige ungarische Adlige erstrebten ein Bündnis mit dem Sultan gegen Kaiser Leopold I. (1640–1705) aus dem Haus Habsburg, der zugleich König von Ungarn war. Unter osmanischem Schutz erhob sich der ungarische Feudalherr Imre Thököly (1657–1705) zum Fürsten von Oberungarn und sagte damit praktisch dem Kaiser Krieg an. 1683 schlug der seit langem schwelende Konflikt in den offenen bewaffneten Kampf um.

Trotz der erwähnten Niederlagen und mancher anderer politischer und militärischer Mißerfolge galt das Osmanische Reich als starke und gefürchtete Militärmacht. Den Kern der Armee bildeten die Janitscharen (neue Truppen), eine mit Blank- und Feuerwaffen ausgerüstete, gut ausgebildete und disziplinierte Infanterie aus Berufskriegern. Ursprünglich rekrutierten sich die Janitscharen aus Angehörigen unterworfener christlicher Völker, die Knaben als Tribut zu stellen hatten. Diese Jungen wurden jahrelang gründlich militärisch ausgebildet und im Geist des Islam zu fanatischen Kriegern für den Sultan erzogen. Ein Großteil des Heeres bestand aus Reiterei, die reichen Grundbesitzer und ihre Lehnsmänner erschienen beritten, ausgerüstet mit Schutzschild, Lanze, Krummsäbel und Feuerwaffen, sie hießen Spahis und betrachteten sich als Elite der osmanischen Kavallerie. Die Bedeutung der Reiterei war auch die Ursache dafür, daß der Roßschweif als Ehrenzeichen galt und zum Fahnensymbol wurde. Im allgemeinen kündigte der Sultan einen Feldzug dadurch an, daß er in der Hauptstadt oder im Heerlager die Roßschweife in der Zielrichtung „ausstecken" ließ, 1683 also gegen Nordwesten, das hieß Krieg gegen das deutsche Feudalreich.

Die Masse der anderen Reiter bildeten dienstpflichtige Bauern, die vom Sultan für den jeweiligen Feldzug aufgeboten wurden und – im Unterschied zu den Janitscharen und Spahis – keinen Sold erhielten, sie sollten von Beute und Plünderung leben. Diese Krieger führten Pfeil und Bogen, Lanze, Krummsäbel und Streitkolben und kämpften zumeist in aufgelöster Ordnung. Ihren Streifzügen ging der Schreckensruf von „Rennern und Brennern" voraus, vor allem sie gaben Anlaß zu den zeitgenössischen Berichten über die „Türkengreuel" in Europa. Hinzu kamen noch Hilfstruppen der unterworfenen Völker, am Feldzug gegen Wien beteiligten sich neben den osmanischen siebenbürgische, ungarische, rumänische (walachische) und tatarische Truppen.

Berühmt war das türkische Heer seit dem 15. Jahrhundert durch seine starke Artillerie, die von erfahrenen Büchsenmeistern, darunter auch Handwerkern aus europäischen Ländern, bedient wurde; 1683 führten die Türken etwa 300 Geschütze unterschiedlichen Kalibers mit.

Am 31. März 1683 setzte sich die osmanische Armee von Adrianopel aus über Sofia und Belgrad gegen Ungarn in Marsch. Ihr Feldherr war der Großwesir Kara Mustafa (um 1635–1683). Unterwegs stießen zahlreiche Hilfstruppen zu ihr, so daß die Streitmacht eine Stärke von mehr als 200000 Mann erreichte. Der Sultan hatte als Kriegsziel für 1683 nur die Einnahme der Festungen Raab (Györ) und Komorn (Komárno) festgelegt, erst 1684 sollte der Stoß gegen Wien geführt werden. Auf einem Kriegsrat im Juni 1683 änderte jedoch der Großwesir eigenmächtig diesen Plan und befahl den Angriff gegen Wien noch im selben Jahr. Nicht alle türkischen Befehlshaber waren damit einverstanden. Die Armee eroberte im Juni/Juli eine Reihe von westungarischen Orten, schloß Raab ein, verwüstete weite Landstriche und erschien am 14./15. Juli vor Wien.

Kaiser Leopold I. hatte sich im Frühjahr eifrig um militärische Unterstützung gegen den osmanischen Angriff bemüht. Ein Beistandsvertrag mit König Jan III. Sobieski (1629–1696) sicherte polnische Waffenhilfe, auch eine Reihe von deutschen Ländern stellte Truppen für den Kaiser. Ehe jedoch diese Kräfte gegen Wien in Marsch gesetzt werden konnten, vergingen einige Monate. Inzwischen begann Kara Mustafa mit der Belagerung der Stadt.

Bereits 1529 hatte Wien einem osmanischen Sturm getrotzt. In den Jahren bis 1683 waren die Verteidigungsanlagen weiter ausgebaut worden. Ein 12 Meter hoher Wall mit Basteien – starken Artillerie- und Infanteriestellungen – umschloß die Stadt, zwischen den Basteien deckten Vorwerke den Wall und ermöglichten ein lückenloses Beschießen des Vorgeländes. Vor diesen Anlagen war ein zweiter, fast 100 Meter breiter Graben ausgehoben, an dessen Vorderwand sich weitere Artillerie- und Infanteriestellungen befanden. Der berühmte Festungsbaumeister Georg Rimpler (1636–1683) hatte in den Jahren vor 1683 den Ausbau Wiens geleitet.

Eine solche Festung einzunehmen war nicht leicht. Wenn eine überraschende Eroberung mittels List oder Verrats nicht zum Ziel führte, mußte sich der Feind zu einer zeitraubenden Belagerung entschließen. Die Stadt wurde umzingelt, danach hoben Schanzarbeiter Gräben aus, Artillerie traf ein und beschoß die gegnerischen Stellungen. War der erste große Graben eingenommen, so konnte der Belagerer – wenn er die Geschütze vorgezogen hatte – das Feuer gegen den Hauptwall er-

Loopgraven. Batteryen. en Kryggsgewelt der Turken etc   N. 2.   Approches Batteries et preparatiß de guerre des Turcs etc
voor Weenen.   Per R. de Hooghe Aanß.   devant Vienne
apud N. Vißher tot Brief

Die Türken belagern Wien (Radierung von Romeyn de Hooghe).

öffnen und versuchen, eine Bresche zu schießen. Gelang auch dies, dann setzte er seine Infanterie zum Sturmangriff gegen den zerstörten Teil des Walles ein. Die Verteidiger sahen solchen Angriffsvorbereitungen allerdings nicht tatenlos zu, sie unternahmen Ausfälle, beschossen die gegnerischen Stellungen und Schanztruppen und gruben unterirdische Stollen.

So verlief auch die Belagerung Wiens von Mitte Juli bis Mitte September 1683. In der Stadt leisteten 11000 Angehörige des kaiserlichen Heeres, 20 Kompanien der Bürgerschaft und 3 Kompanien Studenten, insgesamt etwa 20000 Mann mit 370 Geschützen, zähen Widerstand. Den Befehl führte der kaiserliche General Ernst Rüdiger Graf von Starhemberg (1638–1701), der vom Bürgermeister Andreas Liebenberg (um 1627–1683) und von der Bevölkerung Wiens tatkräftig unterstützt wurde.

Fast drei Wochen benötigten die Belagerer, um über das Vorfeld bis zum breiten Graben zu gelangen. Heftige Kämpfe entbrannten um die Vorwerke. Nachdem die Türken im Graben festen Fuß gefaßt hatten, richteten sie den Hauptstoß gegen die Burg- und die Löbelbastei im westlichen Teil des Verteidigungsgürtels. Mehrfach unternahmen die Belagerten Gegenstöße und drängten den Feind an einigen Stellen zurück. Im September verschlechterte sich trotz örtlicher Erfolge die Lage der Verteidiger; Hunger und Krankheiten schwächten die Truppen und die Einwohner. Aber auch die militärische Situation der Osmanen wurde kritisch; denn es gelang nicht, in der erhofften kurzen Zeit die Stadt einzunehmen und die Beutegier der Truppen zu befriedigen. Krankheiten und Mangel an Verpflegung untergruben die Disziplin. Bis Mitte September verlor die türkische Armee schätzungsweise 48 000 Mann, zumeist aus Kontingenten der Hilfstruppen, die eigenmächtig von Wien abzogen.

Das kaiserliche Entsatzheer sammelte sich Anfang September im Raum Tulln nordwestlich von Wien. Zu ihm gehörten österreichische, kursächsische und bayrische Truppen sowie kleinere Einheiten südwestdeutscher Fürstenstaaten; von Krakau (Kraków) war eine polnische Armee im Anmarsch. Der Kriegsrat der Entsatzarmee beschloß am 8. September, alle Kräfte auf das rechte Donauufer zu überführen, zügig in Richtung Wien vorzustoßen und die Stadt zu befreien. Ursprünglich hatte man geplant, die Donau erst unterhalb von Wien zu überschreiten und von Osten her die Belagerer anzugreifen. Aber dabei war nicht beachtet worden, daß der Aufmarsch zur Schlacht dann in einem Gebiet hätte erfolgen müssen, wo starke Hilfstruppen der Osmanen operierten. Eine unverzügliche Hilfe für Wien versprach nur der direkte Angriff von Westen her. Den Oberbefehl über die Entsatzarmee übernahm der polnische König, der hohes Ansehen als Heerführer genoß. Bewaffnung, Ausbildung und Taktik der verbündeten Truppen waren einheitlicher als beim Gegner. Unverkennbar wirkte 1683 – wie in den folgenden Türkenkriegen bis zum Ende des 18. Jahrhunderts – ein politisch-moralischer Faktor: Die deutschen und polnischen Truppen fanden Hilfe bei der Bevölkerung, die im Entsatzheer den Befreier von der „Türkennot" erblickte.

Am 11. September erreichte die Entsatzarmee den nördlichen Ausläufer des Wienerwalds. Sie bildete im Wald-Hügel-Gelände ihre Schlachtordnung aus 3 Treffen. Als Treffen wurden die nebeneinander aufgestellten Infanteriebataillone und Kavallerieeskadronen bezeichnet; hinter dem ersten Treffen stand meist 100 bis 150 Meter entfernt ein zweites Treffen, manchmal auch – wie hier – noch ein drittes. Die hinteren Treffen waren dazu bestimmt, die Verluste des ersten Treffens auszugleichen.

Stärke der Entsatzarmee bei Tulln am 7./8. September 1683

Truppen	Infanterie	Kavallerie	Geschütze	Gesamtstärke mit Artilleriepark
Kaiserliche	8100	12900	70	rund 22000
Sachsen	7000	2000	16	rund 10000
Bayern	7500	3000	26	rund 11000
Südwestdeutsche Fürstentümer	7000	2500	12	rund 10000
Polen (im Anmarsch)	über 10000	über 14000	28	rund 26000 bis 27000

Am linken Flügel, zwischen der Donau und dem Kahlenberg, marschierten die kaiserlichen und die sächsischen Truppen auf, im Zentrum zwischen Kahlenberg und Hermanns Kogel die bayrischen und anderen süd- und südwestdeutschen Kräfte, am rechten Flügel die Polen und einige deutsche Regimenter. Die Verteilung der Truppen war annähernd gleich, am rechten Flügel überwog die Kavallerie, da hier das Gelände leichter passierbar war als zwischen Donau und dem Hermanns Kogel. Der Schwerpunkt des Angriffs lag zunächst am linken Flügel und im linken Teil des Zentrums. Diese Truppen hatten den kürzesten Weg zum feindlichen Belagerungsring. Der polnische König wollte dann mit einem großen Kavallerieangriff des rechten Flügels das osmanische Heer in die Flanke treffen und es an die Donau zurückwerfen. Der Aufmarsch des rechten Flügels erforderte mehr Zeit; denn hier gab es nur wenige Wege, die Kavallerie kam langsamer voran als die Infanterie.

Auf die Kunde vom Anmarsch des Entsatzheers begann Kara Mustafa eilig seine Truppen umzugruppieren, versäumte jedoch, die wichtigen Bergkuppen Kahlenberg und Hermanns Kogel mit stärkeren Kräften zu sichern. Die osmanische Streitmacht bezog eine 7 bis 8 Kilometer lange Stellung von der Donau bis Dornbach. 25000 bis 35000 Mann blieben in den Gräben zurück, um die Belagerung fortzusetzen; die zahlenmäßige Stärke des türkischen Feldheers ist nicht genau bekannt, sie dürfte bei etwa 80000 bis 85000 Mann gelegen haben.

Die Schlacht entbrannte am Morgen des 12. September mit dem Angriff des linken Flügels der Entsatzarmee. Nur Schritt für Schritt ge-

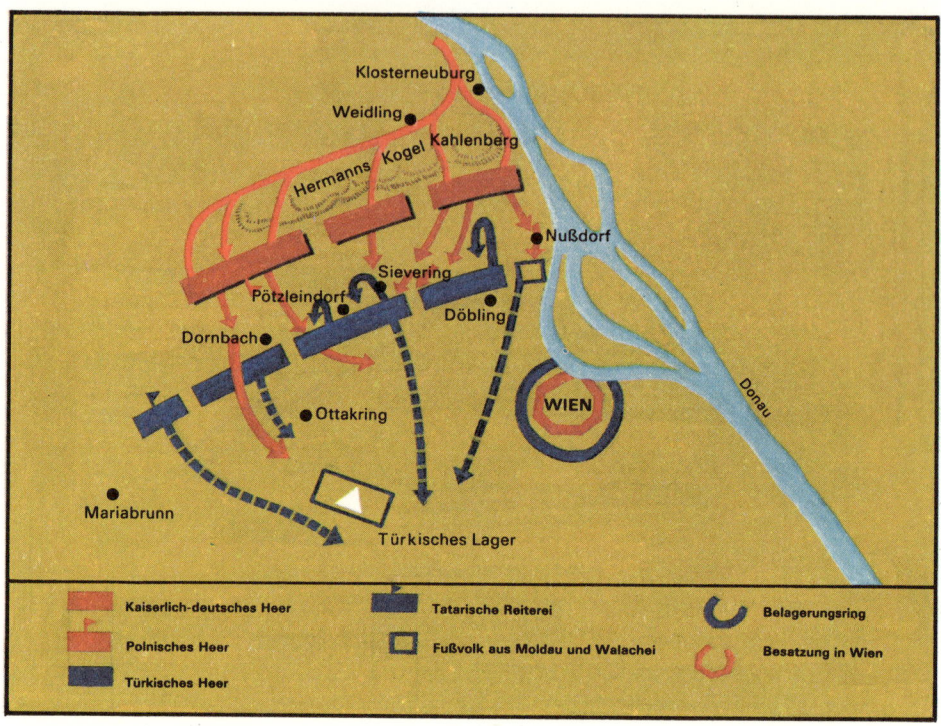

Schlacht am Kahlenberg

wannen die kaiserlichen und sächsischen Truppen – die Kavallerie kämpfte zumeist abgesessen – Raum gegen den starken Widerstand. Durch Gegenangriffe hinderten die Osmanen sie vorübergehend am Vordringen. Inzwischen hatte das Zentrum der Entsatzarmee die Türken bei Nußdorf und Heiligenstadt in blutigen Kämpfen zum Zurückweichen gezwungen. Aber es gelang nicht, den Erfolg auszuweiten, erneute Vorstöße hielten das Zentrum auf und warfen es stellenweise wieder zurück, so daß Kavallerie vom linken Flügel zur Verstärkung herangeholt werden mußte. Erst gegen Mittag vermochten die kaiserlichen, sächsischen und bayrischen Truppen den Gegner aus Nußdorf und Heiligenstadt zu vertreiben.

Der rechte Flügel des Entsatzheers konnte nicht vor Mittag angreifen. Die zügig attackierende polnische und deutsche Kavallerie drang in die Aufstellung des linken osmanischen Flügels ein, wurde aber zurückgeworfen. Am Nachmittag faßte der polnische König die Masse der hier kämpfenden Kavallerie zu einem großen Angriff zusammen.

20000 Reiter stürzten sich auf den Gegner und schwenkten dann gegen das türkische Zentrum ein. Auch der linke Flügel des Entsatzheers, der den beginnenden Rückzug vor seiner Front erkannte, vollführte eine Rechtsschwenkung und griff das osmanische Zentrum an. Spahireiter und Janitscharen leisteten erbitterten Widerstand, Kara Mustafa ließ die grüne Fahne des Propheten entrollen, um den Mut und Fanatismus seiner Krieger anzustacheln. Aber die Flankenangriffe der Verbündeten zertrümmerten die osmanische Aufstellung. Auf dem linken Flügel floh die Reiterei des Khans der Krimtataren vom Schlachtfeld und riß andere Truppen mit. Das osmanische Heer befand sich am Abend des 12. September in voller Auflösung und Flucht, gegen 17 Uhr erreichten die Verbündeten die türkischen Gräben und danach die nördlichen Stellungen der Verteidiger Wiens.

Im Tagebuch des Zeremonienmeisters am Sultanshof (sein Name ist unbekannt), der 1683 am Feldzug teilnahm, heißt es über die Schlacht:

„Als nun die Truppen um den Großwesir sahen, wie der Feind auf beiden Seiten stürmend vordrang und das Heer des Islâms sich zur Flucht zu wenden begann, da schwand jedem von ihnen die Kraft und die Lust zu Kampf und Streit und es stellten sich die Anzeichen jener Verwirrung ein, die immer eine Niederlage im Gefolge hat.

Da der Polenkönig mit seinen Truppen geradewegs gegen die heilige Fahne vorstieß, stieg der Großwesir zu Pferde, und zu seiner Rechten und Linken hielten sich die Leute seines Gefolges, der Scheich Vani Efendi sowie die Sipahi und Silihdars [Leibwache – H.S.] bereit. Während die Paschas auf beiden Flügeln schon zurückzuweichen begannen, stand im Herzen des Heeres der Großwesir mit seiner Umgebung fest und unerschüttert. Aber die Angriffe der Giauren [Ungläubige, das heißt die Feinde der Osmanen – H. S.] wurden immer stärker, der Kampf nahm an Heftigkeit ständig zu und zog sich bereits fünf oder sechs Stunden hin; das Heer des Islâms wurde von den Kugeln aus den Geschützen und Flinten der Feinde wie mit einem Regen überschüttet. Da erkannten die Muslims, daß alles verloren war (und die Katastrophe nicht mehr abgewendet werden konnte). Kämpfend und fechtend wandten sich die Massen der Krieger in der Umgebung des Großwesirs zur Flucht; die meisten flohen geradewegs zu ihren Zelten hin und dachten nur noch daran, ihr Leben und ihre Habe zu retten."*

Damit war die zweimonatige Belagerung der Stadt beendet. Das ver-

---

* Die Osmanen in Europa. Erinnerungen und Berichte türkischer Geschichtsschreiber, Gustav Kiepenheuer Verlag, Leipzig und Weimar 1985, S. 222

Spottbild auf die Türken nach der Schlacht am Kahlenberg

124

bündete Heer blieb die Nacht über im osmanischen Lager, der polnische König sah auf Grund seiner Kriegserfahrungen in der raschen Flucht des Gegners eine List und befürchtete nächtliche Gegenangriffe. In der Schlacht hatte ein junger Adliger seine Feuertaufe erhalten, dessen Name bald zu einem Siegessymbol in den Kriegen gegen die Osmanen und gegen Frankreich werden sollte: Prinz Eugen von Savoyen (1663–1736).

Dem Entsatzheer fiel reiche Beute in die Hand: Geschütze und Belagerungsgeräte, Fahnen und Roßschweife, die türkische Zeltstadt mit allen Gütern und Schätzen an Gold, Silber und Schmuck sowie der Harem des türkischen Großwesirs. Die Sieger verloren etwa 2000 Tote, andere Quellen sprechen von 4000. Von den Belagerern blieben – nach unterschiedlichen Angaben – 20000 bis 25000 tot oder verwundet auf dem Schlachtfeld liegen; viele Soldaten, Schanzgräber und Angehörige des Trosses gerieten in Gefangenschaft. Die gesamte osmanische Heeresmacht hatte eine schwere Niederlage hinnehmen müssen. Zuverlässige Janitscharen und Spahireiter hielten die flüchtende Masse vor Raab und auf dem Weg nach Budapest auf. Großwesir Kara Mustafa verfügte am 13. September harte Strafen gegen Befehlshaber, die versagt oder die Flucht ergriffen hatten, 13 von ihnen wurden hingerichtet und ihre abgeschlagenen Köpfe an Sultan Mehmed IV. (1641–1692) nach Belgrad gesandt. Dies hinderte allerdings den Sultan nicht, auch Kara Mustafa die seidene Schnur zu schicken – eine Aufforderung, Selbstmord zu begehen und so die Schuld an der Niederlage auf sich zu nehmen.

Politisch bedeutete der Sieg bei Wien die unumkehrbare Wende im Verlauf der habsburgisch-osmanischen Auseinandersetzungen. Im Krieg von 1683 bis 1699 verloren die Türken ganz Ungarn und Siebenbürgen, der Frieden zu Karlowitz (1699) bestätigte dieses neue Kräfteverhältnis. Österreich, der Staat der Habsburger, stieg zur europäischen Großmacht auf, deren Expansion sich von nun an auch nach Südosten richtete. „Die Türkenfurcht, die Europa seit der Katastrophe von Nikopolis 1396 wie ein Trauma im Bann gehalten hatte", schreiben die Historiker Ernst Werner und Walter Markov, „war endgültig vorbei, der Rückzug der Osmanen aus Europa hatte begonnen, das einstige Weltreich sank ganz allmählich, aber unaufhaltsam zu einem Objekt europäischer Großmachtpolitik herab, auch wenn es sich noch zu einigen neuen Kraftanstrengungen aufzuraffen vermochte."*

* Ernst Werner/Walter Markov, Geschichte der Türken von den Anfängen bis zur Gegenwart, Akademie-Verlag, Berlin 1978, S.162

Der Stern einer neuen Militärmacht geht auf

Poltawa 1709

Die Schlacht bei Poltawa war die größte und bedeutendste Schlacht im Nordischen Krieg 1700 bis 1721.

Ende des 17. Jahrhunderts spitzten sich in Nordosteuropa die machtpolitischen Gegensätze zwischen Schweden auf der einen Seite und der Koalition Dänemark – Rußland – Sachsen/Polen auf der anderen zu. Streitigkeiten zwischen der dänischen und der schwedischen Krone um dynastische Ansprüche in Holstein lösten schließlich den Krieg aus. Schweden ging es dabei letztlich um die Behauptung und Erweiterung seiner Macht in Nord- und Osteuropa, Rußland um den seit langem erstrebten Zugang zur Ostsee und um die Gewinnung der baltischen Gebiete; der polnische Wahlkönig August II. (1670–1733), der zugleich Kurfürst von Sachsen war, wollte das 1621 an Schweden verlorene Livland wiedergewinnen.

Scheinbar besaß die antischwedische Koalition ein beträchtliches Übergewicht, doch Schweden verfügte über kampferprobte Streitkräfte, die in Feldzügen und Schlachten des 17. Jahrhunderts nicht wenige Siege erringen konnten. Die zahlreichen Kriege hatten jedoch an der Wirtschaft sowie an der personellen Stärke von Heer und Flotte gezehrt. Im Unterschied zu anderen europäischen Armeen bestand das schwedische Heer vor allem aus dienstpflichtigen Landeseinwohnern, die Rekruten wurden gründlich ausgebildet und einer straffen militärischen Disziplin unterworfen. Aus den Kupfer- und Eisenerzgruben des Landes floß das Material für die Geschütz- und Gewehrproduktion; die protestantische Landeskirche unterstützte die Krone in ihrem Bemühen, die Offiziere und Mannschaften zu unerschütterlicher Treue gegenüber dem König und dem Staat zu erziehen.

Bei Beginn des Nordischen Krieges besaß König Karl XII.

(1682–1718) einschließlich der geworbenen Söldner ein Heer von fast 100 000 Mann und eine Kriegsflotte von 42 Linienschiffen und 12 Fregatten mit über 2700 Geschützen. Zum schwedischen Königreich gehörten damals auch Finnland, die baltischen Gebiete, Rügen und ein Teil von Vorpommern sowie einige Besitzungen an der Elbe- und Wesermündung. Karl XII. erwies sich in den Feldzügen bis 1709 als ein talentierter und risikobereiter Feldherr, der auf die militärische und politisch-moralische Standfestigkeit seiner Truppen vertraute. Vor allem die Kavallerie galt als kriegstüchtig. Friedrich Engels schreibt über diese Waffengattung: „Seine [gemeint ist Karl XII. – H. S.] Kavallerie verlor keine Zeit, um zu feuern, sondern griff stets mit dem Säbel in der Hand an, was sich ihr entgegenstellte: Kavallerie, Infanterie, Batterien und Verschanzungen, und zwar immer mit Erfolg."*

Die antischwedische Koalition zählte zwar mehr Soldaten, aber ihre Armeen hatten ein unterschiedliches Profil. Dänemark unterhielt etwa 35 000 Söldner, Kursachsen eine Söldnerstreitmacht von knapp 30 000 Mann. Polen besaß kein stehendes Heer, es bot im Kriegsfall die adlige Reiterei auf. In Rußland begann der junge Zar Peter I. (1672–1725) gerade mit einer Militärreform. Die alte Adelsreiterei und die Strelitzen – geworbene Schützen, die neben dem Militärdienst ein Gewerbe betrieben – hatten sich in den Kriegen des 17. Jahrhunderts häufig als unzuverlässig erwiesen, namentlich die Strelitzen pochten auf Privilegien und zettelten Verschwörungen gegen den Zaren an. Peter I. löste deshalb diese Formation auf und ging daran, nach europäischem Vorbild ein stehendes Heer aus zwangsrekrutierten Leibeigenen zu errichten. Für eine solche Armee benötigte er Waffen-, Munitions- und Uniformmanufakturen. Als der Nordische Krieg begann, stand die Verwirklichung all dieser Maßnahmen noch ganz am Anfang. Gegen die Schweden führte Peter I. eine 35 000 Mann starke Armee ins Feld.

In den Jahren 1700 bis 1706 eilte das schwedische Heer von Sieg zu Sieg. Dänemark wurde 1700 geschlagen und zum Ausscheiden aus der Koalition gezwungen. Am 30. November desselben Jahres erlitt die russische Armee bei Narwa eine Niederlage. Karl XII. hielt Rußland für besiegt und drang 1701 in Polen ein. Bis 1704 eroberte er weite Teile des Landes und machte dort den polnischen Feudalherrn Stanisław Leszczyński (1677–1766) zum König. 1706 besetzten die Schweden auch das Kurfürstentum Sachsen und zwangen August II. im Frieden von Altranstädt, auf die polnische Krone zu verzichten.

* Friedrich Engels, Armee, a. a. O., S. 33

Allerdings zeigte sich bald, daß Karl XII. Rußland arg unterschätzt hatte. Das militärische Reformwerk Peters I. begann allmählich Früchte zu tragen. Russische Truppen drangen wieder in die baltischen Gebiete vor, legten an der Newamündung den Grundstein für die Stadt St. Petersburg (heute Leningrad) und schlugen schwächere schwedische Abteilungen. Deshalb entschloß sich Karl XII. 1707 zu einem neuen Stoß gegen Rußland. Ihm standen nunmehr die von Sach-

Peter I.

Offiziere und Mannschaften des russischen Heeres

sen und Polen aufgebrachten Kontributionen sowie Hilfstruppen des Königs Stanisław Leszczyński zur Verfügung, außerdem zog er von Schweden und Finnland Reserven heran. Politische Kontakte zum Osmanischen Reich und zu zarenfeindlichen Kosaken unter dem Hetman Iwan Mazeppa (1644–1709) sollten Verbündete für den Krieg in Rußland an Schwedens Seite führen.

1708 drang die schwedische Armee in Belorußland ein, aber der Weg über Smolensk nach Moskau wurde durch russische Truppen gesperrt. So entschied sich der Schwedenkönig zum Angriff gegen die Ukraine. Hier hoffte er auf die Hilfe von Kosaken, die auch die schwierige Versorgungslage seines Heeres erleichtern sollten. Schon mangelte es den Schweden an Munition, Verpflegung und Soldaten, zudem setzten sich die Bauern gegen den eindringenden Feind zur Wehr, sie überfielen Kuriere, Streifscharen und Transporte und lieferten keine Lebensmittel. Angesichts dieser Umstände beorderte Karl XII. das Korps des Generals Adam Ludwig Lewenhaupt (1659–1719) in Stärke von 17000 Mann und rund 7000 Wagen mit Proviant und Kriegsmaterial von Litauen in die Ukraine. Auch Zar Peter I. wußte von dieser Situation und entsandte Truppen gegen die heranmarschierende Verstärkung. In der Schlacht bei Lesnaja am 28. September (9. Oktober) 1708 behaupteten die Schweden das Schlachtfeld, aber sie büßten über 8000 Tote und Verwundete ein, verloren alle Transportwagen und die 17 Geschütze. Knapp 6000 Mann retteten sich zum Heer des Königs ohne die dringend benötigten Versorgungsgüter. Die Schweden marschierten weiter in die Ukraine und bezogen bei Romny Winterquartiere. Östlich davon, im Raum Charkow, überwinterte das russische Heer.

Die Bilanz des Feldzugs 1708 war für den Schwedenkönig nicht erfreulich. Smolensk und die westrussischen Gebiete blieben in der Hand des Zaren, die Schlacht bei Lesnaja bedeutete den Verlust des Nachschubs für die schwedische Hauptarmee. Auch die Hoffnungen auf Mazeppa erwiesen sich als trügerisch: Statt mit den erwarteten 50000 Kosaken erschien der Hetman nur mit etwa 1500 Reitern im schwedischen Lager. Ein russisches Streifkorps zerstörte die Siedlung Baturin, die Residenz Mazeppas, samt den dort vorhandenen Lebensmittelvorräten. Anfang 1709 befand sich das schwedische Heer in einer strategisch ungünstigen Lage, es war weit vom eigenen Hinterland entfernt. Kälte, Hunger, Krankheiten und Kämpfe im Spätherbst und im Winter 1708/09 verursachten erneut Einbußen. Das russische Heer hatte bessere Bedingungen. Ihm flossen Proviant und Verstärkung zu, allerdings brachte ihm der harte Winter auch personelle Verluste.

Mit Beginn des Frühjahrs 1709 ergriff Karl XII. die Initiative und drängte auf eine Schlacht. Zeit und Gegebenheiten standen gegen ihn: Verstärkungen waren nicht zu erwarten, aber jede Woche kostete Soldaten und änderte das Kräfteverhältnis zugunsten der russischen Armee. Allerdings vertraute die Führung auf die Kampftüchtigkeit und das Überlegenheitsgefühl der erprobten Truppen. Die schwedische Armee, die seit Mai 1709 die kleine Festung Poltawa belagerte, zählte im Frühjahr etwa 28000 Mann (ohne Troßangehörige und Kosaken). Kampffähig waren davon rund 22000 Mann; von den vorhandenen 32 Kanonen konnten nur 4 eingesetzt werden, da die Artillerie die Pulver- und Kugelvorräte fast aufgebraucht hatte. Auch der Infanterie mangelte es an Munition.

Das russische Heer nahm im Juni am Ostufer der Worskla östlich von Poltawa Aufstellung, es zählte 42000 Mann Infanterie und Kavallerie mit 72 Geschützen. Im belagerten Poltawa verteidigten sich 4 200 Mann, unterstützt von einer städtischen Bürgerwehr. Am 20. Juni (1. Juli) setzte die Hauptmacht Peters I. nördlich von Poltawa über die Worskla und bezog nördlich des Jakowzywalds ein befestigtes Lager. Westlich davon legten die Russen 10 Schanzen an, Redouten genannt; diese Infanterie- und Artilleriestellungen sollten das Lager schützen und einen gegnerischen Angriff aufhalten. So erwartete Peter I. den Feind.

Die Schweden lagerten nördlich von Poltawa. Im Morgengrauen des 27. Juni (8. Juli) rückten sie in 4 Infanteriekolonnen aus, gefolgt von 6 Kavalleriekolonnen; 1300 Mann blieben vor Poltawa, 1000 zum Schutz des Lagers. Den Oberbefehl führte der König, da er aber verwundet war, kommandierte an seiner Stelle Feldmarschall Carl Gustav Rehnskiöld (1651–1722), einer der begabtesten Generale der schwedischen Armee. Karl XII. begleitete die vorrückenden Soldaten auf einer Trage, um durch das persönliche Beispiel ihren Kampfesmut anzuspornen. Die angestrebte Überraschung des feindlichen Lagers mißlang. Russische Artillerie eröffnete das Feuer auf die Angreifer. Damit begann die Schlacht. In der Verserzählung „Poltawa" schildert der russische Dichter Alexander Puschkin (1799–1837) das blutige Ringen:

Nicht so lang, so stieß das Heer des Zaren
Zusammen mit den Schwedenscharen –
Poltawa, deine Schlacht begann!
Im Feuersturm und Kugelschauer
Wankt manchmal die lebendige Mauer,
Rückt alsbald eine neue an.
Vom Blute dampfen Bajonette.
Wie Wolken fliegt der Reiter Kette,
Ein Sturm, in die geschloßnen Reihn,
Mit blanken Säbeln schlägt man drein.
Es türmen wahre Leichenwälle
Rings auf dem Feld die Eisenbälle,
Sie reißen Reihen ein im Lauf,
Blut zischt, und Erde wirbelt auf.
Schweden und Russen stehen, schlagen;
Kommandos, Trommeln, Fluchen, Klagen.
Kanonendonner, Schrei und Fall
Und Tod und Hölle überall.*

* Alexander Puschkin, Ausgewählte Werke, Bd. 2, Aufbau-Verlag, Berlin 1952, S. 410 f.

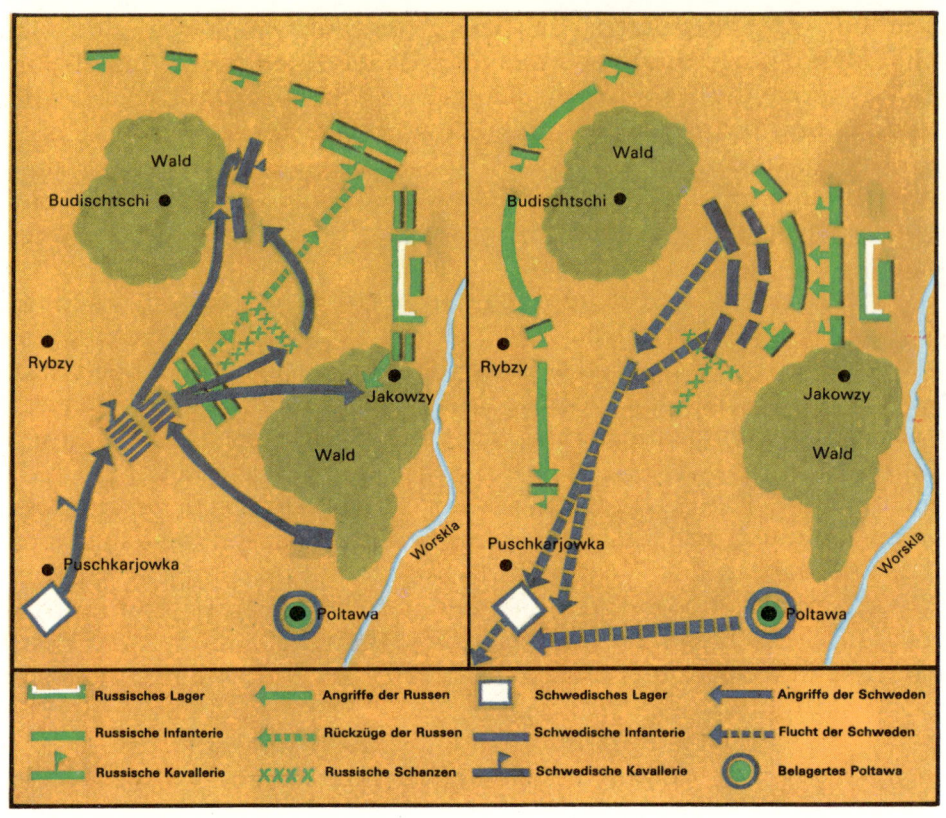

Angriff und Niederlage der Schweden

Der schwedische Stoß traf zuerst die Kavallerie unter dem Befehl
von General Alexander Menschikow (1673–1729), einem der engsten
Vertrauten des Zaren. Von 4 bis 6 Uhr früh dauerten die erbitterten
Kämpfe an. Zwar drangen die Schweden vor, aber sie erlitten starke
Verluste durch die russische Artillerie, der Karl XII. nichts entgegen-
setzen konnte. Die Schweden nahmen 2 Redouten ein, wichen jedoch
dann vor dem Feuer in Richtung auf den Budischtschiwald zurück.
Schließlich standen die schwedische Infanterie und Kavallerie nördlich
der Redouten vor dem Wald, vor sich in einem großen Bogen die
Masse des russischen Heeres, Infanterie im Zentrum, Kavallerie an den
Flügeln.

Gegen 6 Uhr trat eine etwa zweistündige Kampfpause ein, in der
beide Seiten ihre Truppen und deren Aufstellung ordneten. Zu diesem

Zeitpunkt waren die Schweden im Jakowzywald bereits verloren; denn sie fanden nicht mehr den Weg zum Hauptheer und wurden durch eine stärkere russische Abteilung geschlagen. Die Armee des Zaren formierte vor ihrem Lager 2 Treffen. Insgesamt 22 000 Mann Infanterie und 9000 Mann Kavallerie attackierten die schwedische Schlachtordnung vor dem Budischtschiwald. Die Hauptstreitmacht der Schweden zählte fast 18 000 Mann, die zum Gegenangriff auf die russischen Truppen vorgingen.

Bald kam es zu erbitterten Nahkämpfen im Zentrum, wo es der schwedischen Garde gelang, in die russische Aufstellung einzubrechen. Das war ein kritischer Moment im Verlauf der Schlacht. Aber Peter I. führte aus dem Lager einige frische Bataillone heran und konnte die Schweden zurückdrängen.

Allmählich machten sich die Verluste durch das russische Kanonen- und Gewehrfeuer immer stärker bemerkbar. An den Flügeln errangen die Truppen des Zaren das Übergewicht. Der sowjetische Historiker W. A. Artamonow schreibt dazu: „Nach einem halbstündigen erbitterten Kampf drückte die etwa 10 000 Mann starke erste Linie der russischen Truppen die Gefechtsordnungen ihres Gegners von den Flügeln her zusammen und zerschlug die Gliederungen der Schweden; es begann die etwa anderthalb Stunden dauernde Vernichtung der schwedischen Truppen. Die zweite Linie der russischen Truppen kam gar nicht mehr dazu, in die Schlacht einzugreifen. Die Schweden flohen zum Budistschi-Wald, wo die Sieger den Befehl erhielten, Halt zu machen und sich erneut zu ordnen. Das Westgotland-, Westmanland- und das Uppland-Regiment wurden völlig vernichtet, von den übrigen Regimentern retteten sich jeweils 300 bis 400 Mann; aus den vier Bataillonen der Garde überlebten 1464 Mann. Die russischen Verluste beliefen sich auf 1335 Tote und 3270 Verwundete.“*

Der Halt vor dem Wald gab den Schweden aber nur eine Atempause. Ein Teil der russischen Kavallerie verfolgte die zurückflutenden Trümmer der schwedischen Heeresmacht und griff die Flüchtenden immer wieder an. Im Lager bei dem Dorf Puschkarjowka fanden die Schweden für kurze Zeit Zuflucht. Dorthin kam auch Karl XII.

Inzwischen sammelten sich die russischen Truppen nach dem Mittag des 27. Juni (8. Juli) zu einem Feldgottesdienst, danach begann ein Festmahl der Offiziere, an dem einige der gefangenen schwedischen Generale teilnahmen. Während dieser Zeit brachen die Schweden aus

* W. A. Artamonow, Rußlands Sieg über die Schweden bei Poltawa 1709, in: „Militärgeschichte“, 5/1981, S. 568

Schlacht bei Poltawa (Gemälde von Alexander von Kotzebue)

ihrem Lager bei Puschkarjowka auf und zogen auf den Dnepr zu. Erst am Morgen des folgenden Tages folgten ihnen größere Teile des russischen Heeres. Am 30. Juni (11. Juli) streckten 16 000 demoralisierte Schweden vor den Truppen Menschikows die Waffen. Insgesamt verloren die Schweden während der Schlacht und bis zum 30. Juni über 9000 Mann an Toten und Verwundeten, 19 000 gingen in die Gefangenschaft. Nur etwa 1000 Reiter mit Karl XII. konnten über den Dnepr auf türkisches Gebiet fliehen. „Endlich steht Petersburg fest begründet", rief Peter I., als das Ausmaß des Sieges zu übersehen war.

Der Halt vor dem Budischtschiwald und die verspätete Verfolgung des geschlagenen Feindes wurden von Militärs und Historikern, die häufig auf das entschlossene Handeln eines Napoleon I. Bonaparte (1769–1821) in den Schlachten zu Beginn des 19. Jahrhunderts verwiesen, kritisiert. Im 17. und 18. Jahrhundert stieß jedoch das Bestreben, einen getroffenen Gegner zu verfolgen, auf Hindernisse. Die Heere bestanden zumeist aus geworbenen Söldnern und zum Dienst gepreßten Landeseinwohnern, die häufig desertierten. Deshalb suchten die Feldherren nach einem Sieg vor allem die Ordnung des eigenen Heeres wiederherzustellen und ein Auseinanderlaufen zu verhüten, dann erst gingen sie an eine Verfolgung des Geschlagenen. Diese Umstände, die sich aus der sozialpolitischen Struktur der damaligen Heere ergaben, machten sich bei Poltawa bemerkbar, noch viel stärker aber in anderen Schlachten des 18. Jahrhunderts.

Poltawa markierte einen Höhe- und Wendepunkt im Nordischen Krieg und hatte weitreichende politische und militärische Auswirkungen. Die Vormachtstellung Schwedens brach mit der vernichtenden Niederlage seines Heeres zusammen. Die strategische Initiative ging auf Rußland und seine Bündnispartner über, die jetzt die mit Schweden abgeschlossenen Verträge zerrissen. König August II. von Polen erklärte den Altranstädter Frieden für ungültig und gewann erneut die Herrschaft in Polen, Dänemark trat wieder in den Krieg gegen Schweden ein, ihm folgte 1715 auch das Königreich Preußen, das die schwedischen Gebiete an der südlichen Ostseeküste in seinen Besitz bringen wollte. Peter I. festigte die russischen Positionen in den gewonnenen baltischen Ländern und setzte energisch den Kampf gegen die Schweden in der östlichen Ostsee und in Finnland fort.

Karl XII. stachelte den Sultan zum Krieg gegen Rußland an, aber der türkische Feldzug 1711 über den Prut gegen die Ukraine brachte ihm keinen greifbaren Gewinn. Noch drei Jahre blieb der Schwedenkönig in der Türkei, dann traf er im Oktober 1714 nach einer fluchtartigen Reise von Adrianopel durch Deutschland in der schwedischen Festung Stralsund ein. Nach fast fünfzehnjähriger Abwesenheit ergriff Karl XII. wieder die Zügel in seinem Land. Er fiel 1718 bei der Belagerung der Festung Fredrikshald (Norwegen). Im Frieden zu Nystad 1721 verlor Schweden seine Stellung als Großmacht, Rußland gewann die Vorherrschaft in Nord- und Osteuropa.

Militärisch zeigte Poltawa die gewachsene Kampfkraft des russischen Heeres, die von Peter I. durchgeführten Reformen bestanden ihre Bewährungsprobe. Die russischen Truppen verbanden die lineare Aufstellung geschickt mit der Nutzung zahlreicher Feldbefestigungen; gestützt auf den Widerstand der Schanzenbesatzungen, formierte sich das russische Heer und brach den schwedischen Angriff. Gerade der Kampf um solche Feldbefestigungen zehrte sehr an den Kräften des Angreifers und konnte sein Tempo hemmen. Der Sieg enthüllte dem überraschten Europa die militärische Stärke des aufsteigenden Staates Rußland und seiner neuen Streitmacht.

Entscheidung in Kanada

Quebec 1759

Der Kampf zwischen einer englischen und einer französischen Streitmacht bei der kanadischen Stadt Quebec gehört zu den Schlachten der Militärgeschichte, die weitreichende politische Auswirkungen auf einen ganzen Kontinent hatten.

Nordamerika war bis in das 18. Jahrhundert von den großen Kriegen der europäischen Mächte nur am Rand berührt worden. Auswanderer aus Frankreich und England hatten im 17. Jahrhundert an der Ostküste Kanadas und der heutigen USA Siedlungen gegründet; Jäger und Abenteurer streiften entlang den Flüssen und über die Alleghenies durch die von Indianerstämmen bewohnten Länder bis in das Gebiet der Großen Seen – des Ontario-, Erie-, Huron-, Michigan- und Oberen Sees – und zum Mississippi. Allmählich entstanden Einfluß- und Kolonialgebiete der beiden Mächte.

Englisches Territorium war der Küstenstreifen am Atlantik von Georgia im Süden bis Massachusetts im Norden, Metropole der Ort New York, den die Engländer 1664 den Niederländern entrissen hatten. Nördlich und westlich davon – es gab keine markierten Grenzen – herrschte Frankreich, sein nordamerikanisches Kolonialreich war vor 1763 beträchtlich größer als das englische. Das Lilienbanner der französischen Krone wehte am St.-Lorenz-Strom in Kanada, an den Großen Seen und am Mississippi von der Quelle bis zur Mündung in den Golf von Mexiko. Hauptorte waren die Städte Quebec und Montreal in Kanada, die Festung Louisbourg auf der Kap-Breton-Insel, Detroit am Eriesee und New Orleans an der Mündung des Mississippi. Im Süden gehörten Florida und Landstriche nördlich von Mexiko zum großen spanischen Kolonialreich. Die Ureinwohner und eigentlichen Herren der weiten Länder, die Indianerstämme, wurden seit dem 17. Jahrhundert immer mehr in die Konflikte der europäischen Mächte verwickelt, ihre Siedlungs- und Jagdgebiete schrumpften von Jahrzehnt zu Jahrzehnt zusammen.

Der politische und militärische Hauptgegensatz bestand im 18. Jahrhundert hier zwischen England und Frankreich. Im Pfälzischen Erbfolgekrieg (1688–1697), im Spanischen Erbfolgekrieg (1701–1714) und im Österreichischen Erbfolgekrieg (1741–1748) kam es in Nordamerika zu Gefechten zwischen zahlenmäßig schwachen französischen und englischen Truppen, dabei versuchten beide Seiten Indianerstämme als Verbündete zu gewinnen. Jedoch konnten bis 1755 weder England noch Frankreich ihre Machtbereiche entscheidend auf Kosten des Gegners vergrößern. 1745 eroberten die Engländer Louisbourg, im Frieden zu Aachen 1748 erhielt Frankreich diesen Stützpunkt am Tor zu Kanada wieder zurück.

Die Kriegführung in Nordamerika unterschied sich in einigen Zügen vom Ringen auf dem europäischen Kriegsschauplatz zu jener Zeit. Frankreich wie England setzten reguläre Truppen – Söldnerformationen – ein; diese Einheiten wurden unter straffer Kontrolle und Aufsicht gehalten und kämpften in der Gefechtsordnung der Lineartaktik, das heißt, die Bataillone standen eng nebeneinander, jeweils 3 oder auch 4 Glieder tief, und schossen Salvenfeuer auf Befehl. Eine solche Taktik war allerdings nur im offenen und ebenen Gelände möglich und setzte eine langjährige Ausbildung der Soldaten voraus. Jedoch stellten die Söldnerformationen nicht die einzige Streitmacht dar.

Beide Staaten verfügten außerdem über Milizen, die sich aus diensttauglichen Männern der Kolonialbevölkerung – Handwerkern, Händlern, Farmern und anderen Einwohnern – rekrutierten. Die Milizangehörigen wurden gemustert und in den Städten und Siedlungsgebieten zu Kompanien formiert; nicht wenige dieser Männer hatten bereits Kampferfahrungen bei Streif- und Raubzügen gegen die Indianer gesammelt. Die Milizkompanien fochten nicht in der Lineartaktik, son-

Steinschloßgewehr mit Bajonett

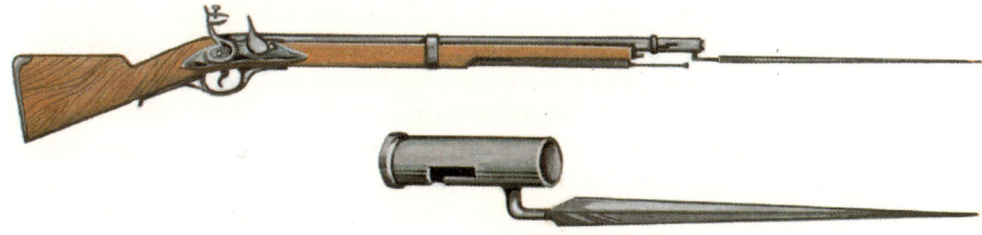

Englischer Infanterist

dern als Einzelschützen in aufgelöster Ordnung. Sie nutzten geschickt das Gelände aus und waren Meister im sogenannten kleinen Krieg, der aus Streifzügen, Überfällen und überraschenden Aktionen gegen die regulären Truppen des Gegners bestand. Eine Schwäche der Milizen war ihre lockere Organisation und Disziplin, die aber durch den moralischen Zusammenhalt der Kompanien etwas aufgewogen wurde. Gegen eine kampftüchtige reguläre Truppe vermochten die Milizen auf dem Schlachtfeld nicht standzuhalten. Erfolge errangen sie dort, wo die Ordnung der regulären Einheiten durch Verluste oder Kopflosigkeit der Befehlshaber erschüttert war. Das Salvenfeuer der englischen „Rotröcke" oder der französischen „Regulären" erwiderten die Milizsoldaten mit gezielten Einzelschüssen ihrer Büchsen aus gedeckter Stellung.

Weder in den englischen noch in den französischen Kolonialgebieten gab es nennenswerte Waffen- und Munitionsmanufakturen, ein Großteil des Kriegsmaterials für die Söldnertruppen mußte deshalb auf dem Seeweg vom „Mutterland" herangebracht werden. Den Bedarf der Milizen an Gewehren, Kugeln, Pulver und Bekleidung sicherten weitgehend die Handwerker der Provinzen.

Eine große Rolle spielten die Natur- und Witterungsverhältnisse in Nordamerika. Dichte Wälder, Sümpfe, schwer passierbare Gebirge und harte, schneereiche Winter erschwerten die Bewegungen der Truppen. Es gab wenig Straßen, die Siedlungsgebiete lagen weit auseinander. Die Söldnereinheiten ebenso wie die Milizen mußten deshalb große Mengen an Verpflegung mitführen. Wichtige Verbindungswege verliefen an den Flüssen und über die Seen; an Pässen, Furten und günstigen geographischen Punkten legten die Heere Forts an, in denen die Waffen- und Verpflegungsvorräte für die Truppen, aber auch für die Bewohner der weit verstreuten Ansiedlungen lagerten. Die Einnahme solcher Stützpunkte durch den Gegner traf dann nicht allein das eigene Heer, sondern war zugleich ein Schlag gegen Handels- und Versorgungszentren der jeweiligen Landschaft. Deshalb entschied die Eroberung von Forts nicht selten das Schicksal einer ganzen Provinz.

In den weiträumigen, dünnbesiedelten und kaum erschlossenen Landstrichen zwischen den Großen Seen und der Atlantikküste operierten Einheiten in Stärke von wenigen tausend Mann, eingeschlossen die indianischen Hilfstruppen. Während die Milizen in der Regel mit der Natur des Landes vertraut waren, behinderten die geographischen und klimatischen Verhältnisse den Einsatz und die Taktik der regulären Truppen erheblich. Scheu blickte der aus Europa herantransportierte Söldner in die dunklen Wälder beiderseits des Weges: Ein Pfeil- oder ein Kugelhagel konnte jederzeit die Marschkolonne überschütten, ohne daß ein Gegner zu sehen war.

Der Frieden von 1748 bedeutete eine kurze Atempause im Kampf zwischen England und Frankreich. Früher noch als in Europa entzündete sich das Feuer des Siebenjährigen Krieges (1756–1763) zwischen Frankreich, Österreich, Rußland, Spanien und Schweden auf der einen und England und Preußen auf der anderen Seite in Nordamerika. Nur vorübergehend hatte an der Grenze Ruhe geherrscht; die Initiative zu neuen Vorstößen in das von Frankreich beanspruchte Gebiet westlich der Alleghenies ging vor allem von amerikanischen Siedlern der englischen Kolonien aus. Eine mehrere hundert Mann starke Streifschar aus Virginia, der auch der Grundbesitzer George Washington (1732–1799) angehörte, marschierte 1754 über die Alleghenies in das Ohiogebiet, wo die Franzosen am Zusammenfluß des Allegheny und des Monongahela das Fort Duquesne – benannt nach einem französischen Gouverneur – errichtet hatten. Der Angriff auf das Fort endete mit einer Niederlage, die amerikanische Streifschar und die sie begleitenden englischen Offiziere mußten den Rückzug antreten.

Im folgenden Jahr weitete sich der zunächst kleine Konflikt aus – ein Zeichen der zunehmenden Spannung zwischen beiden Kolonialmächten. Die englische Krone verstärkte ihre Truppen in Nordamerika um mehrere Regimenter und leitete Vorstöße in vier Richtungen ein: im äußersten Norden ein Unternehmen gegen das französische Gebiet Neuschottland, im Nordosten einen Marsch den Hudson entlang zum Champlainsee, von wo der kürzeste Weg nach Kanada verlief, im Nordwesten einen Angriff gegen das Fort Niagara am Eriesee und im Westen einen erneuten Zug gegen Fort Duquesne.

Frankreich verfügte in seinem Kolonialgebiet über starke Söldner- und Miliztruppen und hatte auch die Unterstützung einiger Indianerstämme. So brachte das englische Vorgehen keine Erfolge. Am katastrophalsten endete der Marsch General Edward Braddocks (1695–1755) zum Fort Duquesne. Seine regulären Truppen erlitten Anfang Juli 1755 gegen die zahlenmäßig weit unterlegenen Franzosen und Indianer eine schwere Niederlage, in die auch die amerikanischen Milizen hineingerissen wurden.

In einer Biographie über George Washington wird dieses blutige Waldgefecht geschildert: „Gut geschützt gegen jede Gefahr eines Überfalls marschierte die britische Prozession langsam durch die Wälder am Flußufer. Da sah man plötzlich die Vorhut umkehren. Ein Indianer oder ein Franzose, als Indianer verkleidet, war bemerkt worden. Wer das Feuer eröffnet hat, ist unsicher, doch bald war eine Schlacht entbrannt. Die ersten Reihen der Briten schwenkten kaltblütig ein und begannen auf den unsichtbaren Gegner zu feuern, der hinter den Bäumen auf beiden Seiten blieb. Diese Standhaftigkeit überraschte offenbar den Feind, der in Wirklichkeit gar nicht in einem Hinterhalte gelegen hatte, sondern auf dem Eilmarsch gewesen war, um die Briten an der Furt über den Fluß zu fassen. Ein Teil der Leute floh bereits, so schnell es ging, ins Fort zurück. Doch die französischen Offiziere erfaßten Lage und Gelegenheit und sammelten ihre Truppen wieder, während die Indianer die Wälder zu beiden Seiten des Weges besetzten, den die Briten entlangzogen. Selber in völliger Sicherheit, überschütteten sie das lange rote Band mit einem Kugelregen. Das britische Heer saß in der Falle. Es konnte nicht vor, es konnte nicht zurück, es konnte nur versuchen, in die Wälder zu entkommen. Doch britische Soldaten sterben eher, als daß sie etwas Ungewöhnliches tun. Die Vorderleute wichen zurück, die Hintermänner drängten nach vorne, so daß die ganze Reihe zusammengequetscht wurde wie eine gebrochene Ziehharmonika. Aber sie feuerten immer noch eine hoffnungslose Salve nach der anderen ab. Einige Virginier versuchten, in die Wälder zu dringen und den Indianern in den Rücken zu fallen. Doch Braddock dachte zweifellos, sie wollten fliehen, und rief sie zurück, sie sollten wie Engländer kämpfen. In der Verwirrung schoß Freund auf Freund ... Doch die Panik hatte schon übergegriffen. Wagen und Kanonen wurden zerstört und ein unrühmlicher Rückzug zum Fort Cumberland angetreten."*

In den ersten Jahren des Siebenjährigen Krieges behielten die französischen Truppen die Oberhand. Unter dem Befehl des fähigen Generals Louis Joseph Marquis de Montcalm (1712–1759) siegten sie in mehreren Gefechten und verhinderten, daß die Engländer in Kanada eindrangen. Eine Wende trat 1758/59 ein. In England war der Politiker William Pitt (1708–1778) an die Macht gelangt. Er und die hinter ihm stehenden großbürgerlichen Kreise traten für eine energische Kriegführung gegen den Rivalen Frankreich ein. Auf dem europäischen Kontinent erhielt das verbündete Preußen mehr Hilfsgelder, auf dem nordamerikanischen Kriegsschauplatz trafen weitere Truppen ein, daneben suchte Pitt auch die Kräfte der Kolonien stärker einzubeziehen. 1758/59 standen zeitweise bis zu 30000 Mann Provinzmiliz unter Waffen.

Die Ergebnisse der englischen Anstrengungen zeigten sich sehr bald. Im Sommer 1758 marschierte eine 9000 Mann zählende englische Streitmacht, zu der auch 900 amerikanische Milizsoldaten gehörten, gegen Louisbourg. Die 6000 Mann starke französische Garnison behauptete sich knapp 6 Wochen. Am 26. Juni fiel die Festung, die französische Besatzung erhielt allerdings freien Abzug und rückte nach Kanada ab. Damit befand sich nunmehr der Schlüssel zum St.-Lorenz-Strom in englischer Hand.

* Michael de la Bedoyere, George Washington, Gustav Kiepenheuer Verlag GMBH., Weimar 1950, S. 29 ff.

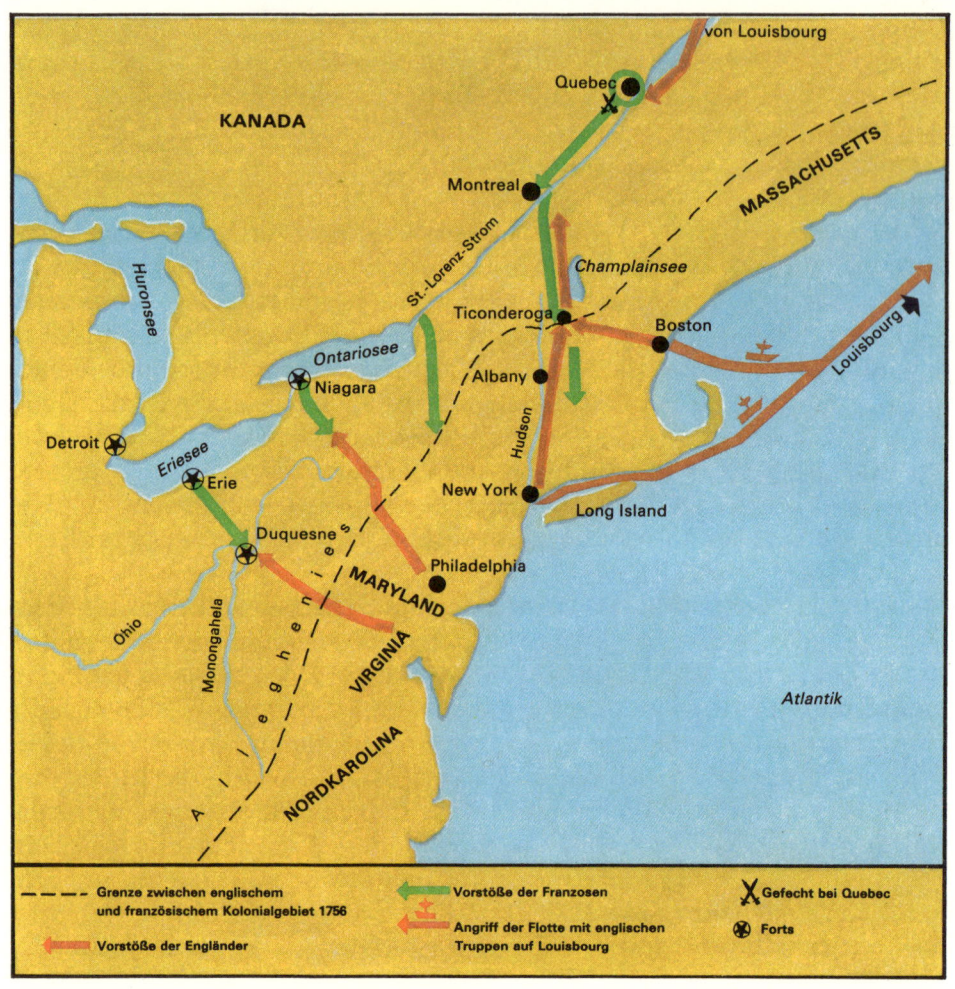

Kampfhandlungen in Nordamerika 1754 bis 1759

Im selben Jahr griffen 5000 amerikanische Milizsoldaten und 1500 „Rotröcke" Fort Duquesne an. Als die von General John Forbes (1710–1759) befehligte Streitmacht das Fort erreichte, hatten es die Franzosen bereits geräumt. Der Ort erhielt den Namen Fort Pitt, aus ihm erwuchs später die Stadt Pittsburgh.

1759 bahnte sich mit dem englischen Vorstoß gegen Kanada, das Herzstück des französischen Kolonialgebiets in Nordamerika, eine Entscheidung an. Von Süden her näherten sich englische Truppen entlang dem Hudson und über Fort Ticonderoga Kanada. Die Hauptgefahr für die französische Kolonialarmee stellte die englisch-amerikanische Streitmacht im Raum Louisbourg dar. Auf 49 Kriegs- und 119 Transportschiffen und -booten kamen knapp 9000 Mann englische Truppen und amerikanische Milizen den St.-Lorenz-Strom herauf. Sie standen unter dem Befehl des jungen, aber kampferprobten und fähigen Generals James Wolfe (1727–1759), der sich bereits bei der Belagerung von Louisbourg einen Namen erworben hatte. Sein Gegner war General Montcalm, der über etwa 16 000 Mann verfügte, darunter jedoch nur 5 Bataillone reguläre Infanterie, die Mehrzahl seiner Truppen bildeten kanadische Milizen. Die als Festung ausgebaute Stadt Quebec besaß genügend Artillerie, Munition und Vorräte, allerdings konnte Montcalm nicht auf Nachschub aus Frankreich hoffen; denn die Verbindungen zur Küste waren abgeschnitten.

General Wolfe landete Ende Juni 1759 mit seinen Truppen vor Quebec und ließ die Stadt beschießen. Aber die französische Stellung war so stark, daß die Engländer weder durch einige zögernd vorgetragene Angriffe noch durch das Artilleriebombardement ihrem Ziel näher kamen. Nach mehreren Wochen mahnte der englische Admiral, der die Flotte befehligte, General Wolfe, eine Entscheidung zu suchen, da der Sommer dem Ende entgegenging und im Oktober bereits Schnee und

Exerzierende Musketiere

Eis der Belagerung ein Ende setzen würden. Dann müßte der Rückzug angetreten werden.

Mitte September beschloß Wolfe, am linken Flußufer weiter vorzurücken, oberhalb von Quebec den St.-Lorenz-Strom zu überschreiten und von Westen her die Stadt anzugreifen. Er rechnete damit, den Feind zu überraschen; denn die Franzosen kannten das schwierige Gelände am Steilufer und erwarteten daher keinen Angriff aus dieser Richtung.

In der Nacht vom 12. zum 13. September 1759 überschritten 4500 Engländer ohne Artillerie den Fluß und kletterten zu den Abrahamhöhen westlich von Quebec empor. Schwache französische Sicherungsposten alarmierten General Montcalm, der unverzüglich einen Teil seiner Truppen auf die Höhen in Marsch setzte. Das eigentliche Gefecht am 13. September dauerte nur kurze Zeit und endete mit einem englischen Sieg. Die Franzosen verloren mehr als 1000 Mann an Toten und Verwundeten, die Engländer über 650, beide Generale wurden verwundet und starben am Tag nach dem Gefecht. Am 18. Septem-

Tod des Generals Wolfe (nach einem Gemälde von Benjamin West)

ber 1759 kapitulierte Quebec vor den Siegern, die Franzosen erhielten freien Abzug und rückten in Richtung auf Montreal ab.

Das Gefecht bei Quebec und die Einnahme der Stadt erschienen gegenüber den spektakulären Schlachten des Siebenjährigen Krieges, die in Europa geschlagen wurden – wie bei Prag (1757), Kolin (1757), Leuthen (1757), Kunersdorf (1759) und Torgau (1760) – bloß als eine Episode. Doch die politischen und militärischen Auswirkungen waren weitaus größer als die Aktion des 13. September 1759. Nur knapp 10 000 Soldaten standen sich insgesamt gegenüber, aber auf dem nordamerikanischen Kriegsschauplatz fiel eine Entscheidung, die Weichen für die Zukunft stellte. Von nun an herrschte hier England; überall erlitten die Franzosen Rückschläge, am 8. September 1760 kam Montreal in britische Hand. Nordamerika wurde englischer Kolonialbesitz – bis auf die Indianergebiete.

Im Frieden von Paris 1763, der den Krieg zwischen England und Frankreich beendete, behielt die englische Krone ganz Kanada und trat gleichzeitig das französische Erbe westlich der Alleghenies an. Hier aber entstanden in nur wenigen Jahren neue Konflikte mit den aufstrebenden Kolonialprovinzen, die 1775 zum Ausbruch des Amerikanischen Unabhängigkeitskriegs führten.

Der Kampf um Quebec zeigte die Kriegskunst der Söldnerheere des 18. Jahrhunderts noch einmal auf einem Höhepunkt. In offenem Gelände standen sich die dichtgeschlossenen Bataillone in mehrgliedriger Gefechtsordnung gegenüber und feuerten wie im Reglement vorgesehen Salve auf Salve ab. Solange beide Seiten gleichartige Truppen ins Feld schickten, konnten Führungsqualitäten der Befehlshaber, eine feste Disziplin der Soldaten sowie eine bessere Ausbildung der Söldner den Sieg bringen, der sehr oft mit hohen eigenen Opfern bezahlt wurde. Gerade auf dem nordamerikanischen Kriegsschauplatz aber kündigte der Einsatz von Milizen auf beiden Seiten neue Elemente der Militärorganisation, der Führung und der Taktik an. Die in aufgelöster Ordnung vorgehenden Schützen handhaben treffsicher ihre Gewehre, sie nutzten Deckungen aus, boten dem Salvenfeuer der Söldner keine Ziele und griffen den Gegner von allen Seiten an. Offiziere und Söldnertruppen hielten diese Kampfführung für „nicht kriegstauglich" und sahen darin höchstens einen Notbehelf der Milizen, die in ihren Augen keine „echten Soldaten" waren.

Es bedurfte der Erfahrungen des Amerikanischen Unabhängigkeitskriegs und namentlich der französischen Revolutionskriege seit 1792, damit sich die neuen Prinzipien der Kriegführung – nun unter bürgerlichen Verhältnissen – in der Praxis durchsetzten.

Das alte Preußen zerbricht

Jena — Auerstedt 1806

Die Doppelschlacht bei Jena und Auerstedt am 14. Oktober 1806 zeigte den Zusammenbruch des altpreußischen Militärstaats an. 17 Jahre zuvor hatten der Sturm auf die Bastille und der Beginn revolutionärer Umwälzungen in Frankreich eine Wende in der europäischen Geschichte eingeleitet. Die Französische Revolution von 1789 zertrümmerte nicht nur die feudale Herrschaft in Frankreich selbst, sondern sie hatte auch weitreichende Auswirkungen auf europäische und überseeische Länder sowie auf das Militärwesen und die Kriegführung. In den Kriegen, die seit 1792 Europa erschütterten, stieg das bürgerliche Frankreich zur Großmacht des Kontinents auf. Die französischen Streitkräfte, die ihre Kraftquellen in den von feudaler Ausbeutung und Knechtschaft befreiten Bauern und Bürgern fanden, schlugen die Armeen der konterrevolutionären Mächte und stießen in die Nachbarländer vor.

Preußen, das 1792 mit anderen Staaten in den Krieg gegen die französische Republik eingetreten war, schied im Frieden zu Basel 1795 erschöpft aus der konterrevolutionären Koalition aus, beteiligte sich aber in der Folgezeit an dem Schacher zwischen Napoleon I. Bonaparte und deutschen Monarchen um Gebiete östlich des Rheins. Dieses Feilschen um Land und das Buhlen um die Gunst fremder Herrscher führten dazu, daß es sein politisches Ansehen verlor und keinen zuverlässigen Verbündeten für einen zu erwartenden Krieg gegen das immer stärker werdende Frankreich fand.

Die preußische Krone überschätzte maßlos die eigene Stärke und hielt ihre Streitmacht — ungeachtet der Mißerfolge im Krieg 1792 bis 1795 gegen Frankreich — für unbesiegbar. Sehr treffend läßt der Schriftsteller Theodor Fontane (1819–1898) in seiner Novelle „Schach von Wuthenow" (1883) den Militärtheoretiker Adam Heinrich Dietrich Freiherr von Bülow (1757–1807) folgende drei „Hauptstücke" der preußischen Armee verkünden:

„… erstes Hauptstück: ‚Die Welt ruht nicht sicherer auf den Schultern des Atlas als der preußische Staat auf den Schultern der preußischen Armee', zweites Hauptstück: ‚Der preußische Infanterieangriff ist unwiderstehlich', und drittens und letztens: ‚Eine Schlacht ist nie verloren, solange das Regiment Garde du Corps nicht angegriffen hat'."*

Hinter einer äußerlich glänzenden Fassade verbargen sich Hohlheit und Verfall. Die preußischen Truppen fochten noch in der veralteten Lineartaktik, ihre Versorgung erfolgte aus Magazinen im Hinterland. Die langsam vorankommenden Transportkolonnen legten den Bewegungen des Heeres Fesseln an. Außerdem bestand dauernd die Gefahr der Fahnenflucht; denn die meisten Soldaten dieser Armee waren zwangsrekrutierte Männer, die jede Möglichkeit ausnutzten, sich dem verhaßten Dienst zu entziehen. Bei einem Zusammenstoß mit der modernen bürgerlichen Armee Frankreichs mußten alle Schwächen zutage treten. Scharfsinnige preußische Offiziere wie Gerhard von Scharnhorst (1755–1813) und Neidhardt von Gneisenau (1760–1831) sahen dies bereits vor 1806 und drängten auf Reformen, aber ihre Bemühungen scheiterten am Widerstand verknöcherter Generale und einflußreicher Hofkreise. Carl von Clausewitz schrieb nach dem Krieg rückblickend auf die altpreußische Armee vor der Schlacht bei Jena: „Die Waffe des Soldaten wurde immer blank erhalten, die Gewehrläufe mit dem Ladestock fleißig poliert, die Schäfte alljährlich gefirnißt, aber die Gewehre waren die schlechtesten in Europa. Der Soldat war niemals im Rückstand mit Sold oder Kleidung, aber der Sold reichte nicht hin, den Hunger zu stillen, die Kleidung deckte nicht seine Blöße. Es gehört natürlich eine sehr große Kunst dazu, seine Kriegsmacht über alle gewöhnlichen, von den Kräften des Staates abhängenden Verhältnisse hinauszutreiben und sie, mitten im Frieden, ein halbes Jahrhundert lang auf diesem Fuß tüchtig und brauchbar zu erhalten. Ein bloßes Einhalten scharf bestimmter Etats, ein unaufhörliches Knausern und Ersparen im Detail sind dazu nicht hinreichend."**

Als sich 1806 die Spannungen zwischen Preußen und Frankreich verstärkten und König Friedrich Wilhelm III. (1770–1840) die Mobilmachung anordnete, kamen all diese und zahlreiche andere Mängel in

---

* Fontanes Werke in fünf Bänden, 2. Bd., Aufbau-Verlag, Berlin und Weimar 1964, S. 26
** Carl von Clausewitz, Nachrichten über Preußen in seiner großen Katastrophe, in: Ausgewählte militärische Schriften, Militärverlag der Deutschen Demokratischen Republik, Berlin 1982, S. 84

der Verwaltung, Führung, Ausrüstung und Ausbildung der Truppen zum Vorschein. Krone und Junker aber hofften auf einen schnellen Sieg, obwohl die bisherigen Feldzüge Napoleons für einen solchen Optimismus keinen Grund boten.

Die nach neuen Prinzipien gegliederte und geführte französische Armee hatte bis dahin eine Reihe glänzender Siege errungen, zuletzt am 2. Dezember 1805 in der sogenannten Dreikaiserschlacht bei Austerlitz gegen die vereinigte österreichisch-russische Armee. Der Staat der Habsburger war aus der antifranzösischen Koalition ausgeschieden, die russischen Truppen zogen sich nach Osten zurück. Als im Herbst 1806 Preußen dem sieggewohnten französischen Heer entgegentrat, standen nur das Kurfürstentum Sachsen und die beiden Kleinstaaten Sachsen–Weimar–Eisenach und Braunschweig an seiner Seite. Schwerfällig vollzog sich in Thüringen Anfang Oktober der Aufmarsch der verbündeten preußisch-sächsischen Armee.

Zu dieser Zeit bestand folgende militärische Lage. Napoleon hatte im Sommer seine Truppen im Raum Bayreuth–Bamberg zusammengezogen. Die 8 französischen Korps, geführt von kampfbewährten Marschällen und Generalen wie Jean Lannes (1769–1809), Nicolas-Jean Soult (1769–1851), Michel Ney (1769–1815), Pierre François Charles Augereau (1757–1816) und anderen in den Kriegen seit 1792 aufgestiegenen Militärs, zählten insgesamt über 173000 Mann mit 250 Geschützen. Sie marschierten Anfang Oktober auf drei Straßen über den Frankenwald nach Norden mit dem Ziel, entlang der Saale bis in den Raum Halle – Leipzig zu gelangen und von dort über die Elbe auf Berlin vorzustoßen. Auf diesem Weg würde die französische Armee das preußisch-sächsische Heer treffen und schlagen.

Das preußische Oberkommando mit Karl Wilhelm Ferdinand Herzog von Braunschweig (1735–1806) an der Spitze, begleitet vom König und von der Königin Luise (1776–1810), hatte drei unterschiedlich starke Armeen gebildet: die Hauptarmee mit etwa 58000 Mann im Raum Erfurt, westlich davon bei Eisenach eine 22000 Mann zählende Armee unter General Ernst Friedrich Wilhelm von Rüchel (1754–1823) und zwischen Ilm und Gera die etwa 46500 Mann starke preußisch-sächsische Armee unter Friedrich Ludwig Fürst von Hohenlohe-Ingelfingen (1746–1818). Bei Schleiz und Saalfeld befanden sich Vorhuten von 7000 beziehungsweise 10000 Mann. Das verbündete preußisch-sächsische Heer stand auf einer 120 Kilometer langen Linie durch das mittlere Thüringen, es war dem heranrückenden Gegner etwa gleich an Zahl, da Napoleon Truppenkontingente in den fränkischen Städten und an wichtigen strategischen Punkten Oberfrankens und Südthüringens zurücklassen mußte. Jedoch marschierten die Franzosen in einem Tempo, mit dem die preußisch-sächsische Führung nicht rechnete. In den Gefechten bei Schleiz am 9. Oktober und bei Saalfeld einen Tag später – hier fiel der preußische Prinz Louis Ferdi-

Schlacht bei Jena–Auerstedt

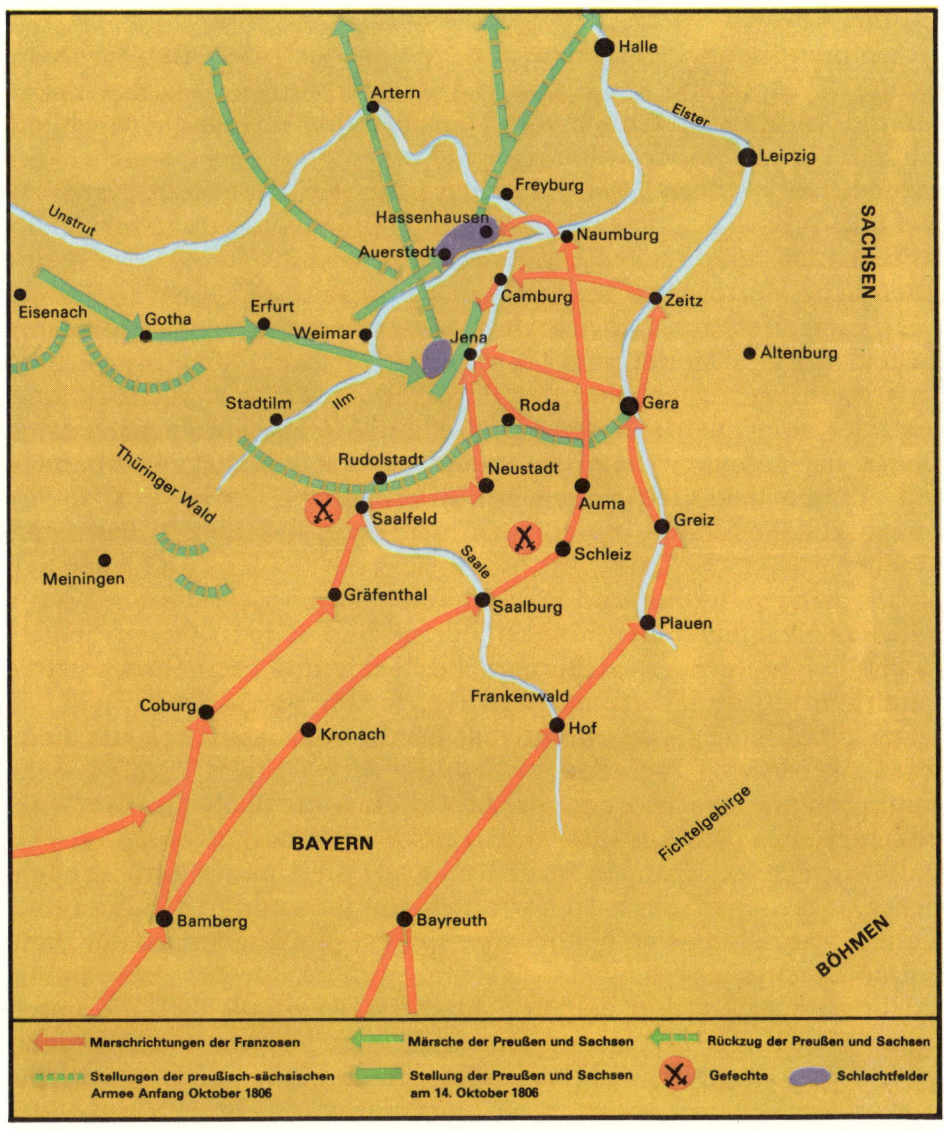

nand (1772–1806) – zeigte sich bereits deutlich die militärische Überlegenheit der Franzosen. Napoleon erkannte sehr bald die Aufstellung der Preußen westlich der Saale und gab in den frühen Morgenstunden des 12. Oktober in Auma den Befehl zur Linksschwenkung seiner Korps in der allgemeinen Richtung auf Weimar – Erfurt und Apolda. In einem Gewaltmarsch hatten inzwischen französische Truppen unter Marschall Louis-Nicolas Davout (1770–1823) Naumburg erreicht. Damit waren die rückwärtigen Verbindungen der Preußen und Sachsen bedroht.

Das preußische Oberkommando verhielt sich defensiv, es nahm zwar die Hauptkräfte von Erfurt und Weimar zurück, ließ aber ansonsten die Truppen in ermüdenden Märschen umherziehen und schließlich am 11./12. Oktober ein Lager auf einer Hochfläche westlich des Saaletals bei Jena errichten. Zwischen Issersstedt, Hohlstedt, Kapellendorf und Vierzehnheiligen lagerten die Preußen, eine Plage für die betroffenen Dörfer, da sich die Militärverwaltung als unfähig erwies, eine ordentliche Versorgung der Soldaten zu organisieren.

Die eintreffenden Nachrichten von den Niederlagen bei Schleiz und Saalfeld demoralisierten die Truppen, es kam zu Plünderungen und Ausschreitungen gegenüber der Bevölkerung. Die zwangsausgehobenen oder zum Dienst in der preußischen Armee gepreßten Soldaten fühlten sich kaum mit dem Staat Preußen und seinem König verbunden und nutzten jede Gelegenheit zur Fahnenflucht, Prügel und andere unmenschliche Strafen trugen auch nicht dazu bei, dem Militärdienst Ansehen zu verschaffen. Diese Streitmacht traf bei Jena und Auerstedt auf die kampferprobte und disziplinierte französische Armee, deren Soldaten gleichfalls ausgehobene Bürger und Bauern waren, jedoch durch die Revolution staatsbürgerliche Rechte und Freiheiten erhalten hatten und für diese Errungenschaften, für ihr Vaterland stritten.

Der preußische Oberbefehlshaber erfuhr vom Anmarsch der Franzosen aus östlicher Richtung und sah die rückwärtigen Verbindungen seiner Hauptarmee bedroht. In dieser Situation blieb nur die Wahl zwischen einer Schlacht und dem Rückmarsch nach Norden, er entschloß sich, seine Truppen in Richtung auf die Unstrut zurückzunehmen. Das unsichere Verharren westlich von Jena und der Rückzug aus Weimar waren praktisch bereits eine strategische Niederlage der Preußen und Sachsen.

Schon im Ansatz der beiden Schlachten offenbarte sich die unterschiedliche Taktik der Heere: Die Franzosen planten Angriffe unter Ausnutzung des Berg-Wald-Geländes, das der Infanterie vorzügliche Deckungen bot und zugleich ein vom Gegner nicht einzusehendes

Vorgehen erlaubte, die Preußen und Sachsen hingegen behielten die überholte Lineartaktik bei. Sie formierten sich in offenem Gelände zu langen Linien, die das Feuergefecht führen sollten, selbst aber ungeschützt dem gegnerischen Artillerie- und Infanteriebeschuß ausgesetzt waren. Die preußischen Generale kamen gar nicht auf den Gedanken, die bewaldeten Hänge und Täler für die Verteidigung zu nutzen, sie blieben auf der offenen Hochebene stehen.

Am 13. Oktober gelang es einer Vorhut der Truppen von Marschall Lannes, den Aufgang zum Landgrafenberg nördlich von Jena zu gewinnen und auf der Hochebene Fuß zu fassen. Napoleon erblickte am Abend die Lagerfeuer der Preußen und Sachsen und wähnte die ganze verbündete Hauptarmee vor sich. Er gab Order, sofort die anderen

Preußische und französische Taktik um 1806

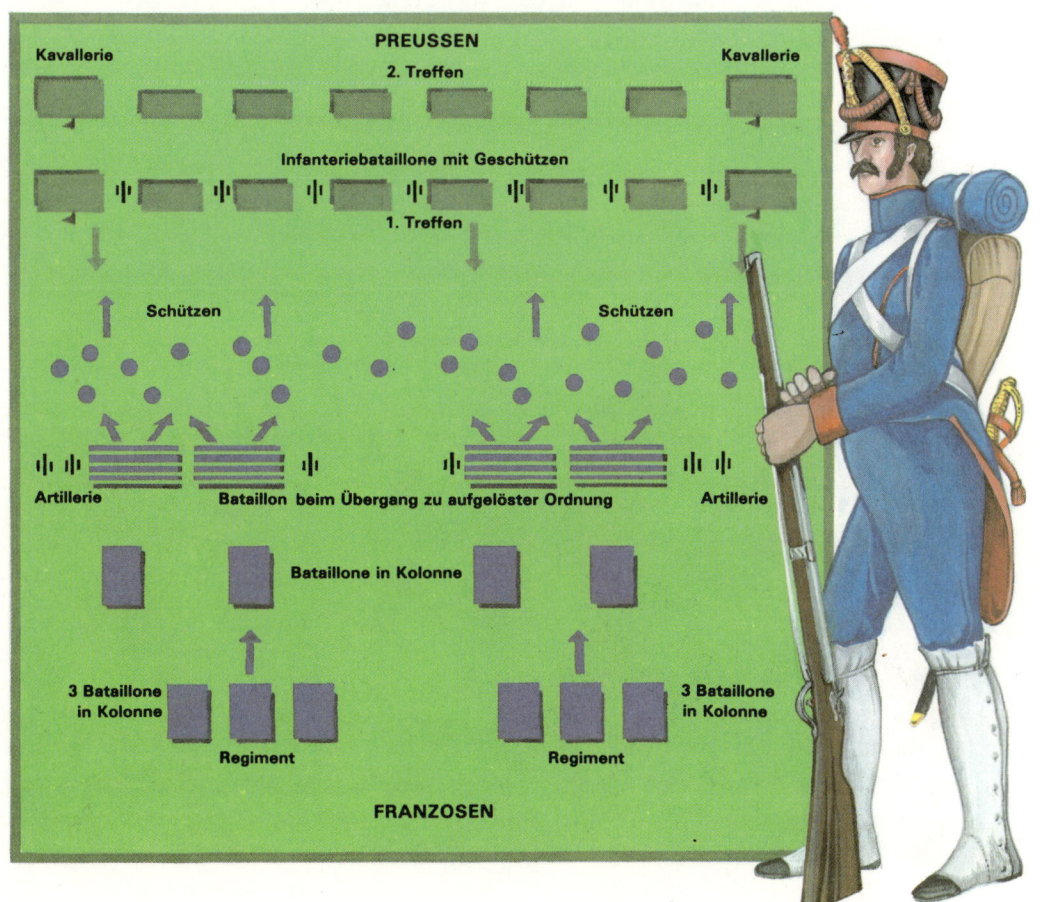

französischen Korps – bis auf die Truppen bei Naumburg, die in westlicher Richtung auf Auerstedt/Eckartsberga marschierten – heranzuziehen. Persönlich kümmerte er sich um den schwierigen Transport der Geschütze durch den Talweg Am Steiger auf die Höhe. Der preußische Generalmajor Bogislaw Friedrich Emanuel Graf von Tauentzien (1760–1824), der einen Teil der Truppen auf der Hochebene befehligte, erzielte zwar einige Erfolge gegen die heraufsteigenden Franzosen, aber diese hielten sich auf der Höhe. Von hier aus konnte der französische Kaiser am Morgen des 14. Oktober, als der Nebel sich hob, seine Anordnungen für die Schlacht geben.

Die Truppen von Marschall Lannes griffen zügig an und fesselten die gegnerischen Kräfte, bis Ney und Augereau mit ihren Korps herangekommen waren. Besonders heftige Kämpfe entbrannten um das Dorf Vierzehnheiligen, das lange von den Preußen verteidigt, dann von den Franzosen genommen und gegen wiederholte preußische Infanterie- und Kavallerieangriffe gehalten wurde.

Napoleon und seine Garde (kolorierte Lithographie – Gedenkstätte 1806 in Cospeda bei Jena)

Angriff der Franzosen (Aquatinta nach einer Zeichnung von Johann Lorenz Rugendas
– Gedenkstätte 1806 in Cospeda bei Jena)

Vergebens hoffte der Fürst von Hohenlohe-Ingelfingen auf das baldige Eintreffen der Truppen General Rüchels. Mehr und mehr veränderte sich in den Vormittagsstunden das Kräfteverhältnis zugunsten der Franzosen, den 38000 Preußen und Sachsen standen schließlich 45000 bis 48000 französische Soldaten gegenüber. Fürst Hohenlohe befahl nun, ein hinhaltendes Feuergefecht zu führen, aber das erwies sich als grundfalsch. Die ausgedehnten Infanterielinien der Preußen und Sachsen standen weithin sichtbar und erlitten große Verluste.

Mittags hatte Napoleon alle Kräfte zusammen, so daß er den Generalangriff mit mehreren Infanteriekolonnen eröffnen konnte. Damit fiel die Entscheidung in der Schlacht. Der Rückzug der Preußen begann, zuerst auf dem linken Flügel nordwestlich von Jena, auf dem rechten Flügel hielten einige sächsische Bataillone noch länger stand. Ein sächsisches Grenadierbataillon formierte ein Karree und ging in geschlossener Ordnung zurück.

Gegen Mittag traf endlich General Rüchel mit etwa 12000 Mann am westlichen Rand des Schlachtfelds bei Kapellendorf ein. Er sah die

Verwirrung und Panik. Statt jedoch die zurückweichenden preußischen Truppen aufzuhalten und eine Verteidigung zu organisieren, befahl er den Angriff und wurde von den heranstürmenden Franzosen gleich mit geschlagen. Eine wilde Flucht setzte ein, in der sich schließlich jede Ordnung auflöste.

In den Stunden, da bei Vierzehnheiligen und Kapellendorf die Schlacht tobte, errang bei Auerstedt Marschall Davout einen glänzenden Sieg über die zurückmarschierende preußische Hauptarmee. 25 000 bis 28 000 Franzosen schlugen fast 50 000 Preußen. In den Kämpfen um die Dörfer Auerstedt und Hassenhausen zeigte sich erneut die Überlegenheit der französischen Taktik und Führung. Franz Mehring beschreibt den Schlachtverlauf:

„Elender fast noch kämpfte und unterlag an demselben Tage das preußische Hauptheer bei Auerstedt ...

An der Lust anzugreifen fehlte es hier den Preußen nicht. Da der Herzog von Weimar mit der Vorhut des Hauptheeres sich noch immer irgendwo im Thüringer Wald herumtrieb, hatte man Blücher vom Rüchelschen Heerhaufen kommen lassen, um eine neue Vorhut zu bilden. Doch brachte er in der herrschenden Unordnung nicht mehr als sechs Schwadronen und eine reitende Batterie zusammen, womit er den Feind hindern sollte, das Dorf Hassenhausen zu besetzen. Er säuberte den Ort auch von feindlichen Reitern, stieß aber jenseits auf eine Infanterielinie, die er im Nebel für eine Hecke gehalten hatte, und wurde von ihr mit einem verheerenden Feuer empfangen, so daß er seine Batterie im Stiche lassen mußte, während seine Schwadronen in wilder Flucht von dannen stoben. Die Franzosen besetzten nun Hassenhausen, und im Ringen um das Dorf entwickelten sich die Dinge ganz ähnlich wie bei Jena im Ringen um Vierzehnheiligen. Die lange Linie der preußischen Schlachtordnung erwies sich völlig unfähig, gegen die Tirailleurtaktik der Franzosen etwas auszurichten ...

Sobald dann Davout sich anschickte, die schon erschütterte Schlachtlinie der Preußen zu umklammern, blieb nur der Rückzug übrig. Als einer der letzten verließ Scharnhorst das Schlachtfeld, zu Fuß, wie ein gemeiner Musketier, denn sein Pferd war ihm erschossen worden, aus einer Wunde blutend, deren Schmerzen er nicht empfand: So brannte ihm das Herz vor Scham und rasendem Zorn."*

Der Niederlage in Thüringen schlossen sich die feige Kapitulation der meisten preußischen Festungen und der fluchtartige Rückzug der Reste der geschlagenen Truppen nach den östlichen Provinzen an. Am

* Franz Mehring, Gesammelte Schriften, Bd. 6, Dietz Verlag, Berlin 1972, S. 119 f.

27. Oktober 1806 zogen die Franzosen in Berlin ein, am 28. Oktober streckten rund 10000 Mann der alten Hauptarmee bei Prenzlau die Waffen. Der preußische König und seine Familie flohen bis Memel (Klaipeda), die Berliner spotteten: „Unser Dämel sitzt in Memel!"

Napoleon erreichte mit dem Sieg über Preußen, niedergeschrieben im Frieden zu Tilsit am 7. Juli 1807, den Gipfel seines Ruhmes als Feldherr.

Die Schlachten bei Jena und Auerstedt kosteten nach unterschiedlichen Angaben in der Literatur die verbündeten Preußen und Sachsen über 22000 Tote, Verwundete und Vermißte, die Franzosen etwa 14000 bis 15000. Groß waren die Verluste und Schäden in den von den Kämpfen unmittelbar betroffenen Städten und Dörfern Thüringens.

Über das militärische Fiasko hinaus hatte die Niederlage im Krieg 1806/07 eine weitreichende politische Auswirkung. Jena – Auerstedt wurde zum Symbol für den Zusammenbruch eines historisch überlebten Gesellschaftssystems und seiner veralteten Armee. Die Fäulnis des feudalabsolutistischen preußischen Staates offenbarte sich vor aller Augen. Die militärische Katastrophe und der Frieden zu Tilsit 1807 bedeuteten das Ende einer Epoche preußischer Geschichte, aber diese Ereignisse brachen zugleich neuen Erkenntnissen Bahn und öffneten den Weg in die bürgerliche Zeit. Die feudalabsolutistische Herrschaft hatte sich historisch endgültig überlebt, jetzt standen bürgerliche Reformen des preußischen Staates und seiner Armee auf der Tagesordnung.

Eine Gruppe patriotisch gesinnter Offiziere, Beamter und Vertreter der Intelligenz ging daran, diese Veränderungen des Staatssystems, der Wirtschaft, der Lage der Volksmassen und nicht zuletzt des Militärwesens einzuleiten. Wollte Preußen die Unabhängigkeit zurückgewinnen, so mußte es seine Armee im Sinn des bürgerlichen Fortschritts umgestalten. Die Militärreform nach 1807 – ein Teil der staatlichen Reformmaßnahmen – legte einen Grundstein für den späteren Sieg im nationalen Unabhängigkeitskrieg 1813/14.

„Ich wollte, es wäre Nacht oder die Preußen kämen!"

Waterloo 1815

Bei Waterloo fand die letzte große Schlacht in den europäischen Befreiungskriegen gegen die Herrschaft Napoleon I. Bonapartes statt.

Seit der Doppelschlacht bei Jena – Auerstedt am 14. Oktober 1806 war ein knappes, aber ereignisreiches Jahrzehnt vergangen. Um den Siegeszug der französischen Heere, den Aufstieg und Fall des Kaisers Napoleon zu verstehen, ist ein Blick auf die Wandlungen im Militärwesen und in der Kriegführung der europäischen Mächte seit dem Beginn der Revolutionskriege 1792 notwendig.

Das bürgerliche Militärwesen, geboren in der Französischen Revolution von 1789 und weiter ausgeformt unter dem Schild des Kaisers der Franzosen, hatte seine Überlegenheit über das alte feudalabsolutistische Militärsystem in zahlreichen Feldzügen und Schlachten bewiesen. Preußen, Österreich und andere Länder führten zu Beginn des 19. Jahrhunderts Militärreformen durch. An die Stelle des Söldnerheers trat nunmehr eine Armee, die sich aus dienstpflichtigen Landeseinwohnern rekrutierte, nach modernen Grundsätzen ausgebildet und geführt wurde und nicht wenige Erfahrungen aus den Kriegen seit 1792 nutzte. Vor allem die Kämpfe in Spanien 1808 bis 1814 und der Vaterländische Krieg Rußlands 1812 hatten die militärische Kraft der Volksmassen offenbart und gezeigt, daß eine Kriegsentscheidung nicht allein von den Schlachten des stehenden Heeres abhing.

Den Reformen und dem Volkskampf verdankten die Mächte der antifranzösischen Koalition maßgeblich ihre Siege 1813/14. Am 6. April 1814 mußte Napoleon abdanken, er wurde Fürst der kleinen Insel Elba vor der italienischen Küste. Den Thron bestieg Ludwig XVIII. (1755–1824), dessen Adelsclique durch konterrevolutionären Terror alle Errungenschaften der Revolution beseitigen wollte. Der Wiener

156

Kongreß 1814/15 sollte die neuen Machtverhältnisse in Europa besiegeln. Die Völker hatten die Hauptlast im Ringen um Unabhängigkeit und Freiheit von Fremdherrschaft getragen, sie wurden von den herrschenden Dynastien um die Ergebnisse ihrer Anstrengungen betrogen.

Napoleon beobachtete von Elba aus aufmerksam die politischen Ränke und Machtkämpfe und rechnete sich Chancen für eine Wiederkehr an die Spitze Frankreichs aus. Ein nicht unbeträchtlicher Teil der alten napoleonischen Armee stand zwar nun im Dienst der Krone, aber viele Soldaten und Offiziere waren höchst unzufrieden mit der neuen Lage und hofften insgeheim auf die Rückkehr des Kaisers. Sie hingen an ihm und waren bereit, ihm zu dienen.

Am 1. März 1815 landete Napoleon überraschend bei Cannes an der französischen Mittelmeerküste, am 20. März zog er in Paris ein. Ludwig XVIII. und seine Anhänger flohen, viele Truppen liefen zu dem Korsen über. Aber der Triumph war nur kurz. Großbritannien, Preußen, Rußland, Österreich und die anderen Staaten, die 1813/14 gegen Frankreich gestritten hatten, ließen keinen Zweifel daran, daß sie Krieg gegen das „Ungeheuer" auf Frankreichs Thron führen würden. Sie machten die Truppen wieder mobil und trafen Vorkehrungen für einen neuen Feldzug. Auch Napoleon erkannte die bedrohliche Lage und glaubte, durch einen schnellen Vormarsch seiner Armee eine Entscheidung gegen die getrennt stehenden Heere der Gegner zu erreichen. Die von ihm eingeleiteten Mobilisierungen brachten jedoch nicht den erhofften Erfolg, die Volksmassen Frankreichs waren nach mehr als zwei Jahrzehnten Krieg erschöpft. Der Kaiser hatte Ende Mai/Anfang Juni 1815 statt der geplanten 800000 nur 500000 Mann unter Waffen, von denen lediglich etwa 230000 einsatzbereit waren – viel zuwenig gegenüber den Heeren der Verbündeten.

Die Verbündeten waren an Zahl erheblich stärker. Ihr Kräfteschwerpunkt lag bei den Armeen Arthur Wellesley Herzog von Wellingtons (1769–1852) und Gebhard Leberecht von Blüchers (1742–1819) an der Nordgrenze Frankreichs. Beide Heerführer wollten so schnell wie möglich die Initiative ergreifen und in Richtung Paris vorstoßen, aber die Regierungen lehnten ein frühes Vorgehen ab. Sie gedachten die Offensive erst zu eröffnen, wenn alle verbündeten Truppen voll kriegsbereit waren. Eine solche Haltung begünstigte Napoleon, der seinerseits den Hauptstoß gegen die für ihn gefährlichste gegnerische Streitmacht in Belgien richtete. Er wollte zunächst die Preußen schlagen und sich dann gegen die englisch-niederländisch-deutsche Armee Wellingtons wenden. Die andere Möglichkeit, defensiv zu bleiben und die Angriffe der Verbündeten abzuwehren, schloß er aus. Die geringe

Kräfteverhältnis zwischen den Truppen Napoleons und den Truppen der Verbündeten Anfang Juni 1815

Truppen	Stärke	Raum
Franzosen		
Nordarmee	124 000	belgische Grenze
Rheinarmee	23 000	Oberrhein
Juraarmee	9 000	Belfort
Alpenarmee	23 000	Lyon
Vararmee	6 000	Marseille
Westarmee	10 000	Westfrankreich
Pyrenäenarmee	14 000	spanische Grenze
Festungstruppen	12 000	
Verbündete		
Englisch-niederländische Armee	93 000	Brüssel
Preußische Armee	113 000	Lüttich – Namur
Norddeutsches Bundeskorps	27 000	Trier
Oberrheinarmee (Österreicher)	205 000	Mannheim – Oberrhein
Russische Armee	168 000	im Anmarsch zum Rhein
Preußische Garde	8 Regimenter	im Anmarsch zum Rhein
Armee in Italien	85 000	Oberitalien

Zahl seiner Truppen und die Zeitnot verboten die Verteidigung; denn mit dem Eintreffen der Österreicher und Russen an der Ostgrenze Frankreichs mußte sich das Kräfteverhältnis noch mehr zu seinen Ungunsten verändern.

Die Kampftüchtigkeit der verbündeten Heere war unterschiedlich. Der Herzog von Wellington befehligte lang dienende Söldnertruppen, die auf dem spanischen Kriegsschauplatz 1808 bis 1814 gefochten hatten. Das galt auch für die niederländischen Söldner, während die hannoverischen, nassauischen und anderen deutschen Kontingente der Armee Wellingtons zu einem großen Teil aus kurz ausgebildeten jungen Landwehrsoldaten bestanden, die keine oder nur wenig Kriegserfahrung besaßen. Die preußische Armee in Belgien gliederte sich in Landwehrregimenter mit geringerer Praxis und in bewährte Linientruppenteile, das heißt Infanterie- und Kavallerieformationen mit aus-

Arthur Wellesley Herzog von Wellington

gebildeten und kampferfahrenen Dienstpflichtigen. 1814 war in Preußen die allgemeine Wehrpflicht eingeführt worden.

Napoleons Armee rekrutierte sich aus Angehörigen der alten königlichen Armee, Freiwilligen, zurückgekehrten Kriegsgefangenen und ausgehobenen Dienstpflichtigen, ihren Kern bildeten die Truppen der berühmten Alten Garde. Eine Reihe von Generalen und Marschällen schloß sich dem Korsen an, darunter Marschall Michel Ney, dem der Ruf des „Tapfersten der Tapferen" vorausging.

Am 14. Juni überschritten die Franzosen die Nordgrenze. Die preußischen Truppen räumten Charleroi und sammelten sich bei Ligny, um hier Napoleon aufzuhalten; von Wellington, der bei dem kleinen Ort Quatre-Bras stand, erwartete man Unterstützung. Mit 78000 Mann und 248 Geschützen griff der Kaiser die preußische Armee, die 82000 Mann und 216 Geschütze zählte, im Raum Ligny an. Die wechselvollen Kämpfe am 16. Juni endeten mit einem französischen Erfolg, die Sieger verloren 10000 Tote und Verwundete, die Preußen fast 20000.

Die Niederlage der Preußen war für Napoleon nur ein halber Sieg. General Neidhardt von Gneisenau, der während einer kurzzeitigen Abwesenheit Blüchers am Abend des 16. Juni das Kommando führte, ordnete den Rückzug an – jedoch nicht nach Osten zum Rhein, sondern nach Norden, auf Wavre zu. Das war ein außergewöhnlicher Schritt; denn nach den zeitgenössischen strategischen Auffassungen mußte der Rückzug in Richtung auf die Ausgangsstellungen und -räume erfolgen, in diesem Fall also nach Osten zum Rhein. Der Oberbefehls-

Feldkanone zur Zeit der Befreiungskriege

haber Blücher billigte Gneisenaus kühnen Entschluß. Das geschlagene Heer ging in die Nähe der englisch-niederländisch-deutschen Armee des Herzogs von Wellington zurück. Der Abmarsch war ein risikovolles Manöver, das in der Folgezeit von Feldherren und Militärtheoretikern wiederholt studiert wurde. Friedrich Engels würdigte in seinen militärischen Studien diese Leistung, am 22. September 1857 schrieb er dazu in einem Brief an seinen Freund Karl Marx: „1815 ist der Marsch nach Waterloo, nach der Schlacht von Ligny, Bl(ücher) sehr hoch anzurechnen; er steht fast einzig da, und kein General als Blücher hätte seine Soldaten zu solchen Efforts [Anstrengungen – H.S.] gebracht."*

An jenem 16. Juni hatte Marschall Ney mit 40000 Mann Quatre-Bras angegriffen und vorübergehend diesen strategisch wichtigen Punkt eingenommen. Aber wenige Stunden später gewannen die verbündeten Truppen den Ort zurück. Als Herzog Wellington von der Niederlage bei Ligny erfuhr, ordnete er den Rückzug seiner Truppen etwa 15 Kilometer weit nach Norden bis auf die Höhen vor dem Dorf Mont-Saint-Jean an, von hier aus waren es noch knapp 20 Kilometer bis Brüssel. Etwa 5 Kilometer vom Dorf entfernt lag an der Straße nach Brüssel der Ort Waterloo. An Feldmarschall Blücher ging eine Nachricht, daß die Engländer hier eine Schlacht schlagen würden, wenn die Preußen rechtzeitig herankämen.

Am Morgen des 17. Juni beschloß Napoleon, den Hauptangriff gegen die Armee des Herzogs von Wellington zu führen. Die Verfolgung der zurückgehenden Preußen übertrug er Marschall Emmanuel von Grouchy (1766 – 1847), der eine Streitmacht von etwa 33000 Mann mit 96 Geschützen befehligte. Grouchy sollte weiterhin Fühlung mit den Preußen behalten und verhindern, daß sich diese mit der englischen Armee vereinigten. Der Kaiser befahl gleichzeitig Marschall Ney, unverzüglich den Engländern zu folgen, er selber rückte am 17. Juni mit den Hauptkräften auf Mont-Saint-Jean zu und bezog 3 Kilometer südlich des Ortes eine etwa 5 bis 6 Kilometer lange Stellung. Vor dem linken Flügel befand sich das befestigte Schloß Hougoumont, das Zentrum stand beiderseits des Gasthofs Belle-Alliance, der rechte Flügel erstreckte sich bis zu den Gehöften Papelotte, La Haye und Schloß Frichermont. In der Nähe des Pachthofs Rossomme hatte der Kaiser sein Quartier aufgeschlagen, dort lagerte auch die Garde. Etwa 1000 bis 1500 Meter nördlich der Franzosen stand die Armee des Herzogs von Wellington. Er verfügte über 69000 Mann und 184 Geschütze, 17000 Mann deckten den weit nach Westen vorgeschobenen

---

* Karl Marx/Friedrich Engels, Werke, Bd. 29, Dietz Verlag, S. 186

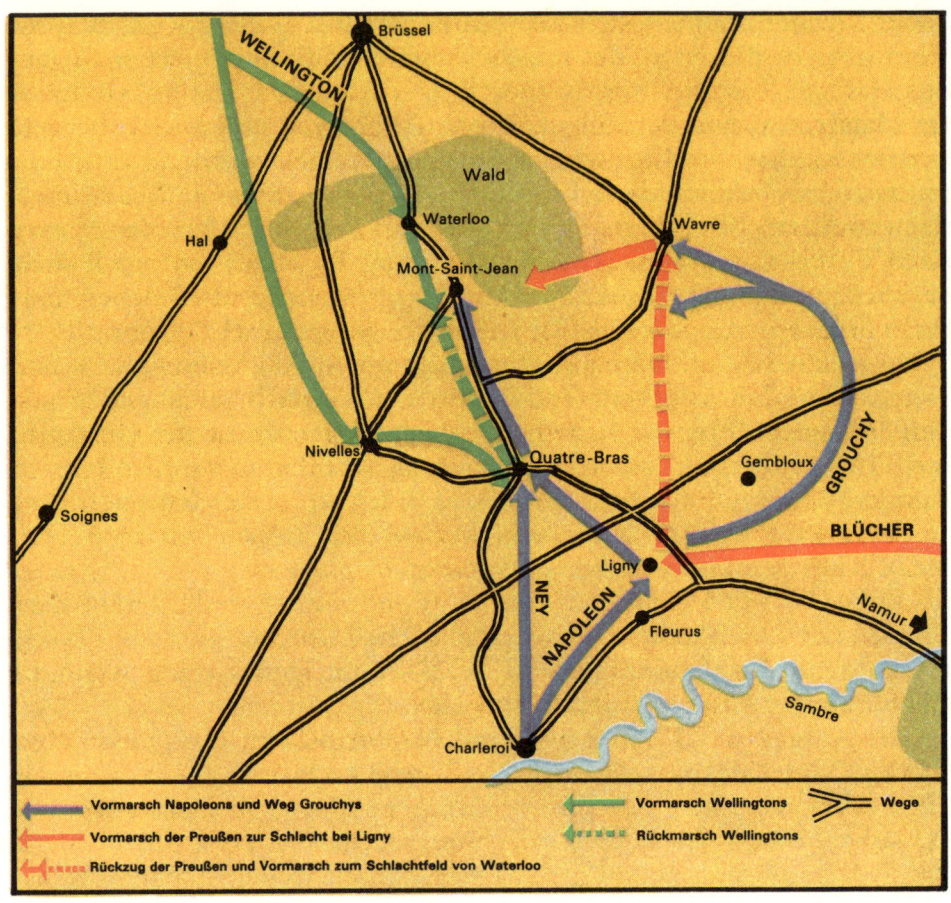

Vormarsch Napoleons und Weg Grouchys — Vormarsch Wellingtons — Wege
Vormarsch der Preußen zur Schlacht bei Ligny — Rückmarsch Wellingtons
Rückzug der Preußen und Vormarsch zum Schlachtfeld von Waterloo

Aufmarsch zur Schlacht bei Waterloo

rechten Flügel der Verbündeten. Napoleons Armee war mit 72 000 bis
73 000 Mann an Zahl unterlegen, aber der Kaiser konnte 254 Geschütze einsetzen. Beide Feldherren rechneten auf das Eintreffen der
an der Schlacht bei Ligny beteiligten Truppen. Aber Grouchy hatte die
Fühlung mit den Preußen verloren, der französische Marschall hörte
zwar am 18. Juni den Kanonendonner der Schlacht, hielt sich jedoch
strikt an den kaiserlichen Befehl und suchte Blücher im Osten, während dieser längst schon in westlicher Richtung zum Schlachtfeld marschierte.

Tagelang hatte es geregnet, die Wege waren schwer passierbar. Sowohl die verbündeten als auch die französischen Truppen verbrachten

die Nacht vom 17. zum 18. Juni durchnäßt auf freiem Feld. Erst am Vormittag des 18. Juni durchbrach die Sonne schüchtern den Regendunst. Nur langsam trocknete der Boden. Nach 9 Uhr ritt der Kaiser zum letztenmal die Aufstellung seiner Truppen ab. Die Adler der Fahnen senkten sich, die Grenadiere hoben zum Gruß ihre Bärenfellmützen auf die Spitzen der Bajonette. Trompeten gellten, Trommeln wirbelten dumpf, dem Feldherrn scholl der Ruf „Vive l'Empereur!" (Es lebe der Kaiser!) entgegen. Gegen 11.30 Uhr erteilte Napoleon den Befehl, das Artilleriefeuer zu eröffnen. Damit begann die Schlacht bei Waterloo, mitunter auch Schlacht bei Belle-Alliance genannt.

Die englischen, niederländischen, hannoverischen und nassauischen Truppen des Herzogs von Wellington verteidigten sich zäh, es gelang den Franzosen nicht, das befestigte Schloß Hougoumont einzunehmen. Das Feuer der schweren Artillerie zertrümmerte die Mauern und Türme, bald brannten die Gebäude lichterloh. Aber die Verteidiger bekamen laufend Verstärkung und hielten unter hohen Verlusten ihre Stellungen.

In den Mittagsstunden erfuhr der Kaiser, daß sich ein preußisches Korps näherte. Ein preußischer Husar, der einen Brief von General Friedrich Wilhelm von Bülow (1775–1816) an den Herzog von Wellington bei sich hatte, war gefangengenommen worden. Unverzüglich sandte daraufhin Napoleon einen Kurier zu Grouchy. Der Marschall sollte seinen Marsch abbrechen und zum Kaiser stoßen, der die 33 000 Mann in der Schlacht vor Mont-Saint-Jean dringend benötigte.

Um die Mittagszeit verlagerte sich der Schwerpunkt des Ringens in das Zentrum, wobei der Kampf um das Schloß Hougoumont unverändert andauerte. Vier mächtige französische Infanteriekolonnen stießen gegen den Hof La Haye Sainte in der Mitte der Aufstellung der Verbündeten vor, unterstützt vom mörderischen Feuer der starken Artillerie. Die englischen, niederländischen und deutschen Truppen erlitten hier schwere Verluste, aber heranpreschende englische und schottische Kavallerie unter General Thomas Picton (1758–1815) hielt den Angriff auf, ritt eine Attacke gegen die französische Stellung vor Belle-Alliance und mußte gleichfalls unter Verlusten zurückweichen.

Nach einer kurzen Pause ließ Napoleon den Angriff auf das englische Zentrum fortsetzen. Artillerie und Kavallerie vom rechten Flügel – dort tauchten später die Preußen auf – wurden zur Verstärkung herangezogen. Damit eröffnete Marschall Ney am Nachmittag eine neue große Attacke. 5000 Reiter griffen an einem Abschnitt von nur 700 Metern an. Aber auch dieser massierte Stoß brach unter dem Beschuß der dichte Karrees bildenden Infanterie zusammen, die Kavalle-

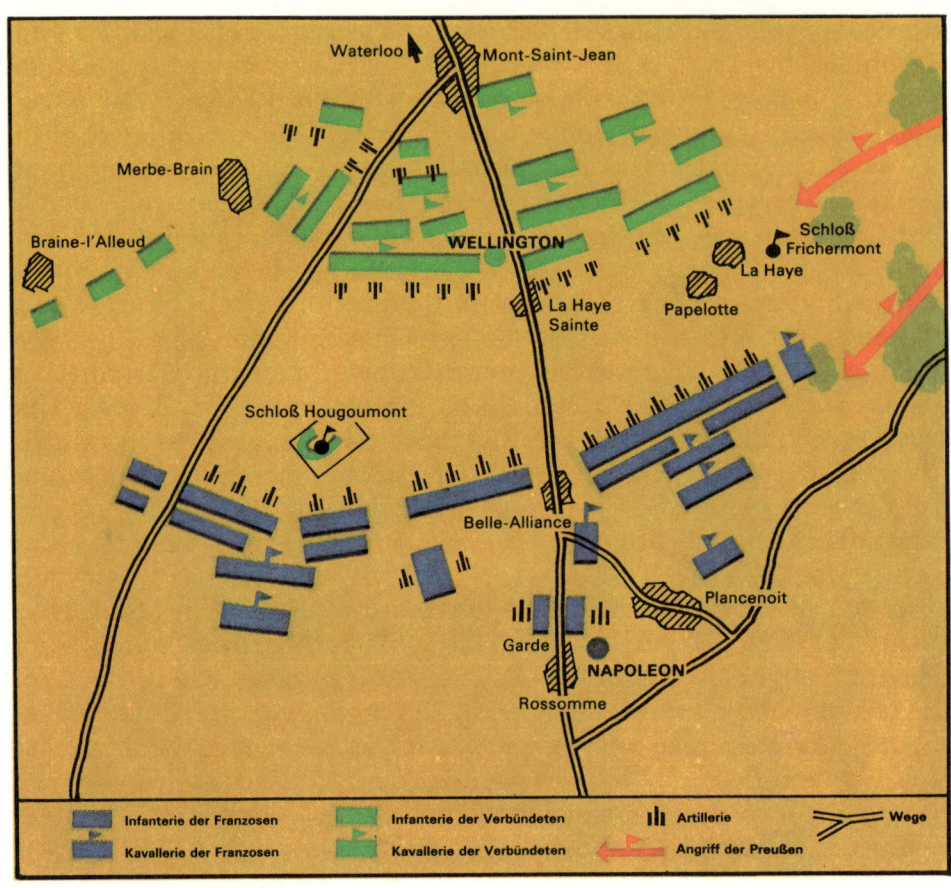

Schlacht bei Waterloo

rie konnte gegen den Feuerhagel der Infanterie und Artillerie keinen Erfolg erringen. Die französische Reiterei machte kehrt, sammelte sich zu neuen Anritten und büßte mehr und mehr ihre Kraft und ihren Angriffsschwung ein. Es gelang den Franzosen nicht, in die Schlachtlinie der Verbündeten einzubrechen, geschweige denn, sie zu durchstoßen. Inzwischen kämpfte 15 Kilometer weiter östlich Grouchy gegen ein schwaches preußisches Korps bei Wavre, 3 preußische Korps aber strebten in zügigen Märschen auf das Schlachtfeld zu.

Die Armee des Herzogs von Wellington hatte schwer gelitten, das Gehöft La Haye Sainte ging am Abend verloren. Beide Seiten warfen ihre letzten Kräfte in die blutige Schlacht. Während der Herzog nach den Preußen Ausschau hielt – wobei er nach der Überlieferung zu sei-

164

ner Begleitung gesagt haben soll: „Ich wollte, es wäre Nacht oder die Preußen kämen!" –, erwartete Napoleon das Eintreffen der Truppen Marschall Grouchys. Zu einem letzten mächtigen Stoß gegen das englische Zentrum setzte der Kaiser am späten Nachmittag seine über 12000 Mann starke Garde ein, eine Elitetruppe von Infanterie, Kavallerie und Artillerie. Ihr sollten sich alle noch kampffähigen Bataillone und Schwadronen anschließen. Um die erschütterte Siegeszuversicht zu heben, verbreitete man das Gerücht, der Schlachtenlärm im Osten rühre vom Eintreffen Grouchys her.

Der mit Wucht vorgetragene Angriff brach unter schweren Verlusten zusammen. Erneut zeigte sich die verheerende Wirkung des Infanteriefeuers gegen die dichten Kolonnen, englische Kavallerieangriffe trugen dann dazu bei, daß sich auf französischer Seite die Gefechtsordnung aufzulösen begann. Chaos und Durcheinander breiteten sich aus, dem Kaiser und seinen Generalen ging die Truppenführung verloren.

Auf dem rechten Flügel aber fiel nun eine folgenschwere Entscheidung. Die Spitzen der preußischen Armee in Stärke von etwa 10000 Mann stießen in die Flanke der französischen Stellung und drangen bis zum Dorf Plancenoit vor. Gneisenau schrieb am 24. Juni 1815 in einem Brief an Frau von Clausewitz und die Gräfin Dohna: „Gerade als das Schicksal des Tages schwankte, die britische Armee schon bedeutend Land verloren hatte, der Feind den Todesstoß selbiger versetzen wollte, entschlossen wir uns, obgleich unsere Brigaden größtenteils noch nicht heran waren, mit nur zwei Brigaden den Angriff zu machen. Wir brachen aus dem Walde hervor, gerade in den Rücken des Feindes, und eröffneten unser Feuer. Der Feind war in einer verzweifelten Lage, focht aber ebenso verzweifelt, wandte alle seine Reserven gegen uns. Wir behaupteten unsere Stellungen. Der Feind führte noch mehr Truppen gegen uns, aber auch wir verstärkten uns von Viertelstunde zu Viertelstunde ... Wir drangen, da unsere Truppen immer sich verstärkten, nun behutsam, aber unaufhaltsam vor. Es war ein schönes Schauspiel, zu sehen, wie unsere viereckigen Bataillonsmassen die terrassenförmigen Anhöhen heruntersteigen, vorangegangen von ihren Batterien und ihren Tirailleurs. Nach hartnäckigem Widerstand löste sich der Feind in wilder Flucht auf."[*]

Im Zentrum begann die Garde des Kaisers zurückzugehen, zwar geschwächt, doch noch in fester Ordnung. Wie ein Lauffeuer verbreitete

[*] zit. nach: Neithardt von Gneisenau. Schriften von und über Gneisenau, Rütten & Loening, Berlin 1954, S. 207

Gebhard Leberecht von Blücher leitet den preußischen Angriff.

sich der Schreckensruf: „Die Garde weicht!" Einige Bataillone bildeten
rasch neue Karrees, in deren Schutz Napoleon nach Charleroi entkommen konnte, sein Reisewagen und das Gepäck wurden eine Beute der
Sieger. Die Reste der Garde aber lehnten die Aufforderung zur Kapitulation ab und fielen im Feuer der von allen Seiten auf sie eindringenden verbündeten Truppen. „In der berühmtesten aller Schlachten", so
hob der preußische General und Militärtheoretiker Carl von Clausewitz hervor, „in der von Belle-Alliance, setzte Bonaparte seine letzten
Kräfte daran, eine Schlacht zu wenden, die nicht mehr zu wenden war,
er gab den letzten Heller aus und floh dann wie ein Bettler vom
Schlachtfelde und aus dem Reiche."*

Als die Nacht hereinbrach, herrschte Ruhe über dem Schlachtfeld.
Wellington hatte über 15 000 Tote und Verwundete zu beklagen, die
Preußen über 7 000. Die Verluste der Franzosen betrugen mehr als
25 000 Mann, dazu gerieten 8 000 in Gefangenschaft. Als einziges noch

* Vom Kriege. Hinterlassenes Werk des Generals Carl von Clausewitz, a.a.O., S.255

166

unversehrtes Korps der Nordarmee konnten sich Grouchys Truppen bis Paris zurückziehen, die anderen Überreste der napoleonischen Streitmacht flohen, sofern sie nicht völlig zerschlagen waren, über die Loire.

Die Verbündeten wollten unverzüglich zur Verfolgung antreten, aber nur die Preußen waren dazu in der Lage, die Armee des Herzogs von Wellington blieb zunächst bei Brüssel, sie bedurfte nach den blutigen Einbußen des Schlachttags einer Ruhepause und Auffrischung ihrer Kräfte.

Napoleon glaubte zunächst, in Paris Unterstützung von einflußreichen Bürgern zu erhalten, aber er sah sich in dieser Hoffnung enttäuscht. Der Kaiser mußte am 22. Juni 1815 abdanken, ein englisches Kriegsschiff brachte ihn auf die Insel St. Helena im südlichen Atlantik. Hier starb er in der Verbannung 6 Jahre nach Waterloo. Am 7. Juli rückten preußische Truppen in Paris ein, der neue Friedensvertrag wurde am 20. November 1815 unterzeichnet. Nach seinen Bedingungen verblieb unter anderem ein 150 000 Mann starkes verbündetes Heer für 5 Jahre in Ostfrankreich als Besatzungstruppe.

Waterloo bildete den politischen und militärischen Schlußpunkt der napoleonischen Kriege. Zwar konnten die Kräfte der adligen Reaktion ihre Herrschaft wieder festigen, aber sie vermochten nicht, die kapitalistische Entwicklung rückgängig zu machen. Eine Reihe militärischer Neuerungen in der Struktur der Heere, in der Gliederung der Truppen, in ihrer Ausbildung und vor allem in der Kriegskunst hatte sich durchgesetzt und prägte die weitere Entwicklung der Streitkräfte und der Kriegführung. Dazu gehörten insbesondere solche Maßnahmen wie die Einteilung des Heeres in Brigaden, Divisionen und Korps, die auf dem Schlachtfeld eng zusammenwirkten, der Einsatz starker Infanteriekolonnen, vor denen Schützen in aufgelöster Ordnung angriffen, und die Verwendung einer zahlenmäßig starken Artillerie. Die Erfahrungen der Revolutions- und der napoleonischen Kriege von 1792 bis 1815 wurden eine wichtige Quelle der sich entwickelnden bürgerlichen Militärwissenschaft.

Die Schlacht am Totenwinkel

Ayacucho 1824

Das Wort Ayacucho stammt aus der alten Ketschuasprache der Inkas auf dem Hochland von Peru und heißt Totenwinkel. Es erinnert an ein Gemetzel der spanischen Eroberer im 16. Jahrhundert unter der einheimischen Bevölkerung. Am 9. Dezember 1824 fand bei Ayacucho eine Entscheidungsschlacht zwischen den Spaniern und den südamerikanischen Befreiungskämpfern statt, die als „spanisches Waterloo" in die Geschichte einging. Wie der Franzosenkaiser Napoleon I. Bonaparte bei Waterloo sein Fiasko erlitt, so sank bei Ayacucho der Stern der spanischen Kolonialherrschaft über Südamerika.

Anfang des 16. Jahrhunderts hatten die Söldner des scheinbar allmächtigen deutschen Kaisers Karl V. (1500–1558), der zugleich König von Spanien war, in Mittel- und Südamerika Fuß gefaßt. Der Spanier Hernán Cortés (1485–1547) eroberte 1519 bis 1522 das Reich der Azteken in Mexiko, der Inkastaat in Peru erlag wenige Jahre später nach kurzem Kampf der Armee General Francisco Pizarros (1478–1541). Ganz Mittel- und Südamerika mit Ausnahme des portugiesischen Brasiliens gehörte dem feudalabsolutistischen Spanien. Die Gold- und Silbervorkommen namentlich in Peru und Mexiko waren eine ergiebige Geldquelle der spanischen Könige. Allerdings mußten sie ihre Schätze ständig gegen Angriffe englischer und anderer Freibeuter verteidigen, gerade die Silberflotten von Peru nach Spanien lockten die Piraten an. Fast 300 Jahre verstand es die spanische Krone, ihr amerikanisches Kolonialreich ungeschmälert zu halten. Das riesige Gebiet war in vier Vizekönigreiche eingeteilt: Peru (das heutige Peru, Chile und Bolivien), Neu-Spanien (Mexiko und Mittelamerika), Neu-Granada (Kolumbien, Venezuela, Ekuador) und Río de la Plata (Argentinien, Uruguay, Paraguay). Unter den spanischen Residenzstädten galt Lima als die bedeutendste und prunkvollste.

Auf die Dauer konnte die spanische Kolonialmacht das Unabhängigkeitsstreben der Volksmassen nicht unterdrücken. Auch in Süd- und Mittelamerika entwickelten sich kapitalistische Elemente, das Handelsbürgertum und eine dünne Schicht bürgerlicher Intelligenz nahmen Ideen des Unabhängigkeitskriegs der englischen Kolonien in Nordamerika (1775–1783) und nach 1789 vor allem Gedankengut der Französischen Revolution auf und begannen sich gegen die spanische Herrschaft zu wehren. Die politischen und sozialen Klassenverhältnisse in den Kolonialländern waren kompliziert. Großgrundbesitzer, reiche Händler, Bergwerksinhaber und einflußreiche Repräsentanten der Kirche und der Verwaltung wollten zwar Unabhängigkeit von der spanischen Krone, aber sie widersetzten sich sozialen Umwälzungen, die ihre Privilegien oder gar ihren Besitz antasteten. Bauern und Landarbeiter, Tagelöhner in den Bergwerken, die Armen in den Städten und in den Dörfern mußten unter sklavenähnlichen Bedingungen arbeiten und leben, ja, es gab sogar noch wirkliche Sklaverei. Viele Indiostämme und -völkerschaften standen auf der Stufe der Gentilordnung. Die Gesellschaft in den Kolonialländern war zerklüftet von Gegensätzen zwischen Armen und Reichen, Spaniern, Indios und Mischlingen. Die spanische Kolonialverwaltung erkannte dies wohl und suchte solche sozialen und rassischen Unterschiede und Differenzen auszunutzen, um ihre Herrschaft zu festigen. Ein Teil der reichen Grundbesitzer, der Großhändler und der kirchlichen Würdenträger hielt zur spanischen Krone; aber auch nicht wenige Indiovölker standen unter spanischem Einfluß und stellten für die Kolonialarmee Truppen, Kundschafter und Lastenträger.

Der Unabhängigkeitskrieg begann 1810 mit einer Erhebung in Caracas (Venezuela). Die Patrioten, wie sich die Aufständischen im Gegensatz zu den Königstreuen, den Royalisten, nannten, bildeten eine revolutionäre Junta (span. xunta = Versammlung), die 1811 Venezuela zur Republik erklärte. Ihrem Beispiel folgten rasch die anderen Zentren des Kolonialreichs: Buenos Aires, Bogotá, Quito, Mexiko-Stadt und Santiago de Chile. Der Zeitpunkt des Aufstands war günstig. Seit 1808 tobte auf der Pyrenäenhalbinsel der Krieg zwischen Spanien und Frankreich. Truppen Napoleons verjagten den spanischen König vom Thron und setzten einen Bruder des Kaisers, Joseph Bonaparte (1768–1844), als neuen Monarchen ein. Die große Mehrheit des spanischen Volkes lehnte die französische Herrschaft ab und verwickelte die Okkupanten in einen langen und blutigen Partisanenkrieg. Die Machthaber Spaniens in Süd- und Mittelamerika konnten kaum auf militärische Hilfe vom Mutterland rechnen, aber sie verfügten über

Befreiung Spanisch-Südamerikas

eigene Truppen mit Festungen, Vorratslagern sowie Waffen- und Munitionsarsenalen. Die spanische Kolonialarmee war in der Ausrüstung, der Bewaffnung, der Ausbildung und dem militärischen Können den

Milizen der Aufständischen überlegen. Trotz mancher Erfolge vermochten die Patrioten ihrem Feind auf die Dauer nicht standzuhalten. 1814/15 festigte die Kolonialmacht ihren erschütterten Herrschaftsbereich; Sturz und Abdankung Napoleons ermöglichten es der spanischen Krone, Truppen nach Südamerika zu entsenden.

Ein neuer Aufschwung des Befreiungskampfs setzte 1816/17 ein. Im Gebiet des Río de la Plata hatten die von dem argentinischen General José de San Martín (1778–1850) geführten Patrioten eine Reihe von Stützpunkten behauptet. Von hier aus überquerten sie 1817 die Pässe der Anden, rückten in Mittelchile ein und schlugen spanische Truppen am 5. April 1818 in der Schlacht bei Maipú. Nach der Befreiung Chiles wurde in Valparaíso eine Flotte gebaut. Auf 7 Kriegs- und 16 Transportschiffen brachte José de San Martín 1820 über 4500 Mann nach Südperu. Im Mai 1821 besetzten die Patrioten die Hauptstadt Lima. Peru nahm einen wichtigen Platz im spanischen Kolonialreich ein. Es war eins der reichsten Gebiete, in Oberperu (heute Bolivien) lieferten die Silberminen das begehrte Edelmetall, das über den Hafen Callao nach Spanien transportiert wurde. Die Macht des Siegers San Martín, des „Protektors von Peru", wie man ihn nannte (Protektor = Beschützer, Schirmherr), blieb jedoch insofern begrenzt, als spanische Kolonialtruppen weiterhin das Hochland von Peru beherrschten.

Im Norden Südamerikas war Simón Bolívar (1783–1830) der Führer der Unabhängigkeitsbewegung. Nach der Niederlage der ersten Aufstandswelle hatte er Zuflucht in Jamaika und Haïti gefunden, Ende Dezember 1816 kehrte er zurück und organisierte tatkräftig den antispanischen Kampf. Mit einer kleinen Streifschar, die um 1818 nur 1300 Infanteristen und 800 Reiter zählte, marschierte er von Guayana in westlicher Richtung durch die Ebene des Orinoko bis in die Berge Kolumbiens. Dabei konnte er seine Truppe allmählich auf 6000 Mann verstärken. 1820 rückte er in Bogotá ein, am 24. Juni 1821 besiegten die Patrioten eine spanische Armee bei Carabobo in Venezuela, und 4 Tage später befreiten sie Caracas. Einer der fähigsten Offiziere Bolívars war der Venezueler Antonio José de Sucre y de Alcalá (1795–1830). Ihn sandte er 1821 nach Ekuador. Am 24. Mai 1822 schlug Sucre die spanischen Truppen am Vulkan Pichincha in der Nähe von Quito und befreite so Ekuador. Damit befanden sich alle Kolonialgebiete nördlich des Äquators in den Händen der Patrioten. Von nun an konzentrierte sich der Krieg auf das Gebiet von Peru.

Die politische und militärische Lage veränderte sich nach 1820/21 zugunsten der Unabhängigkeitsbewegung. Spanien wurde 1820 bis 1823 von einer bürgerlichen Revolution erschüttert, deren Auswirkun-

Simón Bolívar im Kampf (zeitgenössische Darstellung)

gen auch die südamerikanischen Länder berührten. Eine Fraktion der Führer der Kolonialarmee und -verwaltung unterstützte weiterhin die absolutistische Regierung König Ferdinands VII. (1784–1833), eine andere fühlte sich mit den aufständischen liberalen Politikern und Militärs im Mutterland verbunden. Diese inneren Auseinandersetzungen lähmten die spanische Kriegführung, die Aufständischen konnten die Atempause nutzen, um ihre Kräfte weiter zu mobilisieren. Trotzdem blieb die militärische Situation für die Patrioten kompliziert. Einer Verstärkung der Streitkräfte standen viele Hindernisse entgegen. Es mangelte an Waffen und Munition, nicht wenige rekrutierte Einwohner, aber auch Freiwillige sahen sich in ihren Erwartungen enttäuscht, spürten Not und Mängel und verließen die Armee. Zudem brachen politische Streitigkeiten zwischen den einflußreichen Grundherren der befreiten Länder aus. Sowohl die Regierung von Kolumbien als auch die von Peru erhoben Ansprüche auf Ekuador, territoriale Differenzen bestanden zwischen Argentinien und Chile sowie zwischen Peru und Chile.

Ein abgestimmtes Handeln der Streitkräfte gegen die Spanier erschwerten überdies die Widrigkeiten der Natur: unwirtliche Hochländer, Urwälder und Sümpfe, schwer passierbare Gebirge und Wüsten. Die Truppen der Patrioten – aber auch die des Gegners – operierten auf weit voneinander entfernten Kriegsschauplätzen, und es gab wenig Straßen. Im Vergleich zu den europäischen waren die Heere klein an Zahl und häufig unzureichend ausgerüstet und bewaffnet. Während in den napoleonischen Kriegen die mächtigen Armeen nicht selten über 100 000 Mann mit Hunderten von Geschützen umfaßten, kämpften in Südamerika auf dem jeweiligen Kriegsschauplatz höchstens 15 000 Mann, die über einige Dutzend Kanonen verfügten.

Mit Energie ging Simón Bolívar daran, Truppen gegen die spanische Bastion in Peru bereitzustellen. In der ekuadorianischen Hafenstadt Guayaquil traf er sich im Juli 1822 mit José de San Martín, um die Aktionen ihrer Streitkräfte zu koordinieren und Einigung über die künftige Regierungsform zu erreichen. Über dieses entscheidende Gespräch zwischen den beiden Repräsentanten des Freiheitskampfs ist kaum etwas bekannt. San Martín überließ Bolívar die Führung und ging später nach Frankreich.

Über die Schwierigkeiten des Krieges schrieb Simón Bolívar 1823 an die Regierung Kolumbiens: „Wir haben riesige Mittel verbraucht und ungezählte Menschen mobilisiert, um sechstausend Mann nach Peru zu schicken. Geblieben sind uns nur noch tausend Mann Fußvolk und Reiter sowie zweihundert Artilleristen. Ich versuche, aus der hiesigen Bevölkerung drei Bataillone aufzustellen, aber das ist bloße Zeitvergeudung, denn sie laufen doch wieder auseinander ... Die hiesige Bevölkerung ist es nicht gewohnt, sich zu opfern, und meint, sie sei in Sicherheit, wenn die Front dreihundert Meilen von ihrem Wohnort entfernt ist."*

* zit. nach: Josef Lawrezki, Simón Bolívar, Rebell gegen die spanische Krone, Verlag Neues Leben, Berlin 1980, S. 236 f.

Simón Bolívar und José de Sucre wandten sich um Hilfe an Kolumbien. Dieses Land verfügte über größere wirtschaftlich-finanzielle und militärische Möglichkeiten als die anderen Gebiete, und hier hatten die Aufständischen ihre Macht und ihren Einfluß gefestigt. Beide Führer des Unabhängigkeitskriegs waren davon überzeugt, daß alle Länder sich gegenseitig unterstützen mußten, daß Peru ohne kolumbianische Hilfe seine Freiheit nicht erringen konnte, wie auch Kolumbien weiterhin durch die spanische Armee auf dem Hochland von Peru gefährdet blieb.

Ende August 1823 landete Simón Bolívar in der Hafenstadt Callao. Die peruanische Regierung rief ihn im Februar 1824 zum Diktator mit unbeschränkten Befugnissen aus. Im Juli eröffnete José de Sucre den Feldzug gegen die Spanier im Hochland von Peru. Die geographischen und klimatischen Bedingungen auf diesem Kriegsschauplatz stellten an die Truppen hohe Anforderungen: Gluthitze am Tag, bittere Kälte in der Nacht. In den steinigen Hochtälern mangelte es an Futter für die Pferde, und die Versorgung der Soldaten war sehr schwierig. Dazu kamen die großen Entfernungen, die von den nur wenige tausend Mann zählenden Truppen überwunden werden mußten, hier konnte es auch keine zusammenhängende Front geben. Unter diesen Verhältnissen war die Aufklärung sehr wichtig, um in den Weiten gegnerische Truppen und ihre Stellungen zu erkennen und die eigenen Kräfte vor feindlichen Überfällen zu sichern.

Auf der Hochebene von Pasco nahm Bolívar eine Parade seiner Truppen ab. Der sowjetische Historiker Josef Lawrezki schreibt darüber: „Stolzerfüllt blickte der Libertador [Befreier, Ehrenname für Simón Bolívar – H.S.] auf seine Soldaten, die aus fast allen Ländern Südamerikas stammten: aus Caracas, Panama, Quito, Lima, Santiago und Buenos Aires, aus den Llanos Venezuelas, den Wäldern Ekuadors und den Pampas Argentiniens, Männer, die den Pulverrauch der Schlachten von Boyacá, Carabobo, Pichincha und Maipú gerochen hatten. Unter ihnen waren ausländische Freiwillige, Teilnehmer an den Feldzügen Napoleons, Männer, die aus dem fernen Moskau, von den Ufern des Rheins und aus den sonnigen Ländern Italiens auf dieses Dach der Welt gekommen waren."*

Am 6. August 1824 fand auf dem Hochland von Peru ein Gefecht zwischen Spaniern und Patrioten statt. Das Treffen bei Junín zeichnete sich dadurch aus, daß beide Seiten nur Kavallerie einsetzten, die mit ihren Blankwaffen (Lanzen) kämpften, es fiel kein Schuß! Die Spanier

* ebenda, S.251

verloren 235 Tote und 300 Pferde, die Patrioten 144 Tote und Verwundete. Der spanische General José Canterac (um 1779–1835) zog sich nach Osten zu den anderen Kolonialtruppen zurück, verfolgt von der Armee José de Sucres.

Fast schien es, als wären damit die Kampfhandlungen des Jahres 1824 beendet. Die Spanier hatten im Hochland etwa 13000 Mann, die Patrioten die gleiche Zahl an Truppen. José de Sucre suchte zunächst eine Schlacht zu vermeiden; denn seine Kräfte waren über ein großes Gebiet verteilt, während die Spanier unter den Generalen José Cante-

175

rac und Jerónimo Valdés (1784–1855) und dem noch amtierenden Vizekönig José de la Serna (1770–1832) ihre Truppen weitgehend zusammenhielten und dadurch den einzelnen Gruppierungen der Befreiungskämpfer auf jeden Fall an Zahl überlegen sein würden. Am 3. Dezember 1824 verloren die Patrioten in einem Gefecht 300 Mann und den Troß. Nach tagelangen Märschen standen sich schließlich am 8. Dezember auf einem Feld bei Ayacucho die beiden Armeen gegenüber.

Die Spanier zählten 9320 Mann mit 14 Geschützen. Der rechte Flügel, befehligt von General Valdés, bestand aus 4 Bataillonen, 3 Husarenschwadronen und 4 Geschützen, die 5 Bataillone des Zentrums kommandierte General Juan Antonio Monet, den linken Flügel bildeten 5 Bataillone und 3 Husarenschwadronen von General Alejandro González Villalobos; Vizekönig José de la Serna blieb mit einer Abteilung Hellebardiere, ehemals seine Gardereiter, zurück. Oberbefehlshaber der Armee war General José Canterac, der noch über eine schwache Infanteriereserve, 10 Schwadronen Kavallerie und 10 Geschütze verfügte. Die spanische Aufstellung hatte hinter sich das Gebirge, was einen Rückzug sehr erschwerte. Die Entscheidungsschlacht stand also bevor.

Canterac sah Siegeschancen; denn die Vereinigte Befreiungsarmee Perus zählte nur 5780 Mann und ein Geschütz. Ihr Befehlshaber José de Sucre hatte auf dem rechten Flügel 4 kolumbianische Bataillone postiert, links davon Kavallerie. Ein eigentliches Zentrum fehlte in der Schlachtordnung. Den linken Flügel bildeten einige peruanische Bataillone, als Reserve behielt der Befehlshaber 3 Bataillone und 3 Schwadronen Kavallerie zurück.

Am Morgen des 9. Dezember ritt José de Sucre die Stellung ab und rief den Soldaten die Bedeutung der bevorstehenden Schlacht ins Bewußtsein; die Offiziere durften sich von ihren Mitkämpfern, aber auch von den ihnen bekannten Offizieren des gegnerischen Heeres verabschieden.

Dann eröffneten die Spanier den Kampf mit Artilleriefeuer, gegen 10 Uhr zogen sie 5 Geschütze von den Hängen auf den Talgrund herab. Gegen die neue Artilleriestellung feuerten die Schützen der Befreiungsarmee. Dann griffen die Spanier mit beiden Flügeln an. Während der linke Flügel in Nahkämpfe verwickelt wurde, konnte der rechte seinen Gegner zurückdrängen, der Befreiungsarmee drohte hier eine Umfassung. Sucre erkannte die Gefahr und warf einen Teil seiner Reserve in die Schlacht, so daß sich die Lage wieder stabilisierte. Canterac zog seine Kräfte vom Zentrum zum linken Flügel. Hier erblickte

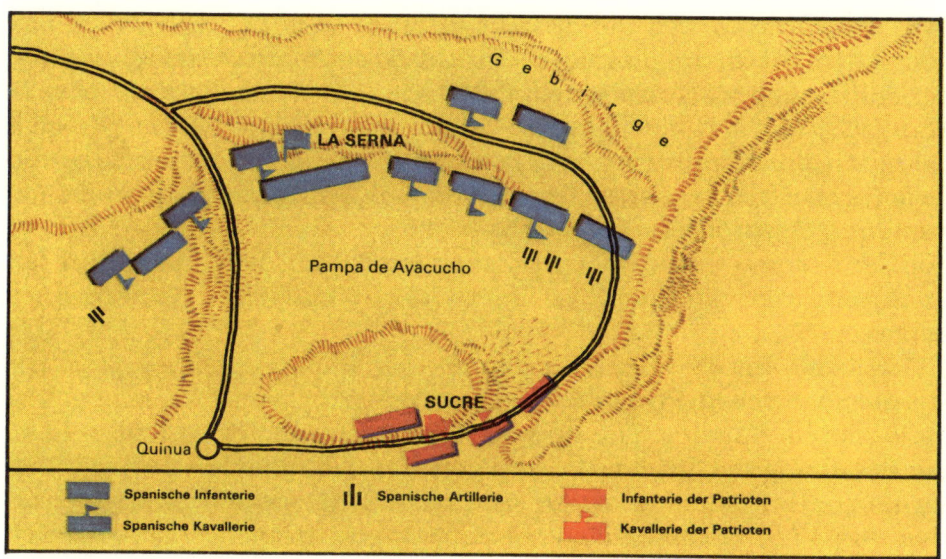

Schlacht bei Ayacucho

nunmehr General José de Sucre eine Möglichkeit zu gewinnen. Seine Kavalleriereserve attackierte die spanischen Bataillone, die in dem unwegsamen und steinigen Gelände nur schwer zurechtkamen, gleichzeitig griff der rechte Flügel der Befreiungsarmee an und warf den Feind zurück. Damit war die Schlacht am frühen Nachmittag entschieden. Die spanischen Soldaten, zurückgedrängt an das Gebirge, suchten ihr Heil in der Flucht, wobei die Truppenführung vollends verlorenging. Vizekönig la Serna wurde gefangengenommen, Canterac unterzeichnete in General José de Sucres Zelt die Kapitulation. Danach mußte die ganze spanische Streitmacht in Gefangenschaft abrücken, alle Garnisonen mit ihren Kriegsmaterialdepots waren den Patrioten zu übergeben.

Die Schlacht bei Ayacucho besiegelte das Schicksal der spanischen Herrschaft in Südamerika. Die Sieger kostete die Schlacht 370 Tote und 609 Verwundete, immerhin ein Sechstel ihrer Armee. Viel schwerer wogen dagegen die Einbußen der Spanier. Sie verloren über 1400 Tote und Verwundete und mehr als 1000 Gefangene, der Rest verlief sich im Gebirge oder geriet später in Gefangenschaft.

Simón Bolívar ernannte den siegreichen General José de Sucre zum Großmarschall und verlieh ihm den Namen „Befreiergeneral von Peru". In der Meldung José de Sucres an Simón Bolívar nach dem Sieg hieß es: „Obwohl sich die Spanier in einer Lage befanden, daß man von ihnen die bedingungslose Kapitulation fordern konnte, war ich der Auffassung, daß man einem Feind, der sich vierzehn Jahre lang in Peru gehalten hat, eine gewisse Großmut erweisen müßte. Deshalb nahm ich die Kapitulation auf dem Schlachtfeld an. Sie umfaßte die Gefangennahme der spanischen Armee auf dem gesamten von ihr okkupierten Territorium, die Übergabe der gesamten Kriegsausrüstung und der Festung Callao. Der Sieg ist errungen. Zur Belohnung bitte ich Euch, mir auch künftig Eure Freundschaft und Euer Vertrauen zu schenken."*

Ayacucho war die letzte Schlacht im Unabhängigkeitskrieg. 1825 fielen die spanischen Posten in Oberperu, hier entstand im selben Jahr die Republik Bolivien. Die Festung Callao kapitulierte im Januar 1826, die Besatzung der Insel Chiloé im Herbst 1826: Die Befehlshaber dieser letzten Stützpunkte hatten sich zunächst geweigert, die Kapitulation von 1824 anzuerkennen. In jahrelangem Ringen erkämpfte sich Südamerika die Freiheit von spanischer Kolonialherrschaft, bereits 1822 hatte das portugiesische Brasilien seine Unabhängigkeit errungen. Die Völker dieses Kontinents beschritten den Weg in das neue, kapitalistische Zeitalter. Spanien verblieben nur noch die beiden Inseln Kuba und Puerto Rico als Reste seines einstmals mächtigen Kolonialbesitzes in der Neuen Welt.

In den Beiträgen für „The New American Cyclopaedia" würdigen Karl Marx und Friedrich Engels die Leistungen der südamerikanischen Patrioten. Mit Ayacucho, so schreiben sie, „war die spanische Herrschaft endgültig gebrochen"**, und Simón Bolívar hatte „als Präsident und Befreier Kolumbiens, als Protektor und Diktator von Peru und als Taufpate von Bolivien ... nun den Höhepunkt seines Ruhms erreicht"***.

* ebenda, S. 256
** Karl Marx/Friedrich Engels, Ayacucho, in: Werke, Bd. 14, Dietz Verlag, S. 169
*** Karl Marx, Bolivar y Ponte, ebenda, S. 229

Mit Eisen und Blut

Sedan 1870

Die Schlacht bei Sedan am 1. September 1870 war eins der wichtigsten militärischen Ereignisse im Deutsch-Französischen Krieg von 1870/71.

Die bewaffnete Auseinandersetzung zwischen dem französischen Kaiserreich, an dessen Spitze Napoleon III. (1808–1873) stand, und dem Königreich Preußen und seinen deutschen Verbündeten war von beiden Seiten seit Jahren vorbereitet worden. Mißtrauisch beobachtete die französische Bourgeoisie das Erstarken des preußischen Staates, der nach dem siegreichen Krieg gegen Österreich 1866 den Norddeutschen Bund schuf und enge politische, wirtschaftliche und militärische Kontakte zu den süddeutschen Staaten Bayern, Württemberg und Baden herstellte. Unter der Vorherrschaft der preußischen Krone sollte die damals historisch notwendige Bildung eines deutschen Einheitsstaats erfolgen. Das war das Ziel der politischen Aktivitäten des preußischen Ministerpräsidenten Otto von Bismarck (1815–1898), der 1862 erklärt hatte: „Preußens Grenzen ... sind zu einem gesunden Staatsleben nicht günstig; nicht durch Reden und Majoritätsbeschlüsse werden die großen Fragen der Zeit entschieden ..., sondern durch Eisen und Blut."* Diese auf den Krieg zielende Politik der preußischen Krone, die Bismarck tatkräftig betrieb, stieß auf den Widerstand Napoleons III. und der herrschenden Kreise Frankreichs, die daran interessiert waren, daß die territorialstaatliche Zersplitterung Deutschlands erhalten blieb. Immer wieder kam es in den Jahren vor 1870 zu politisch-diplomatischen Streitigkeiten zwischen beiden Staaten, die Anlaß für einen Krieg boten.

---

* zit. nach: Ernst Engelberg, Bismarck. Urpreuße und Reichsgründer, Akademie-Verlag, Berlin 1985, S.527

Der schwelende Konflikt entzündete sich an der Thronfolge in Spanien. 1868 hatte in diesem Land eine bürgerliche Revolution die alte Dynastie entmachtet, 2 Jahre später trug die spanische Regierung einem Prinzen aus dem Haus Hohenzollern die Krone an. Auf französischen Protest hin zog dieser Kronanwärter seine Kandidatur zurück. Bei dem diplomatischen Handel hatten der preußische König Wilhelm I. (1797–1888), der Hof und Bismarck ihre Hände im Spiel. Als Blitz in den Wolken des drohenden Kriegsgewitters wirkte eine ver-

Preußischer Infanterist 1870

fälschte Depesche über eine Unterredung zwischen Wilhelm I. und dem französischen Botschafter in Berlin. Darin hatte Bismarck die ablehnende Stellungnahme des preußischen Königs zu einem generellen Verzicht eines Hohenzollern auf den spanischen Thron in einer für Frankreich beleidigenden Form veröffentlicht. Daraufhin erklärte am 19. Juli 1870 Frankreich dem Norddeutschen Bund den Krieg. Entgegen den Erwartungen der französischen Regierung traten die süddeutschen Staaten an die Seite des von Preußen geführten Norddeutschen Bundes.

Das militärische Kräfteverhältnis war für die deutsche Seite günstig. Deshalb plante der preußische Generalstabschef General Helmuth Graf von Moltke (1800–1891) eine Offensive aus der Pfalz nach Elsaß-Lothringen, um der dort konzentrierten französischen Streitmacht, von der man einen Angriff in Richtung auf den Main erwartete, in die Flanke und in den Rücken zu fallen. Die preußische Führung hatte den Aufmarsch der Truppen sorgfältig vorbereitet. Anfang August standen sich folgende Kräfte gegenüber:

Deutsches Feldheer	Französische Rheinarmee
1., 2., 3. Armee und Reserven in deutschen Staaten	Garde, 7 Korps sowie Kavallerie-, Pionier- und Artilleriereserven
461 650 Mann	210 050 Mann
1 584 Geschütze	780 Geschütze

Am 4. August 1870 überschritt die deutsche 3. Armee die französische Grenze. Bei Wörth und Spichern kam es am 6. August zu für beide Seiten verlustreichen Schlachten, die mit französischen Niederlagen endeten. Innerhalb kurzer Zeit brachen die Hoffnungen Napoleons III. auf einen siegreichen Feldzug über den Rhein zusammen. Nach den Schlachten im Raum westlich von Metz vom 14. bis 18. August wurden mehrere Korps der von Marschall François Achille Bazaine (1811–1888) befehligten Rheinarmee in der Festung eingeschlossen. Das war ein schwerer Schlag für die französische Streitmacht, der auch die Stellung des Kaisers in den Grundfesten erschütterte.

Nach den Kämpfen im Raum Metz bahnte sich eine zweite Entscheidung westlich der belagerten Festung an. Im Lager bei Châlons-sur-Marne sammelten sich die Reste des französischen Korps aus Lothringen, sie erhielten Verstärkung durch Truppen aus dem Raum Paris und von der spanischen Grenze. Die neue Armee, die unter dem Befehl von Marschall Marie Edme Patrice Maurice de Mac-Mahon

(1808–1893) stand, zählte 4 Korps und Kavallerietruppen in Stärke von rund 134 000 Mann mit 402 Geschützen. Ihr Kampfwert war sehr unterschiedlich, die Kampfmoral nach den Rückzügen und Mißerfolgen gesunken. Mac-Mahon marschierte zunächst nach Reims zurück, blieb dort kurze Zeit, um Kräfte zu sammeln, und rückte am 23. August in nördlicher Richtung mit dem Ziel ab, sich mit den französischen Truppen in Metz zu vereinigen. Weder Mac-Mahon noch Bazaine hatten Kenntnis von der Bewegung der deutschen Truppen, die militärische Aufklärung der Franzosen war unzureichend, es gab zwischen den beiden Armeen keine ständige Nachrichtenverbindung.

Während die Armee Mac-Mahons ihre Korps langsam erst nach Nordosten und dann nach Osten zur Maas vorschob, vollzogen sich auf der deutschen Seite wichtige Entscheidungen. 7 Armeekorps und mehrere Divisionen der 1. und 2. Armee blieben unter dem Befehl von Prinz Friedrich Karl (1828–1885) vor Metz zurück. Die von dem preußischen Kronprinzen Friedrich Wilhelm (1831–1888) befehligte 3. Armee und die neugebildete 4. Armee (Maasarmee) unter dem sächsischen Kronprinzen Albert (1828–1902) in Stärke von 8 Armeekorps und mehreren Divisionen mit 184 000 Mann und 800 Geschützen rückten zunächst in westlicher Richtung auf Châlons-sur-Marne vor, um die dort vermuteten französischen Kräfte zu schlagen. Bald erfuhr das deutsche Oberkommando vom Marsch der Armee Mac-Mahons und änderte daraufhin seine Pläne. Am 25. August befahl Moltke den beiden Armeen eine Rechtsschwenkung und den Vormarsch in nördlicher Richtung. Damit war der Weg zur Schlacht bei Sedan eingeschlagen.

Am 26. August erschien in der „Pall Mall Gazette" ein Artikel aus der Feder von Friedrich Engels. Der militärische Sachkenner schrieb seit Beginn des Krieges Beiträge für diese englische Zeitung; auf Grund der ihm vorliegenden Nachrichten und des eigenen umfangreichen Wissens sah er eine Katastrophe für die Franzosen voraus, wenn Mac-Mahon seinen gefährlichen Marsch in die Nähe der belgischen Grenze fortsetzte: „Was wird diese Niederlage bringen? Wo sie auch immer erfolgt, sie wird die Reste der geschlagenen Armee von Paris weg der Nordgrenze zutreiben, wo sie auf neutrales Gebiet gedrängt oder zur Kapitulation gezwungen werden könnten ... Mac-Mahons Truppen werden sich in jenem schmalen französischen Landstreifen ergeben müssen, der zwischen Mézières und Charlemont-Gives nach Belgien hinein vorspringt. Im bestmöglichen Fall können sie nach den nördlichen Festungen, Valenciennes, Lille usw., entkommen, wo sie für alle Fälle unschädlich sein werden. Dann wird Frankreich der

Gewalt der Eindringlinge ausgeliefert sein."* 5 Tage später konnte der Verfasser seine Voraussage noch präzisieren. „So sehen wir die letzte Armee, die Frankreich in diesem Krieg im Felde hat und wahrscheinlich haben wird, freiwillig in den eigenen Untergang marschieren, vor dem sie nur die gröbsten Fehler des Feindes retten können. Aber dieser Feind hat bis jetzt noch keinen einzigen Fehler begangen."**

Der Vormarsch der beiden deutschen Armeen verlief erfolgreich; bei Beaumont erlitten am 30. August schwächere Kräfte Mac-Mahons eine Niederlage. Jetzt erkannte der französische Marschall die große Gefahr für seine um Sedan stehenden Truppen. Ohne das Risiko einer Schlacht konnte er nicht mehr zu Bazaine durchbrechen. Der Armee blieb noch der Rückzug nach Mézières, aber ein solcher Schritt war nach der vorangegangenen Niederlage politisch und moralisch nicht möglich. Die Regierung in Paris drängte auf offensives Handeln, auch der Kaiser, der sich im Quartier Mac-Mahons befand, mußte bei weiterem Zurückweichen noch mehr um seine ohnehin schwer erschütterte Stellung bangen. So breiteten sich Unentschlossenheit und Ratlosigkeit bei den Franzosen aus.

Das Hauptquartier der preußisch-deutschen Truppen hatte sich in Vendresse, südwestlich von Sedan, niedergelassen, dort befanden sich König Wilhelm I. und der Chef des Generalstabs. Moltke, seit 1857 in dieser Funktion, besaß einen bedeutenden Anteil an der militärischen Vervollkommnung der preußischen Armee vor 1870. Die maßgeblich von ihm und seinem Stab entwickelten Führungsprinzipien – oft charakterisiert mit der vereinfachenden Formulierung „Getrennt marschieren – vereint schlagen" – hatten sich im Krieg von 1866 gegen Österreich sowie in den Schlachten im August 1870 bewährt. Das Hauptquartier ordnete bereits am 31. August den Angriff gegen die im Raum Sedan konzentrierten Franzosen an, es wollte die günstige Lage unverzüglich für die Schlacht nutzen, obwohl ein Großteil der deutschen Streitmacht gerade kräftezehrende Märsche hinter sich hatte.

Die Festungsanlagen der kleinen, 18 000 Einwohner zählenden Textilgewerbestadt Sedan waren veraltet und nur noch geeignet, den Truppen Aufenthalt zu gewähren. In dem Hügelgelände am rechten Ufer der Maas hatte die Armee Mac-Mahons folgende Stellungen bezogen: Südöstlich von Sedan, am linken Ufer der Givonne zwischen den Dörfern Bazeilles und Daigny, stand das 12. Korps, nach Norden schloß

* Friedrich Engels, Über den Krieg – XII, in: Karl Marx/Friedrich Engels, Werke, Bd. 17, Dietz Verlag, S. 70
** Friedrich Engels, Über den Krieg – XIV, ebenda, S. 77

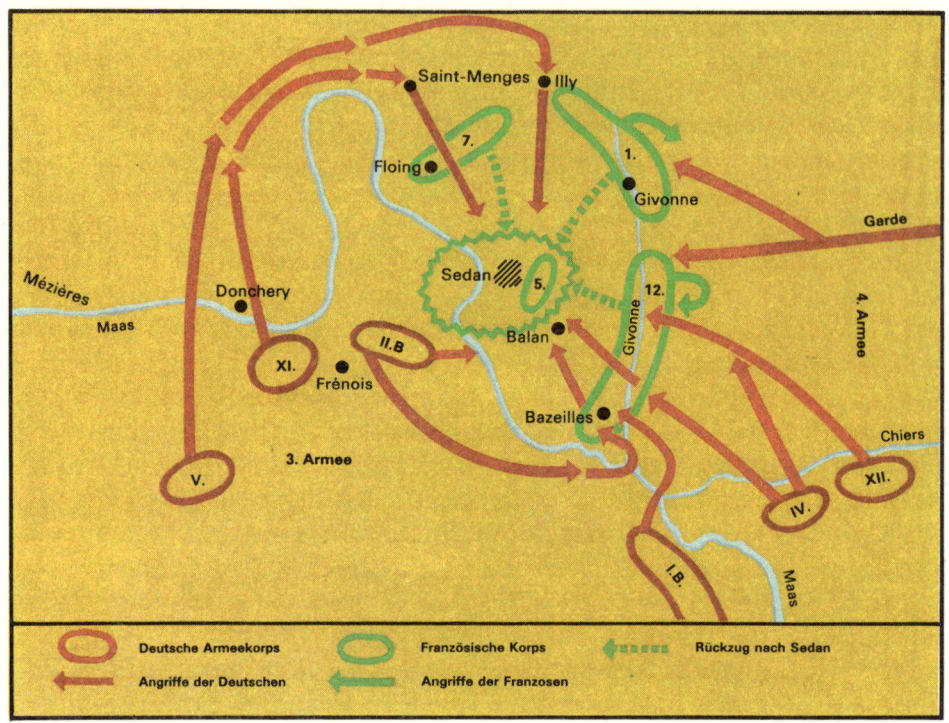

Die deutschen Armeekorps — Französische Korps — Rückzug nach Sedan
Angriffe der Deutschen — Angriffe der Franzosen

Schlacht bei Sedan

das 1. Korps bis zum Dorf Illy an. Nördlich der Stadt, zwischen Illy und Floing, lag das 7. Korps. Die französischen Reserven, das bei Beaumont geschlagene 5. Korps und die Reiterei, befanden sich im Maastal und in Sedan. Sehr schwach gesichert war die französische Aufstellung nach Westen, wo aber die große Maasschleife eine Annäherung des Gegners erschwerte.

Die deutschen Truppen marschierten bereits in der Nacht zum 1. September heran. Gegen die östliche und südöstliche Front der Franzosen richtete sich der Angriff der 4. Armee, zu der das I. und II. bayrische und das sächsische Armeekorps sowie das preußische Gardekorps gehörten. Schon im Morgengrauen des Schlachttags stießen die Spitzen der Bayern auf die Vorhut des französischen 12. Korps bei Bazeilles. Gegen die Nordfront der Franzosen rückten 2 Armeekorps der 3. Armee heran, bei Donchery überschritten sie den Fluß und schwenkten dann nach Osten gegen das französische 7. Korps ein. Aus der Anlage der Schlacht und dem Einsatz der deutschen Armeekorps war bereits der Plan einer Einschließung des Gegners zu erkennen.

184

Mit dem massiven Artilleriefeuer auf die französischen Truppen in Bazeilles am Morgen des 1. September begann die Schlacht bei Sedan. Jedoch scheiterten die ersten Angriffe des bayrischen I. Armeekorps am zähen Widerstand der Verteidiger, die ihre Anfangserfolge überschätzten und glaubten, die heranrückenden deutschen Kräfte östlich von Sedan schlagen zu können.

Der französische Dichter Émile Zola (1840–1902) beschreibt den Kampf um das Dorf Bazeilles: „Der neue Angriff [der deutschen Truppen – H. S.] kündigte sich furchtbar an. In Richtung der Wiesen hatte das Gewehrfeuer aufgehört. Die Bayern hatten sich eines schmalen, von Pappeln und Weiden gesäumten Baches bemächtigt und schickten sich an, die Häuser zu stürmen, die den Place de l'Eglise verteidigten; und ihre Plänkler [Schützen vor der Frontlinie – H. S.] hatten sich wohlweislich zurückgezogen… Der Leutnant hatte daher den Hof der Färberei verlassen und dort einen Posten zurückgelassen, weil er einsah, daß von nun an die Gefahr in Richtung der Straße liege. Rasch stellte er seine Leute entlang des Bürgersteigs mit dem Befehl auf, sich im ersten Stock des Gebäudes zu verschanzen und sich dort bis zur letzten Patrone zu verteidigen, falls der Feind den Platz in seine Gewalt bringe. Auf der Erde liegend, hinter den Prellsteinen in Deckung gegangen und die geringsten Mauervorsprünge ausnutzend, schossen die Männer nach Gutdünken; und längs dieses breiten, sonnenbeschienenen und verödeten Weges raste ein Orkan von Blei und von Rauchstreifen wie ein von heftigem Wind gejagter Hagelschauer. Man sah ein junges Mädchen in kopflosem Lauf den Fahrdamm überqueren, ohne getroffen zu werden. Dann bekam ein Greis, ein mit einem Kittel bekleideter Bauer, der sich darauf versteifte, sein Pferd in den Stall zurückzubringen, eine Kugel mitten in die Stirn, und zwar mit solcher Wucht, daß er dadurch in die Mitte der Straße geschleudert wurde. Das Dach der Kirche war durch eine darauf gefallene Granate eingeschlagen worden. Zwei weitere hatten Häuser in Brand gesetzt, die im grellen Licht unter dem Krachen des Gebälks loderten. Und die arme, neben ihrem kranken Kind zermalmte Françoise, der Bauer mit der Kugel im Schädel, die Verwüstungen und die Brände brachten die Einwohner vollends außer sich, die lieber hier hatten sterben wollen als sich nach Belgien zu retten. Bürger, Arbeiter, Männer im Paletot und in kurzer Jacke schossen wütend aus den Fenstern."*

In den Morgenstunden dehnten sich die Kämpfe rasch nach Norden entlang der Givonne aus. Mac-Mahon wurde schon zu Beginn der

* Émile Zola, Der Zusammenbruch, Rütten & Loening, Berlin 1978, S.198 f.

Schlacht verwundet, er übertrug das Kommando zunächst General Auguste-Alexandre Ducrot (1817–1882), der die im Kampf stehende Armee aus der Schlacht herauslösen und auf Mézières zurückführen wollte. Voraussetzung für das Gelingen eines solchen Planes aber war, daß der deutsche Angriff an der Givonne aufgehalten und damit Zeit für die notwendigen Umgruppierungen gewonnen würde. Die Kämpfe am Morgen des 1. September schienen das auch zu ermöglichen. Doch da wies General Emanuel-Felix von Wimpffen (1811–1884), der bisher das 5. Korps kommandiert hatte, ein Schreiben des französischen Kriegsministers vor, das ihn zum Nachfolger Mac-Mahons bestimmte. Er ließ die Umgruppierungen sofort einstellen und befahl Angriffe an der Givonne, um nach Osten durchzubrechen.

Die neuen französischen Attacken brachten die deutschen Truppen für kurze Zeit in eine schwierige Lage, die Artillerie mußte vorübergehend aus dem Givonnetal zurückgezogen werden. Aber bald trafen die frischen Kräfte des XII. Armeekorps und der preußischen Garde ein. Für die Franzosen bestand am späten Vormittag keine Aussicht mehr, die starke deutsche Truppenkonzentration zu durchbrechen.

Westlich von Sedan hatte sich die Lage gleichfalls für die Streitkräfte Napoleons III. verschlechtert. Das deutsche XI. und das V. Armeekorps überschritten die Maas und überquerten die Straße Sedan – Mézières. Bei Saint-Menges trafen sie auf französische Kräfte, zwischen Floing und Illy entbrannten am Vormittag heftige Kämpfe. Floing wurde schließlich von deutschen Truppen besetzt, bei Illy stellten die von Westen angreifenden Armeekorps die Verbindung mit der von Osten vordringenden Kavallerie der preußischen Garde her. Östlich von Sedan hatten die Deutschen inzwischen in breiter Front die Givonne überwunden und die französischen Truppen in verlustreichen Kämpfen aus ihren Stellungen geworfen. Als die Franzosen aus dem Dorf Illy zurückwichen, war praktisch die Einschließung der angeschlagenen Armee in Sedan vollendet. Das Artilleriefeuer der 3. und 4. Armee überschnitt sich und signalisierte den Franzosen die herannahende Katastrophe.

General Wimpffen griff auf seine Reserven an der Maas zurück und dirigierte sie nach Norden. Diese Bewegung kreuzte sich mit dem beginnenden Rückzug des 12. Korps aus dem Raum Bazeilles in die Festung. Verwirrung und Desorganisation bei den Franzosen wurden immer größer und erschwerten mehr und mehr die Truppenführung, die bald völlig der Hand des Oberbefehlshabers entglitt. Nördlich von Sedan, im Wald von Garenne, erlitten die Truppen des französischen 7. Korps vornehmlich durch das massierte Artilleriefeuer große Verluste.

Kampf der französischen Reiterei bei Floing (Gemälde von Franz Adam – Staatliche Museen zu Berlin, Nationalgalerie)

Noch einmal versuchte General Wimpffen einen Ausbruch, um zumindest dem Kaiser einen Fluchtweg zu öffnen. 7 Kavallerieregimenter griffen bei Illy an, aber im Schnellfeuer der deutschen Infanterie und Artillerie brach diese Attacke zusammen. Im Lauf der frühen Nachmittagsstunden zogen sich die Franzosen, zumeist ungeordnet, aus dem Gelände zwischen Floing und Illy nach Sedan zurück. Ein zweiter französischer Angriff am Dorf Balan südlich von Sedan schlug die bayrischen Truppen vorübergehend aus dem Feld, scheiterte jedoch ebenfalls.

In einem Dreieck von etwa 3 Kilometer Seitenlänge waren die Reste der französischen Armee zusammengedrängt, beschossen von 456 deutschen Geschützen. Eine so hohe Konzentration von Artillerie kannte man im 19. Jahrhundert bis dahin nicht. Die Weiterführung des Kampfes war sinnlos geworden, es gab keine Möglichkeit mehr für einen organisierten Ausbruch aus der Einschließung, in der Festung steigerte sich das Durcheinander am Abend des Schlachttags noch weiter. Um 16.30 Uhr stieg über den Trümmern des Schlosses die weiße Fahne auf. Die französischen Truppen stellten die Kampfhandlungen ein, die deutschen aber erst, als die bevollmächtigten Unterhändler eintrafen.

Der deutsche Schriftsteller Theodor Fontane weilte als Zeitungskorrespondent auf dem Kriegsschauplatz, er geriet kurzzeitig in französische Gefangenschaft und schrieb nach 1871 seine Eindrücke und Erlebnisse nieder. In seiner Darstellung zitierte er den Bericht eines französischen Offiziers über die Enttäuschung der Soldaten in Sedan nach dem Bekanntwerden der Kapitulation:

„Viele Soldaten zerschlugen in ihrer Wut die Gewehre, und die Straßen waren mit zerbrochenen Waffen aller Art übersäet. Zerbrochene Säbel, Flinten, Pistolen, Lanzen, Helme, Cürasse ... bedeckten den Boden, und an einer Stelle, wo die Maas durch die Stadt fließt, verstopften die Haufen solcher Trümmer den Strom. Der Schmutz in den Straßen war schwarz von Pulver. Die Pferde waren an die Häuser und an die Kanonen angebunden, aber Niemand dachte daran, ihnen Futter oder Wasser zu geben, und so rissen sie sich, vor Hunger und Durst wild geworden, los und rannten durch die Straßen. Wer da wollte, konnte ein Pferd bekommen; er mußte es sich nur einfangen ...

Demoralisation zeigte sich in jeder Weise. Selbst die Fahnen wurden verbrannt oder vergraben, ein Act der Treulosigkeit, der selbst durch den Schmerz und die Wuth einer geschlagenen Armee nicht beschönigt werden kann.“*

Die Kapitulationsverhandlungen zogen sich bis zum Vormittag des 2. September hin. 85000 Soldaten der französischen Armee streckten die Waffen, an der Spitze Napoleon III.; bereits am Vortag waren 21000 gefangengenommen worden. Die Einbußen an Toten und Verwundeten betrugen 16000 Mann, nur 3000 konnten nach Belgien entkommen. Ein Teil der Kavallerie hatte die Einschließung durchbrochen und sich in das Landesinnere gerettet. Die deutschen Truppen verloren etwa 9000 Tote und Verwundete.

Nach den Kapitulationsbedingungen wurde die französische Armee für kriegsgefangen erklärt, ausgenommen Offiziere, aber diese mußten sich ehrenwörtlich verpflichten, nicht weiter gegen die Deutschen zu kämpfen. Eine reiche Kriegsbeute fiel den Siegern in die Hände: 350 Feldgeschütze und 184 Festungsgeschütze, dazu viele Infanteriewaffen, Munition, Fahrzeuge, Fahnen sowie über 12000 Pferde.

Insgesamt war der Feldzug bislang für Preußen und seine Verbündeten erfolgreich verlaufen und hatte mit dem Sieg bei Sedan einen Höhepunkt erreicht. Die Armee von Bazaine war in Metz eingeschlossen, die Armee von Mac-Mahon zerschlagen, der Kaiser in Gefangenschaft. Der Krieg hätte beendet werden können; denn Frankreich vermochte die Bildung eines bürgerlichen deutschen Nationalstaats nicht mehr zu behindern, das bonapartistische Regime brach unmittelbar nach der

* Theodor Fontane, Der Krieg gegen Frankreich 1870–1871, I. Bd., Verlag der Königlichen Geheimen Ober-Hofbuchdruckerei (R.v.Decker), Berlin 1873, S.593

In Sedan erbeutete Geschütze

Schlacht zusammen, und in Paris kam eine neue, bürgerlich-republika-
nische Regierung an die Macht.

Doch die herrschende Klasse Preußen-Deutschlands setzte den
Krieg gegen Frankreich mit dem Ziel der Annexion französischer Gebiete fort. Aus dem Krieg für einen bürgerlichen Nationalstaat wurde
ein ungerechter Eroberungskrieg, gegen den sich die revolutionäre

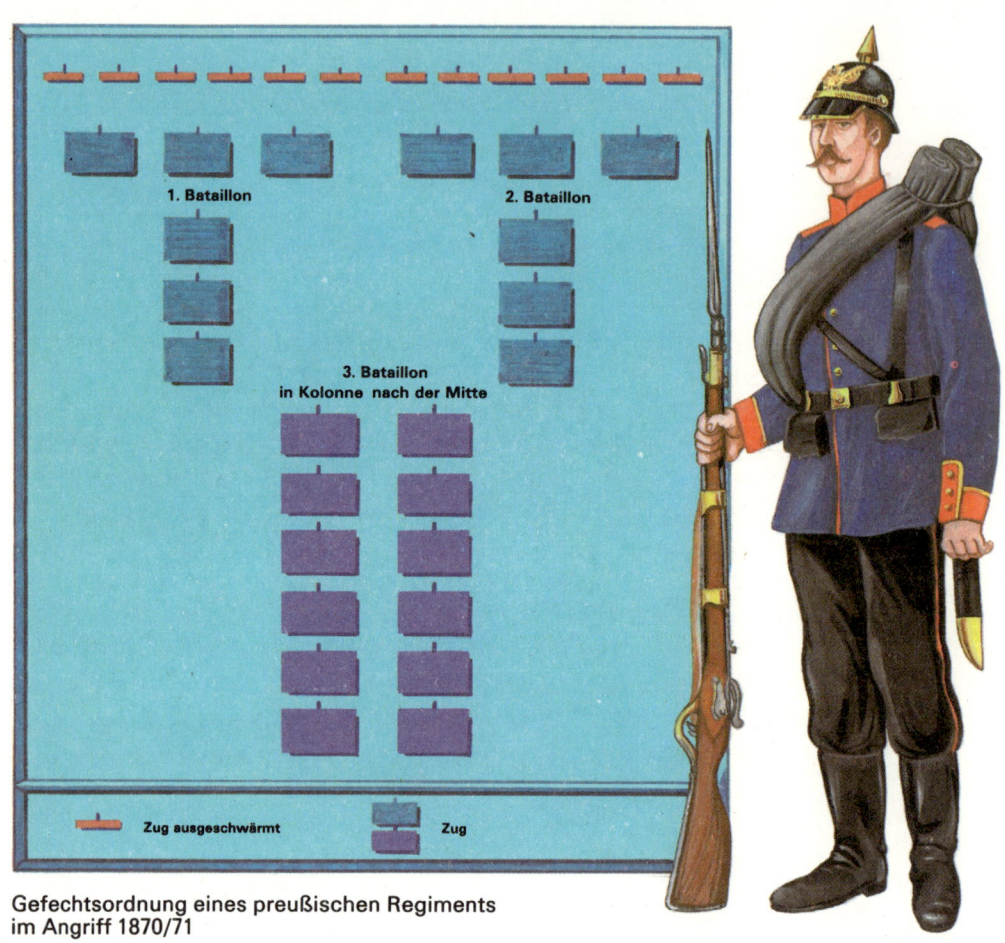

1. Bataillon

2. Bataillon

3. Bataillon
in Kolonne nach der Mitte

Zug ausgeschwärmt

Zug

Gefechtsordnung eines preußischen Regiments
im Angriff 1870/71

deutsche Arbeiterklasse wehrte. Sie forderte den Abschluß eines gerechten Friedens mit der Französischen Republik und den Verzicht auf Annexionen und Kontributionen. „Kaum war durch die Schlacht bei Sedan", so schreibt Franz Mehring, „das französische Kaiserreich gestürzt und somit die Möglichkeit eines friedlichen Einvernehmens zwischen den beiden größten Kulturvölkern des europäischen Festlandes geschaffen, als sich Bismarck durch die Bourgeoisie die Forderung der Annexion Elsaß-Lothringens und damit den unverhüllten Eroberungskrieg apportieren [herbeibringen – H. S.] ließ."*

* Franz Mehring, Gesammelte Schriften, Bd. 5, Dietz Verlag, Berlin 1979, S. 186

190

Der preußische Generalstab glaubte nach dem Sieg bei Sedan, den Krieg militärisch gewonnen zu haben, aber die weiteren Ergebnisse zeigten, daß Sedan nicht das Ende des Deutsch-Französischen Krieges, sondern nur der Schlußpunkt seiner ersten Etappe war. Die Schlacht markierte eine Wende im Gesamtverlauf der Auseinandersetzung. Die neugegründete Republik setzte den Kampf gegen die Eindringlinge fort, der bis zum Waffenstillstand am 31. Januar 1871 (in Südostfrankreich endeten die Kämpfe erst Anfang Februar) dauerte. Inzwischen erstarkte in Frankreich die Arbeiterbewegung; am 28. März 1871 wurde in Paris die Kommune proklamiert, die erste Arbeiterregierung der Welt.

Die Schlacht bei Sedan und die Kämpfe im Krieg 1870/71 besaßen große Bedeutung für die Entwicklung der Heeresorganisation und der Kriegskunst. Vor 1870 hatte die französische Armee als eine der besten Europas gegolten, doch die Gefechte, Schlachten und Belagerungen 1870/71 offenbarten viele Schwächen und Mängel in der Führung, Organisation und Versorgung der Truppen. Ein anderes Bild bot die deutsche Seite. Die allgemeine Wehrpflicht sicherte den deutschen Armeen starke Reserven; nach den Erfahrungen dieses Krieges führten viele europäische Länder die allgemeine Wehrpflicht ein. Zudem hatte der preußische Generalstab der raschen Mobilmachung, der den Anforderungen eines Krieges entsprechenden Ausbildung der Truppen sowie technischen Neuerungen große Beachtung geschenkt.

Taktisch gingen beide Heere zunächst in geschlossenen Kompaniekolonnen auf dem Schlachtfeld vor und erlitten in der Regel durch das massierte Feuer der Hinterladergewehre und der Artillerie starke Verluste; aber rasch begriffen die Soldaten, wie notwendig Änderungen waren. Auf deutscher Seite lösten sich die Kolonnen bald in lockere Schützenschwärme auf, die dem Gegner kein leichtes Ziel boten.

Es vergingen allerdings noch Jahre, ehe diese und andere militärische Schlußfolgerungen aus den Kampfhandlungen des Krieges 1870/71 auch Eingang in die Vorschriften und in die militärische Praxis der Armeen fanden.

Sieg über den weißen Mann

Adua 1896

Die Schlacht bei Adua zwischen dem äthiopischen Heer und einer italienischen Kolonialarmee erreichte nach der Zahl der eingesetzten Soldaten und Geschütze bei weitem nicht die Ausmaße des Ringens bei Sedan 1870 oder der kommenden Schlachten im Russisch-Japanischen Krieg 1904/05, aber dieser Kampf hatte schwerwiegende politische Folgen und eine große moralische Bedeutung. Um dieses Ereignis zu verstehen, ist ein Blick auf die politische Karte des „dunklen Kontinents" Afrika am Ende des 19. Jahrhunderts notwendig.

In den letzten Jahren vor der Jahrhundertwende ging die territoriale Aufteilung Afrikas unter die kapitalistischen Mächte ihrem Ende entgegen. Den Löwenanteil hatten Großbritannien und Frankreich an sich gerissen, gefolgt von Portugal und Belgien sowie vom Deutschen Reich. Als einziger größerer Staat hatte das christliche Kaiserreich Äthiopien, das auf eine fast zweitausendjährige Geschichte zurückblickte, seine Unabhängigkeit zu wahren gewußt. Gegen dieses Land im Nordosten des Kontinents richtete sich der Stoß Italiens, eines jungen imperialistischen Staates, der etwas spät an der Tafel der Kolonialräuber erschienen war und nun seine Beute einheimsen wollte.

Im letzten Drittel des 19. Jahrhunderts stießen an der Grenze Äthiopiens britische, französische und italienische Expansionsinteressen zusammen. Großbritannien sicherte sich Ägypten, den Sudan und einen Teil von Somaliland, Frankreich ein kleines Gebiet an der Straße von Aden. Italien faßte an der südwestlichen Küste des Roten Meeres Fuß und annektierte 1882 das Gebiet Eritrea. Praktisch war damit Äthiopien von der Küste des Roten Meeres und des Indischen Ozeans abgeschnitten. Englische, französische und italienische Truppen bezogen in ihren Kolonialterritorien Garnisonen; über dem Land ballte sich eine dunkle Wolke zusammen. In dem politischen Ränke- und Rivalitätskampf fand Äthiopien eine gewisse Unterstützung bei Frankreich und Großbritannien, die dem imperialistischen Konkurrenten Italien die Beute in Nordostafrika nicht gönnten.

Das afrikanische Kaiserreich Äthiopien gliederte sich in mehrere große Provinzen, an deren Spitze einflußreiche Fürsten als Statthalter und militärische Befehlshaber standen. Sie führten den Titel eines Ras und besaßen viel Macht, die sie auch gegen den Kaiser einsetzten. Unter den Herrschern Johannes IV. (1832–1889) und Menelik II. (1844–1913) erstarkte die Zentralgewalt. Das war eine Voraussetzung, um die Annexionsgelüste Italiens zurückzuweisen. Der „Freundschaftsvertrag" von Uccialli 1889 mit Italien überließ Eritrea der italienischen Krone, legte die neue Grenze fest und erkannte die Unabhängigkeit Äthiopiens an. Allein die italienische Regierung fälschte einen Artikel des Abkommens und beanspruchte das Protektorat über Äthiopien. Dem trat Kaiser Menelik II. entgegen. Die Spannungen, geschürt durch die Kriegslust der italienischen Kolonialisten, nahmen rasch zu, 1893 kündigte Äthiopien den „Freundschaftsvertrag". Für die italienischen Kolonialisten war dies der Anlaß, den Krieg zu beginnen. Der Gouverneur von Eritrea und Befehlshaber der Truppen, General Oreste Baratieri (1841–1901), überschätzte dabei maßlos die eigenen Möglichkeiten und glaubte an einen kurzen Feldzug nach Addis Abeba, der Hauptstadt Äthiopiens. Als Ziel schwebte den Aggressoren ein großes ostafrikanisches Kolonialreich vor.

Zwischen den Streitkräften beider Länder gab es beträchtliche Unterschiede. Italien verfügte über modern ausgerüstete und gut ausgebildete Truppen in einer Stärke von mehr als 20 000 Mann in der Kolonie Eritrea. Vom Hafen Massaua aus führten einige Wege in das äthiopische Hochland, an ihnen lagen kleine Städte, in denen die Italiener militärische Stützpunkte und Lager errichtet hatten. Angehörige einheimischer Völkerschaften dienten der Kolonialverwaltung als Hilfstruppen. General Baratieri war ein kampferfahrener Militär, er hatte 1860 in der Schar Giuseppe Garibaldis (1807–1882) für die Einigung Italiens gekämpft, aber die Ideale der Freiheitsbewegung gegen den Erwerb von Reichtum im Dienst der Kolonialherren eingetauscht.

Die Streitmacht Meneliks II. war an Zahl erheblich größer. Zu ihr gehörten die dem Kaiser unmittelbar unterstellten Truppen, außerdem die Aufgebote der Provinzstatthalter und viele freiwillige Kämpfer aus verschiedenen Völkern des Reiches. Dieses Heer spiegelte die sehr unterschiedlichen politisch-sozialen Verhältnisse wider. Während die Truppen des Kaisers und der Fürsten in Einheiten fester geordnet und weitgehend mit Feuerwaffen – Gewehren verschiedener Produktion sowie mit alten und modernen Geschützen – bewaffnet waren, kämpften die Scharen der Freiwilligen in einer sehr lockeren Organisation, sie führten sowohl Gewehre als auch Speere, Schwerter und andere traditionelle, aber völlig veraltete Waffen. So hatte die Armee Meneliks II. einen unterschiedlichen Kampfwert. Doch sie wurde zum einen moralisch angespornt durch die Überzeugung, das Heimatland zu verteidigen, zum anderen nutzte sie die Kenntnis des Geländes geschickt für Angriff und Verteidigung. Menelik II. verstand es, die Gegensätze zwischen den Fürsten beizulegen und die Italiener, die auf solche inneren Zwistigkeiten spekulierten, zu täuschen. Viele Kund-

Äthiopischer Kavallerist

schafter informierten die äthiopische Streitmacht über Absichten und Bewegungen des Feindes.

Im Dezember 1894 überschritten die italienischen Truppen die Grenze, drangen in die nördliche Provinz Tigre ein und besetzten vorübergehend die Stadt Adua. Die ersten Gefechte endeten für die Überfallenen mit Verlusten, jedoch zogen sich die relativ schwachen italienischen Kräfte bei Beginn der Regenzeit im Mai 1895 wieder zurück. Die Regenperiode erschwerte alle Truppenbewegungen und Kampfhandlungen, besonders traf sie die Italiener, während die Äthiopier diese klimatischen Verhältnisse gut kannten und mit ihren Auswirkungen besser vertraut waren als der Feind. Im Herbst setzte die italienische Führung die Aggression fort und rückte erneut in die Provinz Tigre ein.

Menelik II. erließ angesichts der feindlichen Offensive im September 1895 ein Manifest, in dem es heißt: „Von Übersee kam der Feind, drang in unser Land ein und will unseren Glauben und unser Vaterland vernichten. Geduldig und lange habe ich verhandelt, um unser Land zu verschonen, das so viele Verluste in den letzten Jahren erlitten hat. Der Feind schreitet jedoch voran und bedroht mit List das ganze Land. Ich habe die Absicht, zum Schutze des Vaterlandes anzutreten, und hoffe, daß ich mit Gottes Hilfe den Feind besiegen werde. Möge also jedermann, der genügend Kraft hat, mit mir ausrücken, und diejenigen, die zu schwach sind, um zu kämpfen, sollen für den Sieg unserer Waffen beten."*

Am 2. Oktober 1895 rückte der Kaiser mit einem Teil seines Heeres in Stärke von 25000 Fußsoldaten und 3000 Reitern von Addis Abeba aus und marschierte in die Provinz Tigre gegen die Italiener, unterwegs stießen weitere äthiopische Truppen und Freischaren zu ihm. Mit großer zahlenmäßiger Übermacht griffen am 7. Dezember 1895 die Äthiopier die italienische Garnison in Amba Alage an und schlugen sie in die Flucht. Anschließend belagerten sie die kleine Festung Makale. Die schwache italienische Besatzung, ausgerüstet mit modernen Waffen, wehrte mehrere Angriffe ab und hielt sich bis Ende Januar 1896. Danach kapitulierte sie gegen freien Abzug – ein Zugeständnis Meneliks II., das nicht von allen äthiopischen Befehlshabern gebilligt wurde.

Diese Erfolge stärkten den Kampfgeist der äthiopischen Soldaten und mobilisierten das Land. Die italienischen Niederlagen hatten, obwohl sie keine Kriegsentscheidung brachten, politische und vor allem

---

* zit. nach: Andrzej Bartnicki/Joanna Mantel-Niećko, Geschichte Äthiopiens, Akademie-Verlag, Berlin 1978, S.331

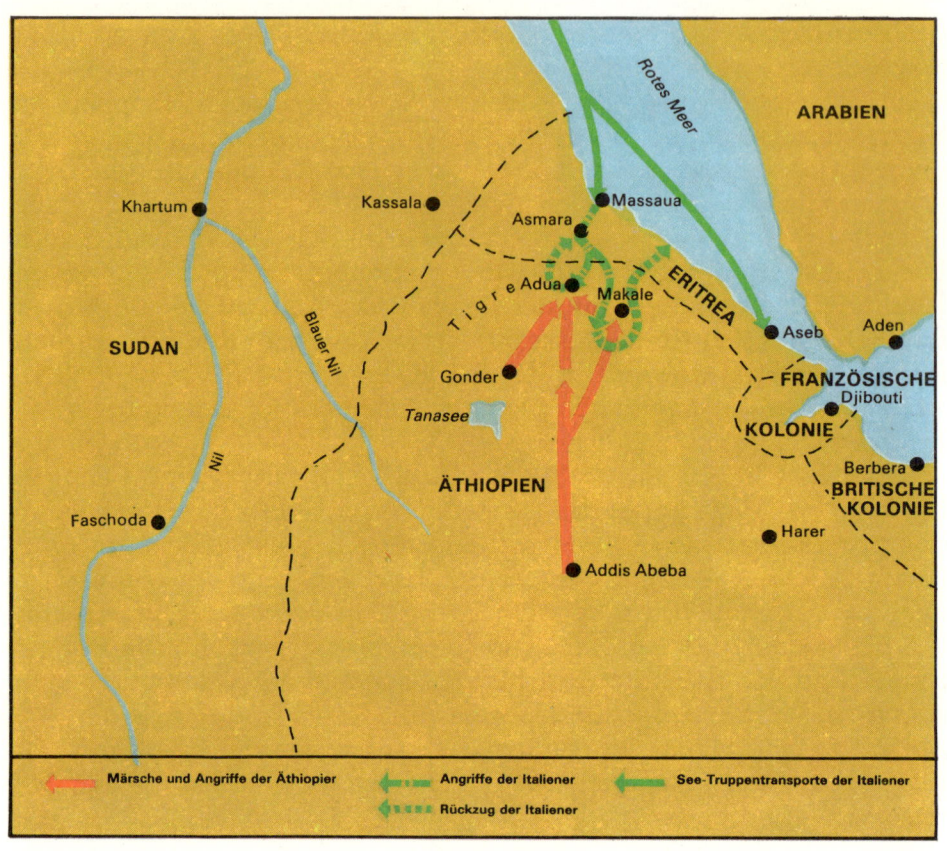

Märsche und Angriffe der Äthiopier   Angriffe der Italiener   See-Truppentransporte der Italiener

Rückzug der Italiener

Italienische Aggression gegen Äthiopien 1894 bis 1896

psychologische Folgen: Sie zeigten, daß der scheinbar allmächtige weiße Mann zu schlagen war. Wenn noch dieser oder jener Fürst oder Großgrundbesitzer mit der italienischen Kolonialmacht aus Eigennutz geliebäugelt oder gar auf Verrat gesonnen hatte, so war solchen Bestrebungen die Spitze abgebrochen, die Autorität Meneliks II. festigte sich.

General Baratieri erkannte wohl selbst, daß der Feldzug kein Spaziergang nach Addis Abeba war, und zögerte mit neuen Vorstößen. Jedoch die Regierung in Rom drängte energisch auf Angriff und bereitete die Überführung neuer Truppen nach Eritrea vor. Ende Februar landete ein weiteres Kontingent in Massaua. Stillschweigend beschloß die Regierung des Ministerpräsidenten Francesco Crispi (1819–1901) die Ablösung Baratieris durch General Antonio Baldissera

(1838–1917), die Anfang März – nach der Niederlage von Adua – bekannt wurde.

Ende Februar 1896 standen sich zwischen Adua und den Höhen von Sauria folgende Kräfte gegenüber:

Äthiopisches Heer		Italienisches Heer (einschließlich einheimischer Söldner)	
Truppen des Kaisers	30 000	4 Brigaden	18 050
Truppen der Kaiserin	3 000	10 Geschützbatterien	1 920
Truppen der Fürsten	40 000	Stäbe	200
Freischaren	etwa 20 000		
	42 Geschütze		52 Geschütze

Baratieri beabsichtigte, ostwärts von Adua neue Stellungen zu beziehen und dort die äthiopische Armee, die sich im weiten Talkessel von Adua versammelt hatte, zur Schlacht zu zwingen. Der Marsch der Italiener in der Nacht vom 29. Februar zum 1. März war schlecht vorbereitet. In dem unbekannten, wegearmen Berggelände kam die Ordnung der 4 italienischen Kolonnen – 3 rückten in paralleler Formation vor, die Reservekolonne hinter der mittleren – bald durcheinander, der Oberbefehlshaber wußte nicht genau, wo sich seine Truppen befanden. Am Morgen des 1. März erreichten die Italiener die vorgesehenen Stellungen. Kundschafter hatten die Führung der Äthiopier von dem Nachtmarsch und von der veränderten Lage informiert. Der 1. März war ein Sonntag. Kaiser Menelik II. und sein Gefolge nahmen in der Kirche zu Adua an einem Gottesdienst teil, sie wußten nun, daß der Tag der Schlacht gekommen war.

Zuerst geriet die linke italienische Kolonne in den Kampf. Nach Anfangserfolgen stockte ihr Angriff, die Äthiopier gingen zum Gegenangriff über und warfen den Feind zurück. Um 9 Uhr vormittags befanden sich die italienischen Truppen und die einheimischen Söldnereinheiten der linken Kolonne schon in wilder Flucht. Baratieri erfuhr von diesem Fiasko zunächst nichts; denn inzwischen war auch der Kampf bei der mittleren Kolonne entbrannt.

Von Adua her strömten an Zahl überlegene äthiopische Truppen rasch heran und drängten die mittlere Kolonne, der nun die Reservekolonne zu Hilfe kam, zurück. Durch das Feuer der italienischen Artillerie erlitten die Äthiopier zum Teil empfindliche Verluste. Gegen Mittag bahnte sich im Zentrum die Katastrophe an, die Italiener wurden frontal und im Rücken angegriffen, von der rechten Kolonne war

Kampf zwischen Italienern und Äthiopiern (zeitgenössische Darstellung)

nichts zu sehen und zu hören. Auf italienischer Seite geriet die Truppenführung mehr und mehr durcheinander, schließlich befahl Baratieri, sich geordnet zurückzuziehen. Dieser Befehl konnte aber nicht mehr befolgt werden; denn die italienische Streitmacht befand sich in voller Auflösung.

Der Oberbefehlshaber hat die Flucht später in seinen Memoiren geschildert, auf sie stützte sich der österreichische Offizier und Militärschriftsteller Alois Veltzé (1864–1927). Er berichtet: „Von allen Seiten fiel nun ein Hagel von Geschossen auf die dichtgedrängten italienischen Reihen, feindliche Scharen mengten sich unter die Fliehenden, und nur an wenigen Punkten gelang es der besonderen Energie einzelner Offiziere, Widerstand zu leisten. Jedwede Ordnung war gelöst, die Verbände waren zerrissen, alles drängte sich auf den wenigen schmalen Steigen zusammen; kein Bitten, kein Befehlen nützte mehr; über Stock und Stein, mitten durch jene sonst so gefürchteten Dornsträucher hindurch wälzte sich die Menge nach rückwärts.“*

Über das Schicksal der rechten Kolonne wußten Baratieri und die Führung der Armee nichts. Erst am 3. März, als die Reste der italienischen Streitmacht in der Nähe der Grenze zu Eritrea lagerten, erfuhr der General, daß auch diese Kolonne eine schwere Niederlage erlitten hatte, viele Offiziere, darunter ihr Befehlshaber, waren gefallen.

Die Italiener büßten in der Schlacht 4820 Tote und 460 Verwundete ein, 1720 Mann gerieten in Gefangenschaft. Unter den Toten befanden sich zwei der Generale, die Kolonnen geführt hatten, ein General wurde gefangengenommen. Alle Geschütze, der Troß mit Wagen, Zugtieren und Versorgungsgütern fielen in die Hände der Sieger. Auf der Flucht verloren die Italiener weitere Tote, Verwundete und Gefangene, insgesamt betrugen ihre Ausfälle bis April 1896 über 11000 Mann. Die Verluste der äthiopischen Streitmacht am Schlachttag lagen etwas höher, genaue Zahlen sind nicht überliefert, die Literatur gibt etwa 4000 bis 5000 Tote und 6000 bis 8000 Verwundete an. Diese Zahlen machen deutlich, daß moderne Schnellfeuerwaffen gegen weniger gut ausgebildete und ausgerüstete Truppen und Freischaren, die in Ketten und Schwärmen vorgehen, sehr wirkungsvoll sein können. Die italienischen Gefangenen wurden später ausgetauscht; die gefangengenommenen einheimischen Söldlinge aber, die ihre Heimat verraten und dem kolonialen Unterdrücker gedient hatten, mußten eine schwere Strafe erleiden: Ihnen wurden die rechte Hand und der linke Fuß abgehackt.

Adua hatte das militärische Kräfteverhältnis grundlegend verändert. Den Italienern verblieben in Eritrea nur noch wenige tausend Mann in

* Alois Veltzé, Die Schlacht bei Adua am 1. März 1896. Nach den Memoiren Baratieris, Junker und Dünnhaupt Verlag, Berlin 1935, S.58

Stützpunkten, die zurückflutenden Reste des Heeres wurden aufgefangen und mühsam neu geordnet.

Die äthiopische Armee hätte im März/April 1896 nach Eritrea vorrücken können, jedoch nutzte Kaiser Menelik II. diese Chance nicht. Die Gründe dafür dürften in inneren Spannungen zu suchen sein; denn nach dem Sieg über die Italiener wurden die Konflikte zwischen der Zentralgewalt und den Fürsten wieder wirksam. Hinzu kamen die personellen Einbußen des Heeres sowie die beginnende Regenzeit. Der Verzicht auf den Stoß gegen die italienische Kolonialherrschaft in Eritrea sollte sich 40 Jahre später bitter rächen. 1935 eröffnete von hier und von Somaliland aus der italienische Faschismus den Aggressionskrieg gegen Äthiopien.

Der italienisch-äthiopische Friedensvertrag vom Oktober 1896 stellte die volle Souveränität Äthiopiens her, wies alle italienischen Ansprüche und Scheinrechte zurück und legte die Grenze zu Eritrea fest, wie sie bis 1935 bestand.

Der äthiopische Waffensieg von Adua erregte großes Aufsehen. Er wurde zum Symbol erfolgreichen Kampfes für die Unabhängigkeit in einer Zeit, da die koloniale Aufteilung Afrikas den Höhepunkt erreicht hatte. Äthiopien sicherte seine staatliche Existenz und Souveränität und trat als eine politisch-militärische Größe auf, mit der die imperialistischen Kolonialmächte rechnen mußten.

Die Katastrophe der Zarenflotte

Tsushima 1905

Die Seeschlacht bei Tsushima war ein entscheidendes militärisches Ereignis im Russisch-Japanischen Krieg 1904/05.

In der Nacht vom 8. zum 9. Februar (26. zum 27. Januar) 1904 hatten 10 japanische Torpedoboote die auf der Reede von Port Arthur (Lüshun) liegenden russischen Kriegsschiffe angegriffen, 3 von ihnen wurden durch Torpedotreffer beschädigt. Am nächsten Morgen erschien die japanische Flotte unter dem Kommando von Vizeadmiral Heihatiro Togo (1848–1934) vor dem Kriegshafen und eröffnete das Feuer. Als die Artillerie der russischen Schiffe antwortete, drehten die Japaner ab. Dieser Überfall bildete den Auftakt zum Krieg.

Das zaristische Rußland war eine starke Militärmacht, aber im Innern des riesigen Reiches glomm bereits das Feuer der Revolution; Heer und Kriegsflotte blieben davon nicht unberührt. Der junge, aufstrebende imperialistische Staat Japan verfügte über eine große Rüstungsindustrie und moderne Streitkräfte, in der zeitweise englische, amerikanische und deutsche Militärinstrukteure gewirkt hatten. Beide Seiten verfolgten Eroberungsabsichten, es ging ihnen darum, auf Kosten Chinas ihren Macht- und Einflußbereich in Ostasien auszudehnen und den lästigen kapitalistischen Konkurrenten zurückzudrängen.

Beide Mächte hatten sich für eine militärische Auseinandersetzung gerüstet; namentlich Japan baute mit Hilfe von Finanzanleihen aus den USA und Großbritannien zielstrebig eine schlagkräftige Armee und Flotte auf. Zur See bestand in Ostasien folgendes militärisches Kräfteverhältnis:

Schiffsklasse	Russen	Japaner
Linienschiffe	7	6
Panzerkreuzer	4	8
Kreuzer	7	12
Zerstörer und Torpedoboote	37	47

Den Kern der Flottenkräfte beider Länder bildeten Linienschiffe und Panzerkreuzer. Unter Linienschiffen verstand man die gepanzerten Schlachtschiffe, die in der Gefechtsordnung in Linie hintereinander fuhren und auf diese Weise ein koordiniertes Artilleriefeuer führen konnten, manchmal liefen sie auch in 2 Linien nebeneinander. Das russische Linienschiff „Borodino" (Bauzeit von 1901 bis 1903) hatte eine Wasserverdrängung von 13 700 Tonnen, erreichte eine Geschwindigkeit von 18 Seemeilen (etwa 32 Kilometer) je Stunde und trug eine starke Artilleriebewaffnung: 4 Geschütze zu 305 Millimeter, 12 zu 150 Millimeter, 20 zu 75 Millimeter, weitere 20 Geschütze zu 47 Millimeter Kaliber sowie 4 Torpedorohre. Die Panzerkreuzer waren kleiner, aber schneller und manövrierfähiger. Der japanische Panzerkreuzer „Adzuma" (Baujahr 1899) hatte 9500 Tonnen, konnte eine Geschwindigkeit von 20 Seemeilen (etwa 37 Kilometer) je Stunde erreichen und besaß insgesamt 40 Geschütze von 47 bis 203 Millimeter Kaliber, außerdem 5 Torpedorohre. In technischer Hinsicht bestanden keine allzu großen Unterschiede zwischen den vergleichbaren Kriegsschiffen beider Seiten. Japan hatte einen Teil seiner Fahrzeuge auf britischen Werften bauen lassen, die sich damals durch einen hohen technischen Entwicklungsstand auszeichneten, in der russischen Flotte gab es mehr ältere Schiffe. Insgesamt waren die Japaner besser auf den Krieg vorbereitet als die Russen.

Die Flottenbasen des russischen 1. Pazifischen Geschwaders befanden sich in der starken Festung Port Arthur auf der Halbinsel Liaodong – dieses Gebiet hatte der Zarismus China entrissen – und in Wladiwostok; Japan verfügte auf seinen Inseln über zahlreiche Kriegshäfen mit Werften, Depots sowie Reparatur- und Versorgungseinrichtungen.

Der Angriff traf die russische Flotte unvorbereitet. Die zaristische Regierung und die Militärbehörden hatten Warnungen vor einem möglichen Überfall nicht beachtet, sie hielten Japan nicht für fähig, überraschend Kampfhandlungen zu eröffnen. In der Folgezeit versuchten die Japaner mehrmals vergeblich, die Hafeneinfahrt nach Port

Russisches Linienschiff „Borodino"

Arthur durch Versenken von zementbeladenen Dampfern zu sperren und damit ein Auslaufen der russischen Kriegsschiffe zu verhindern.

Anfang März 1904 übernahm der tatkräftige Vizeadmiral Stepan Makarow (1849–1904) den Befehl über das 1. Pazifische Geschwader. Er ordnete unverzüglich energische Aktionen gegen den Feind an. Am 13. April (31. März) liefen jedoch 2 russische Linienschiffe auf eine japanische Minensperre, ein Schiff sank, das andere konnte mit schweren Schäden in den Hafen zurückgeschleppt werden, der Befehlshaber

Japanischer Panzerkreuzer „Adzuma"

Heihatiro Togo auf der Brücke eines Linienschiffs (zeitgenössische Darstellung)

selbst ging mit seinem Flaggschiff unter. Sein Nachfolger unternahm im Juni nochmals Ausbruchversuche, die aber ergebnislos blieben. Durch russische Minen sanken 2 japanische Linienschiffe vor Port Arthur. Inzwischen waren japanische Truppen in der Nähe der Festung gelandet und hatten mit der Belagerung begonnen.

Am 14. (1.) August lief das russische Geschwader mit 6 Linienschiffen, 4 Kreuzern und 14 Zerstörern aus. Bei Kap Schandung vor der chinesischen Ostküste stieß es auf die japanische Flotte in Stärke von 4 Linienschiffen, 2 Panzerkreuzern, 8 Kreuzern, 12 Zerstörern und 30 Torpedobooten. Das stundenlange Artillerieduell brachte keine Entscheidung, auf beiden Seiten wurden Schiffe beschädigt, doch keins ging verloren. Der Großteil der russischen Flotte erreichte wieder Port Arthur, einige Schiffe aber flüchteten nach Tsingtao (Qingdao) und Saigon (Ho-Chi-Minh-Stadt), wo sie interniert wurden. Bei einem zweiten Seegefecht am 14. August 1904 in der Koreastraße zwischen russischen und japanischen Einheiten sank ein russischer Kreuzer. Die Japaner vermochten ihre Seeherrschaft im Gelben Meer zu festigen.

Von diesem Zeitpunkt an beschränkten sich die Handlungen des 1. Pazifischen Geschwaders auf die Verteidigung. Die beschädigten Schiffe wurden im Hafen von Port Arthur repariert, versuchten aber keine weiteren Ausbrüche. Mit ihrer Artillerie griffen sie in den Kampf gegen die Belagerer ein. Die Flotte gab im Herbst immer mehr Geschütze und Mannschaften an das Heer zur Verteidigung der Festung ab. Bis Dezember 1904 gelang den Japanern kein Einbruch in das Verteidigungssystem. Als die Belagerer eine Höhe vor Port Arthur eroberten, von der sie das Hafengelände und damit die Liegeplätze des russischen Geschwaders einsehen konnten, nahmen sie die Schiffe unter heftiges Artilleriefeuer. In den folgenden Tagen sanken 5 Kriegsschiffe oder wurden von der eigenen Besatzung versenkt. Am 2. Januar 1905 (20. Dezember 1904) kapitulierte Port Arthur.

Der Fall der starken Festung, die noch über Mittel zur Verteidigung verfügte, offenbarte schlagartig die innere Schwäche des Zarismus und seine Unfähigkeit, einem äußeren Gegner standzuhalten. Die Kapitulation beeindruckte die Welt. Wladimir Iljitsch Lenin (1870–1924) analysierte gründlich die Hintergründe dieses Ereignisses und die Auswirkungen auf die politische und militärische Situation in Rußland.

„Aber der militärischen Katastrophe, von der die Selbstherrschaft ereilt wurde, kommt noch größere Bedeutung zu als Symptom für den Zusammenbruch unseres ganzen politischen Systems. Unwiederbringlich sind die Zeiten dahin, als die Kriege von Söldnern oder den Angehörigen einer vom Volk halb losgelösten Kaste geführt wurden. Die Kriege werden jetzt von den Völkern geführt ...

Der Zarismus hat sich als Hindernis für eine moderne, den neuesten Anforderungen gerecht werdende Organisation des Heereswesens erwiesen, desselben Heereswesens, dem sich der Zarismus mit ganzer Seele hingab, das sein größter Stolz war, dem er unermeßliche Opfer darbrachte, ohne sich im geringsten um die Opposition des Volkes zu kümmern. Ein übertünchtes Grab – als das erwies sich die Selbstherrschaft auf dem Gebiet der Verteidigung nach außen, ihrer sozusagen ureigenen und am meisten vertrauten Spezialität ... Als rückständig und völlig untauglich haben sich die Flotte wie die Festung, die Feldbefestigungen wie das Heer erwiesen."*

Lenin schrieb diese Zeilen am 14. (1.) Januar 1905. Die Geschehnisse an der Landfront in der Mandschurei – dort schlug sich die russische Armee in blutigen Schlachten mit den Japanern – und die Seeschlacht bei Tsushima bestätigten sein Urteil.

Rußland verfügte noch über Flottenkräfte in der Ostsee. Nach Kriegsbeginn wurden Neubauten beschleunigt fertiggestellt und ältere Schiffe überholt. Es dauerte aber bis Mitte Oktober 1904, ehe eine Flotte – das 2. Pazifische Geschwader – mit einem Bestand von 7 Linienschiffen unterschiedlichen Typs, einem Panzerkreuzer, 8 Kreuzern, 9 Torpedobooten sowie mehreren Lazarett- und Versorgungsschiffen aus Kronstadt und Liepāja auslief.

Unter dem Befehl von Vizeadmiral Sinowi Roshestwenski (1848–1909) fuhr diese Flotte durch die Ost- und Nordsee – vor der Stadt Hull (England) kam es zu einem Zwischenfall mit englischen Fischereifahrzeugen, die man für japanische Torpedoboote hielt – in den Atlantik. Vor Tanger, Dakar, Libreville und der deutschen Kolonie Südwestafrika (heute Namibia) erhielt das Geschwader Kohlen und Versorgungsgüter, jedoch durfte kein Hafen direkt angelaufen werden. Erst an der Nordostküste von Madagaskar – damals eine französische Kolonie – fielen für mehrere Monate die Anker. Dort erfuhr der Befehlshaber von der Kapitulation Port Arthurs. Obwohl sich dadurch die militärische Lage in Ostasien für Rußland verschlechtert hatte, änderte die zaristische Regierung nicht die Pläne für den Flotteneinsatz. Sie entsandte einige ältere Kriegsschiffe zum Geschwader, das sein Hauptziel – den Hafen Port Arthur – nicht mehr anlaufen konnte, sondern das noch weiter entfernte Wladiwostok ansteuern mußte. Im März 1905 setzte die Flotte die Fahrt fort, vor der Küste Vietnams trafen nochmals einige Schiffe ein, die durch das Mittelmeer, den Suezkanal und das Arabische Meer gekommen waren. Im Mai näherte sich das Geschwader der Koreastraße, wo die Japaner ihm auflauerten. Durch einen gut funktionierenden Nachrichtendienst waren sie vom Kurs der russischen Flotte und von ihrer Stärke informiert und konnten rechtzeitig die Schlacht vorbereiten.

* W.I.Lenin, Der Fall von Port Arthur, in: Werke, Bd.8, Dietz Verlag, S.37, 39

Der mehrmonatige Seemarsch und die Aufenthalte in den tropischen Gewässern stellten an die Schiffstechnik und die Navigationskunst wie auch an die Moral der Besatzungen hohe Anforderungen. Alle notwendigen Arbeiten mußten auf offener See durchgeführt werden. Die lange Fahrt rief bei der Weltöffentlichkeit Staunen hervor, die Fachleute wußten, daß nunmehr das Schwerste auf das Geschwader zukam: der Kampf mit der aufgefrischten, gut versorgten japanischen Flotte, die nach der Einnahme von Port Arthur und dem Ausfall des russischen 1. Pazifischen Geschwaders die Überlegenheit besaß.

In der Nähe der Insel Tsushima zwischen Korea und Japan standen sich im Morgengrauen des 27. (14.) Mai 1905 folgende Flottenkräfte (ohne Transport-, Werkstatt- und Lazarettschiffe) gegenüber:

Schiffsklasse	Russen	Japaner
Linienschiffe	8	4
Panzerkreuzer	1	8
Alte Panzerschiffe	3	
Kreuzer	8	16
Torpedoboote	9	63

Hinzu kamen auf japanischer Seite noch mehrere Kanonenboote, Hilfskreuzer und andere kleinere Kriegsschiffe; die Nähe der heimatlichen Häfen erleichterte das Heranführen vieler Torpedoboote innerhalb kurzer Zeit. Die Artillerie der Japaner war weit überlegen: 228 Rohren des russischen Geschwaders standen 910 Rohre der japanischen Flotte gegenüber.

Am Morgen des 27. (14.) Mai erblickten russische Beobachter die Rauchfahnen japanischer Schiffe. Der Tag der Schlacht war gekommen. Um 14 Uhr eröffneten die russischen Kriegsschiffe, die in Kiellinie Kurs Nordost fuhren, das Artilleriefeuer. Schon in den ersten Stunden der Schlacht zeigte sich der Vorteil der höheren Geschwindigkeit der Japaner. Admiral Togo ließ einen Bogen schlagen und setzte sich quer vor die russische Kiellinie. Jetzt konzentrierte sich das japanische Feuer auf die vordersten russischen Linienschiffe. Während die Japaner volle Breitseite abgaben, konnten die langsameren russischen Schiffe nur mit den vorderen Geschütztürmen antworten. Als sich die Entfernung zwischen den Flotten verringerte, wirkte sich das Feuer der schweren japanischen Schiffsartillerie mit einem Kaliber von 30,5 Zentimetern immer verheerender aus. Das russische Flaggschiff „Suworow" erhielt einen schweren Treffer, Vizeadmiral Roshestwenski

Schlacht bei Tsushima

Legende:

— Japanische Flottenvorstöße
— Russische Flottenvorstöße
— Japanische Heeresoffensiven
— Russische Heeresoffensiven
— Flucht russischer Schiffe nach der Schlacht
— Gebiet der Seeschlacht
— Kapitulation Nebogatows

wurde verwundet, er mußte auf ein Torpedoboot gebracht werden. Mehrere Treffer eines japanischen Torpedoboots führten schließlich zum Untergang des russischen Linienschiffs.

In dem Buch „Tsushima" stellt der Schriftsteller Alexej Nowikow-Priboi (1877–1944), der als Matrose auf dem Linienschiff „Orjol" an der Schlacht teilnahm, die Tragödie der russischen Flotte dar.

„Pausenlos prasselten die Granaten. Nicht weniger als sechs japanische Kreuzer beschossen das Schiff. Ringsum schäumte das Meer. Die Treffer in der Wasserlinie schleuderten riesige Wassersäulen hoch, die dann auf Deck und in die Kasematten stürzten. Stöhnen, Todesschreie und das Brüllen der vor Angst wahnsinnig gewordenen Menschen vermischten sich mit dem Krachen der Explosionen, dem Fauchen des Feuers und dem Dröhnen des berstenden Eisens. Nun schwieg die eigene Artillerie vollends. Der Kommandeur einer Geschützgruppe, Leutnant Nedermiller, entließ die Bedienung und jagte sich eine Kugel in den Kopf, weil er die Situation für aussichtslos hielt. Alle Aufbauten brannten. Auch unter der Bugbrücke wütete das Feuer …

Trotz des um sich greifenden Feuers verließ der Kommandant Baer seine Brücke nicht. Es war klar, daß er mit dem Schiff untergehen wollte. Seine Sorge war jetzt nur, daß sich seine Untergebenen richtig in Sicherheit brachten. Er hing fast am Geländer und schrie, bemüht, die Hilferufe der anderen zu übertönen:

,Weiter weg vom Bord! Zum Teufel, das Schiff reißt euch in die Tiefe. Schwimmt weiter weg!'

In diesem Augenblick, im Angesicht des Todes, war er prachtvoll. Das Schiff kenterte kieloben und versank langsam im Meer.

Die Schraube der Steuerbordmaschine arbeitete noch immer. In der Luft wirbelte sie wie rasend, auch im Meer drehte sie sich weiter. Das waren die letzten Zuckungen des untergehenden Schiffes."*

Beschrieben wurde hier der Untergang des Linienschiffs „Osljabja" am Nachmittag des 27. (14.) Mai 1905.

Am Nachmittag und Abend dauerte der Artilleriekampf an. Die russische Flotte versuchte nach Norden auszubrechen, aber die schnelleren japanischen Schiffe kamen wieder in günstige Schußposition. Bis Mitternacht sanken mehrere russische Schiffe durch Artilleriefeuer und Torpedotreffer. An Stelle von Roshestwenski hatte Konteradmiral Nikolai Nebogatow (1849–1922) das Kommando über das mehr und mehr in Verwirrung geratene Geschwader übernommen. In der Nacht gingen weitere 3 Kriegsschiffe verloren. 3 Fahrzeugen gelang die Flucht nach Süden, sie wurden im Hafen von Manila (Philippinen) interniert.

Am Morgen des 28. (15.) Mai hatte der russische Befehlshaber Nebogatow nur noch 2 Linienschiffe, 2 Küstenpanzerschiffe und einen Kreuzer. Gegen 10 Uhr sichteten die Japaner diesen Rest und umschlossen ihn. Nebogatow ließ die weiße Fahne hissen und ergab sich mit den kaum beschädigten, noch einsatzfähigen Schiffen den Siegern. Der Kreuzer entkam in letzter Sekunde dank seiner größeren Geschwindigkeit, er erreichte die fernöstliche Küste und strandete dort.

* A.S.Nowikow-Priboi, Tsushima, Militärverlag der Deutschen Demokratischen Republik, Berlin 1986, S.371, 373

209

Russisches Linienschiff „Orjol" nach der Schlacht

Nebogatow wurde wegen der schmählichen Kapitulation nach der Rückkehr aus Japan zum Tode verurteilt, jedoch wandelte das Kriegsgericht dieses Urteil in eine zehnjährige Festungshaft um.

Die während der Schlacht zerstreuten russischen Kriegsschiffe erlagen der japanischen Übermacht, in mehreren Fällen versenkten die Besatzungen das eigene Schiff, um es nicht in die Hände des Gegners gelangen zu lassen. Nur ein Kreuzer und 2 Torpedoboote konnten nach Wladiwostok fliehen. Am Nachmittag des 28. Mai geriet auch Roshestwenski in japanische Gefangenschaft.

Die Kapitulation fügte dem Ansehen der Flottenführung schweren Schaden zu. Matrosen und Artilleristen der russischen Kriegsschiffe hatten tapfer gekämpft und ihr Leben geopfert: Über 5000 von ihnen fielen, die gleiche Zahl geriet in Gefangenschaft. Die Japaner kostete der Sieg 600 Tote und Verwundete. 3 Torpedoboote wurden versenkt, 2 Kreuzer schwer beschädigt, 3 Linienschiffe erhielten mehrere Treffer. Die japanische Flotte hatte nur wenig an Kampfkraft eingebüßt, während die russische faktisch vom Seekriegsschauplatz verschwunden war.

Tsushima ließ das Fiasko der zaristischen Politik und Kriegführung noch deutlicher werden. Inzwischen hatte in Rußland die bürgerlich-demokratische Revolution begonnen, die dem Zarenregime einen mächtigen Schlag versetzte. Lenin schrieb am 9. Juni (27. Mai) 1905: „Die russische Kriegsflotte ist endgültig vernichtet. Der Krieg ist unwiderruflich verloren. Es ist jetzt nur noch eine Frage der Zeit, bis die russischen Truppen endgültig aus der Mandschurei vertrieben sind, bis sich Japan Sachalins und Wladiwostoks bemächtigt. Wir haben nicht nur eine militärische Niederlage, sondern den vollständigen militärischen Zusammenbruch der Selbstherrschaft vor uns."*

Soweit kam es aber nicht. Aus Angst vor der revolutionären Bewegung, die 1905 Heer und Flotte ergriff, war die russische Regierung nur zu gern bereit, mit Japan Frieden zu schließen, um freie Hand gegen das aufständische Volk im eigenen Land zu erlangen. Auch Japan erwies sich trotz seiner militärischen Erfolge als geschwächt. Die Kämpfe hatten die materiellen, finanziellen und personellen Reserven des Inselreichs angegriffen, es war für einen lange dauernden Krieg nicht stark genug. Im Frieden von Portsmouth am 5. September (23. August) 1905 sicherte sich die neue Großmacht Ansprüche auf die Mandschurei und Korea, sie annektierte Südsachalin und bekam damit ein Sprungbrett für weitere Eroberungen in Ostasien.

Die Schlacht bei Tsushima erregte das besondere Interesse der Militärtheoretiker und Seekriegsspezialisten. Die schwere Schiffsartillerie hatte sich als eine sehr wirksame Waffe erwiesen, die bei wendigem Manövrieren der in Kiellinie fahrenden Kriegsschiffe voll eingesetzt werden kann. Von nun an schien die Zukunft des Seekriegs vor allem in den Rohren der Linienschiffe und Panzerkreuzer zu liegen. Großbritannien baute 1906 einen neuen Typ von Linienschiff mit schwerer Artillerie, er wurde „Dreadnought" (Fürchte nichts) genannt und gab damit dieser Schiffsklasse den Namen. Andere Mächte, wie das kaiserliche Deutschland, Frankreich und die USA, folgten rasch.

Als ein neues Kampfmittel hatten sich im Seekrieg Minen und Torpedoboote bewährt. Die Seemächte werteten diese militärischen Lehren des Krieges 1904/05 aus und begannen mit dem verstärkten Bau leichter Überwassereinheiten sowie spezieller Minensuch- und Minenlegboote.

---

* W. I. Lenin, Die Katastrophe, in: Werke, Bd. 8, Dietz Verlag, S. 482

Ein Kriegsplan scheitert

Marne 1914

Die Schlacht an der Marne 1914 zwischen dem deutschen und dem verbündeten britisch-französischen Heer war der große militärische Auftakt des ersten Weltkriegs auf dem westeuropäischen Kriegsschauplatz.

In den Jahren vor 1914 hatten sich die Gegensätze zwischen Deutschland und Österreich-Ungarn auf der einen und Frankreich, Großbritannien und Rußland auf der anderen Seite zugespitzt. Beiden Gruppen ging es um die Erweiterung ihrer Herrschafts- und Machtbereiche, um eine Neuaufteilung der Welt zu ihren Gunsten, wobei der deutsche Imperialismus besonders aggressiv auftrat. Wiederholt zeigten politische Krisen die drohende Gefahr eines großen Krieges zwischen den imperialistischen Rivalen an, zuletzt 1911 im Konflikt zwischen Deutschland und Frankreich um Marokko.

Alle imperialistischen Staaten hatten seit Jahren sowohl zu Lande als auch zur See intensiv gerüstet. Zu den Streitkräften gehörten seit dem ausgehenden 19. Jahrhundert große Kriegsflotten mit Schlachtschiffen, Kreuzern, Torpedobooten und anderen Überwasserkräften sowie als neue Waffe die Unterseeboote. Das Gesicht der Landstreitkräfte hatte sich im Vergleich zur Zeit des Deutsch-Französischen Krieges 1870/71 gründlich verändert. Die Infanterie besaß Mehrlade- und Maschinengewehre, die Artillerie weittragende Kanonen, Haubitzen und Mörser verschiedener Kaliber; neben die bisherigen Waffengattungen Infanterie, Artillerie und Kavallerie traten mit wachsendem Anteil an der Gesamtstärke des Heeres Pionier-, Nachrichten- und Eisenbahntruppen. Die Flugzeuge öffneten der Kriegführung den Luftraum. Viele neue technische Kampfmittel befanden sich 1914 noch im Anfangsstadium ihrer Entwicklung. Die zahlenmäßige Stärke der Heere hatte sich be-

Maschinengewehr des deutschen Heeres 1914

trächtlich erhöht, im Kriegsfall konnten die Großmächte Millionenarmeen einsetzen. So betrug die Gesamtstärke der Heere nach der Mobilmachung 1914: Deutschland 3,823 Millionen, Österreich-Ungarn 2,5 Millionen, Rußland 5,338 Millionen, Frankreich 3,58 Millionen und Großbritannien – wo es im Unterschied zu den anderen Ländern noch keine allgemeine Wehrpflicht gab – 350000 Mann.

Den deutschen Kriegsplan hatte der preußische Generalfeldmarschall Alfred Graf von Schlieffen entworfen. Der nach ihm benannte Schlieffenplan ging davon aus, daß Deutschland einen kräftezehrenden Zweifrontenkrieg vermeiden müsse. Deshalb sollte in der zu erwartenden militärischen Auseinandersetzung mit Rußland und Frankreich der erste Schlag gegen Frankreich gerichtet werden, um in einer mächtigen Umfassung nach dem historischen Vorbild der Schlacht bei Cannae die französische Armee auszuschalten. Nach dem Sieg über Frankreich sollte dann der Angriff gegen Rußland erfolgen. Die Planung des deutschen Generalstabs sah dementsprechend vor, im Westen mit einem starken rechten Flügel durch Luxemburg und Belgien nach Frankreich vorzudringen, während die Truppen in Elsaß-Lothringen sich defensiv verhielten und die gegnerischen Kräfte fesselten, um den Erfolg der Umfassung zu sichern. Der Schlieffenplan setzte eine rasche Mobilmachung, einen zügigen Aufmarsch, schnelles Vordringen und das Gelingen sämtlicher Angriffe voraus.

Im August 1914 marschierten 7 Armeen des deutschen Heeres an der Westgrenze auf: die 1. bis 5. Armee zwischen Aachen und Luxemburg, die 6. und 7. Armee in Elsaß-Lothringen. (Die 8. Armee stand in Ostpreußen.) Das französische Heer bezog mit 5 Armeen entlang der Ostgrenze Aufstellung mit dem Ziel, offensiv vorzugehen; das englische Expeditionskorps stand Mitte August bei Maubeuge. Das Heer des überfallenen Belgiens sammelte sich zwischen der Maas und Löwen, es sollte sich auf die Festung Antwerpen zurückziehen und dort englisch-französische Hilfe abwarten. Beide Westmächte hofften auf die Unterstützung des verbündeten Rußlands und drängten bei der russischen Führung auf eine baldige Offensive zur Entlastung der eigenen Front.

Mitte August 1914 bestand auf dem westlichen Kriegsschauplatz folgendes Kräfteverhältnis:

Armeen	Divisionen			Geschütze
	Infanterie	Reserve	Kavallerie	
7 deutsche Armeen 4 deutsche Kavalleriekorps	44	24	10	5164
5 französische Armeen und andere Verbände	49	34	12	über 4300
Englisches Korps	6		1	
Belgische Feldarmee	6		1	

Allerdings hatte der deutsche Generalstab einen starken rechten Angriffsflügel mit der 1., 2. und 3. Armee geschaffen, so daß die Deutschen in der Hauptstoßrichtung Belgien–Nordfrankreich überlegen waren. Infolgedessen gewannen sie rasch Raum. Am 20. August wurde Brüssel eingenommen, bis zum 25. August war ein Großteil Belgiens in deutscher Hand.

Der französische Oberbefehlshaber Joseph Jacques Césaire Joffre (1852–1931) erkannte die drohende Gefahr im Norden und erteilte

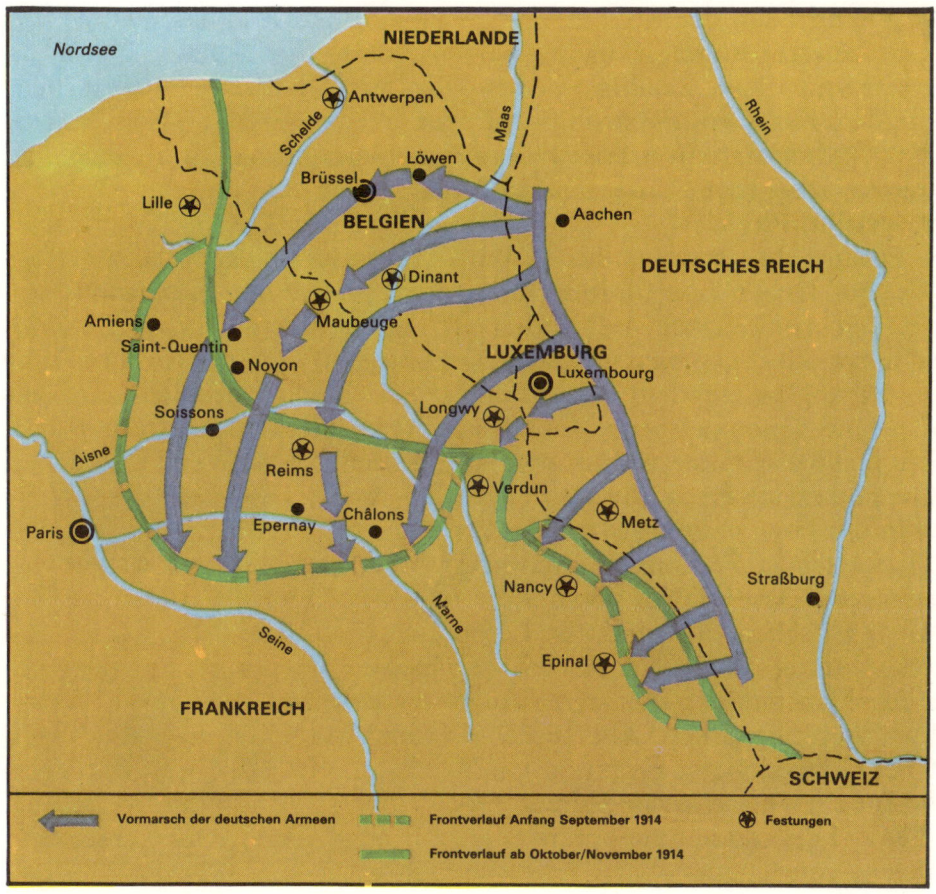

Deutscher Vormarsch

am 20. August seiner 3. und 4. Armee den Befehl zum Angriff. Die Grenzschlachten zwischen Schelde und Vogesen endeten jedoch mit deutschen Siegen, die Festungen Longwy und Dinant gingen den Franzosen verloren. Aber es gelang nicht, die französischen Truppen einzuschließen und zu zerschlagen. Vielmehr zogen sie sich relativ geordnet zurück. In kräftezehrenden Märschen strebten in der Gluthitze des August die 1., 2., 3. und 4. deutsche Armee nach Westen und rückten in Nordfrankreich ein. Ludwig Renn (1889–1979), im ersten Weltkrieg sächsischer Offizier, schrieb Jahrzehnte später über die Atmosphäre in jenen Tagen:

„Wie aber sah der weitere Vormarsch aus? Ich kannte fast alle Offiziere unserer höheren Stäbe bis zum Armeekorps hinauf. Wenn ich einen von ihnen zufällig irgendwo in dem Gewühl von Menschen, Pferden, Kanonen und Munitionswagen traf, waren sie voll Zuversicht. ‚Es geht vorwärts! Wir brauchen nur noch einige Tage, um eine ganze französische Front einzuschließen.' So sagten sie, die einigermaßen ausgeruht waren.

Für uns aber in der endlosen Marschkolonne gab es nur Unordnung, Warten. Neben uns fuhren Batterien vor, jedes Geschütz mit sechs Pferden davor. Oder sie standen neben uns, engten unsere Straßenseite ein oder versperrten unsern Weitermarsch ... Wenn es einmal zügig voranging, geschah es, daß einige im Gehen einschliefen. Wenn dann die Kolonne wieder anhielt, prallten sie auf ihren Vordermann. Dann gab es ein kurzes Schimpfen, und wieder versanken sie im Tran. Oft sanken sie erschöpft auf den vollgepackten Tornister."*

In der letzten Augustwoche setzte das deutsche Heer trotzdem den Vormarsch in Frankreich zügig fort. Die Oberste Heeresleitung verlegte zwei Armeekorps von der 2. und der 3. Armee nach Ostpreußen, wo inzwischen die russische Offensive begonnen hatte. Diese Umgruppierung offenbarte die Schwierigkeiten der deutschen Kriegführung: Man mußte den Angriffsflügel etwas schwächen, um die Front im Osten zu stärken. Aber noch wiegte sich der Generalstab, dessen Chef Generaloberst Helmuth von Moltke (1848–1916) war, in Siegeshoffnung. Die 1. Armee unter Generaloberst Alexander von Kluck (1846–1934) erhielt die untere Seine zum Ziel, die 2. Armee unter dem Befehl von Generaloberst Karl von Bülow (1846–1921) die französische Hauptstadt selbst. Aber diese Ziele erwiesen sich sehr bald als unreal. Der zurückweichende Gegner leistete zähen Widerstand. Bei Amiens, an der Flanke des deutschen Vormarsches, bildete das französische Oberkommando eine neue Armee unter General Michel Joseph Maunoury (1847–1923), die den Deutschen vorerst unbekannt blieb. Angesichts des Widerstands der Franzosen sah sich die deutsche Oberste Heeresleitung genötigt, ihre Planung zu ändern. Am 30. August mußte die 1. Armee die Absicht aufgeben, Paris westlich zu umfassen, sie rückte nun in den Raum östlich der Hauptstadt vor. Trotzdem glaubte man, Paris einnehmen zu können. Über der Stadt tauchten deutsche Flieger auf, eine Fahne wurde abgeworfen, die großsprecherisch den bevorstehenden Einmarsch ankündigte. Unter der Zivilbevölkerung kam es zu Panik, viele Einwohner verließen die Stadt, auch

* Ludwig Renn, Anstöße in meinem Leben, Aufbau-Verlag, Berlin und Weimar 1982, S. 96 f.

ein Teil der staatlichen Ämter wurde nach Bordeaux verlegt. Auf deutscher Seite hingegen erreichte der chauvinistische Siegestaumel einen Höhepunkt. Oberst Wilhelm Groener (1867–1939), damals Chef des Feldeisenbahnwesens in der Obersten Heeresleitung, schrieb in einem Brief am 3. September 1914: „Überall weichen die Franzosen in allzu großer Eile vor unseren Armeen zurück, so daß man sie nicht genügend einfangen kann. Das ganze Heer muß schon demoralisiert sein."*

Trotz der Erfolge gerieten die Deutschen in eine Krise. Die Spitzen der 1. Armee standen zwar knapp 40 Kilometer vor der französischen Hauptstadt, aber ihre rückwärtigen Verbindungen waren weit ausgedehnt; ähnlich verhielt es sich bei der 2. und der 3. Armee, die der sächsische Generaloberst Max von Hausen (1846–1922) befehligte. Die Oberste Heeresleitung saß in Luxemburg, ihre Weisungen trafen spät ein und entsprachen oft nicht der inzwischen veränderten Lage. So handelten die Armeeoberbefehlshaber häufig nach ihrem Ermessen, zudem bestanden zwischen den Armeen keine stabilen Nachrichtenverbindungen. Das französische Oberkommando erkannte die komplizierte Lage der eigenen Truppen, sah aber auch die auseinanderlaufenden Stoßrichtungen der deutschen Armeen. Es zog die eigenen Kräfte hinter die Marne zurück und bereitete gleichzeitig die Generaloffensive vor.

Am 3. und 4. September überschritten die 1. und die 2. deutsche Armee östlich von Paris die Marne, die 3. Armee besetzte Reims und überwand am 5. September den Fluß. Der rechten deutschen Flanke drohte Gefahr. Am 4. September befahl die Oberste Heeresleitung der 1. und der 2. Armee, gegen Paris einen Flankenschutz aufzubauen und den weiteren Vormarsch nach Südosten einzustellen, dagegen sollten die 3., 4. und 5. Armee weiter vorrücken, um doch noch die gegnerischen Armeen an der Ostgrenze zu umfassen und die Franzosen gegen die Schweiz abzudrängen. Aber alle Weisungen kamen zu spät beziehungsweise wurden von den Ereignissen überholt. Der Angriffsschwung der Armeen des rechten deutschen Flügels war durch die langen Märsche, durch wachsende Versorgungsschwierigkeiten und Verluste erlahmt, teilweise mußten die Nachschubkolonnen von den Endpunkten der Eisenbahn bis zur kämpfenden Truppe einen Weg von 125 Kilometern zurücklegen, zumeist mit Pferdegespannen; denn es gab noch wenig motorisierte Kolonnen.

Marschall Joffre hatte inzwischen Reserven aus dem Innern Frank-

---

* zit. nach: Der erste Weltkrieg. Dokumente, Militärverlag der Deutschen Demokratischen Republik, Berlin 1977, S. 87

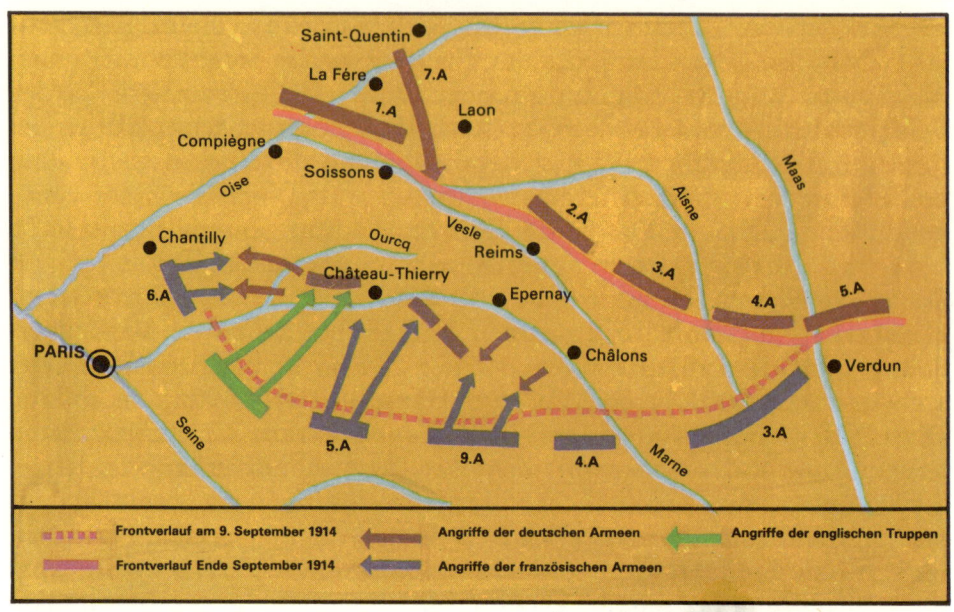

Marneschlacht
A = Armee

reichs, aus Afrika und aus den Festungen an der Ostgrenze herangezogen, südlich der Marne eine neue Armee gebildet und die bei Amiens
versammelten Truppen nach Paris verlegt. Am 4. September faßte das
französische Oberkommando den Entschluß, zwei Tage später die allgemeine Gegenoffensive zu eröffnen.

Das Kräfteverhältnis bei Beginn der Marneschlacht ergab folgendes
Bild:

Armeen	Divisionen	Geschütze	Flugzeuge	Gesamt-stärke
5 deutsche Armeen	51	3364	120	900 000
5 französische Ar-meen und ein eng-lisches Korps	65 $\frac{1}{2}$	3297	100	1082 000

Die deutsche Führung erkannte erst in allerletzter Stunde die fran-
zösisch-englischen Angriffsvorbereitungen. Nun war es zu spät, um
notwendige Umgruppierungen vorzunehmen. Vom 6. bis zum 12. Sep-

tember tobte an der Marne auf einer Frontlänge von 230 Kilometern
die Schlacht. Da beide Seiten im Vorgehen aufeinanderprallten, begann sie als eine Begegnungsschlacht, bei der sich die Lage der Truppen wiederholt und rasch änderte. Ein solcher Kampf stellte an die
Führung hohe Anforderungen. Innerhalb weniger Tage fielen östlich
von Paris wichtige Entscheidungen.

Die 1. deutsche Armee verfügte über 10 Divisionen, gegen sie traten
über 16 französische und englische an. Am 5. September führte ein
deutsches Korps einen Erkundungsangriff, der direkt auf die starke
6. französische Armee traf. Jetzt erkannte das deutsche Armeeober-
kommando die drohende Gefahr, doch es blieb keine Zeit mehr, sich
auf die neue Lage einzustellen. Ein einziger Ausweg bot sich an: die
südlich der Marne stehenden Divisionen unverzüglich zurückzunehmen. Am 6. und 7. September setzten sich die deutschen Truppen in
Gewaltmärschen auf das Nordufer der Marne ab. Unter Anspannung
aller Kräfte gelang es, am Flüßchen Ourq den Flankenangriff der
6. französischen Armee aufzuhalten. Dieser Teilerfolg brachte aber
keine generelle Verbesserung der kritischen Situation an der gesamten
Front.

Deutsche Kavalleriepatrouille

Während sich die 1. deutsche Armee bis zum 9. September am Ourq hielt, waren die 2. und die 3. deutsche Armee weiter über die Marne nach Süden vorgestoßen. Zwischen der 1. und der 2. Armee klaffte nunmehr eine fast 40 Kilometer breite Lücke, die nur durch Kavallerie gedeckt wurde, es fehlten Infanteriereserven, um der Front einen stabilen Rückhalt zu geben. In diesen Zwischenraum drangen seit dem 8. September englische und französische Truppen ein und überschritten am 9. September die Marne. Nun strebte die Schlacht auf deutscher Seite dem Höhepunkt der Krise zu. Während die 3. deutsche Armee südlich von Epernay und Châlons noch einige kleinere Erfolge erzielte, mußten die 1. und die 2. deutsche Armee über die Vesle und die Aisne zurückgehen. Die Oberste Heeresleitung, die widersprüchliche Nachrichten erhielt und die Lage nicht klar erkannte, hatte als bevollmächtigten Vertreter Oberstleutnant Richard Hentsch (1869–1918) zur 2. Armee entsandt, er billigte den Rückzugsbefehl des Armeeoberbefehlshabers. Für den Gegner kam der schnelle deutsche Rückzug überraschend, nur zögernd folgten die französischen und englischen Truppen. Ihnen fielen über 40000 Gefangene und 200 Geschütze in die Hand.

Um der schwierigen Situation zwischen Marne und Aisne Herr zu werden, hatte die deutsche Oberste Heeresleitung bereits am 5. September die Bildung einer neuen Armee (7. Armee) bei Saint-Quentin befohlen, die das rückwärtige Gebiet in Belgien und Nordfrankreich sichern sollte. Aber die Truppen kamen nicht mehr rechtzeitig heran, um die an der Marne gefallene Entscheidung rückgängig zu machen. Inzwischen waren auch die anderen deutschen Armeen in Ostfrankreich zurückgewichen, Reims wurde geräumt. Die gefährliche Lücke zwischen der 1. und der 2. deutschen Armee konnte man erst am 13. September schließen, als die Festung Maubeuge kapitulierte und die dort nicht mehr benötigten Belagerungstruppen anrückten.

Johann Knief (1880–1919), ein revolutionärer Sozialdemokrat, berichtet über die Kämpfe am Ende der Marneschlacht:

„Die Division war in Marschformation an den Feind hinangeraten. Artillerie, Maschinengewehrfeuer und Infanterie wurde viele Stunden hindurch lediglich durch unsere Infanterie angegriffen. Die Verluste auf unserer Seite waren dementsprechend enorm. Auf der Kuppe des Hügels bei Cannectaucourt liegt eine Farm, die die ganze Gegend beherrscht. Sie zu gewinnen mußte die wichtigste Aufgabe ... sein. Als unsere Truppen die Kuppe erreichten, war die Farm leer. Sie hätte also sofort strategisch besetzt und zur Verteidigung eingerichtet werden müssen ...

Deutsche Artillerie in Feuerstellung

Trotzdem wurde die Farm unbeachtet gelassen, nachdem man sich vergewissert hatte, daß sie nicht von Truppen besetzt war. Dafür drängte der General in sinnloser Offensive vorwärts, den Hügel hinab, ins nächste Dorf. Das Vorgehen über die Höhe war doch nicht genug. Es mußte auch noch gestürmt werden. Und so stürmten unsere braven Reservisten und Landwehrleute, die daheim ihre Familien hatten, das Dorf Ribecourt unter vielen, vielen Opfern an Toten und Verwundeten. Sie behaupteten den Ort, obgleich er strategisch nicht die mindeste Bedeutung hatte ... Dieses Vorgehen der Division läßt sich nur aus dem völligen Versagen der Leitung erklären. Der Divisionär, ein General, der bereits 10 Jahre zur Disposition stand, hatte offenbar nicht die geringste Ahnung von dem, was los war. Er kannte nur das eine Wort: Vorwärts! Es war ihm aber ganz gleich, ob die Division draufging oder nicht. Es läßt sich kaum ein höherer Grad von Stumpfsinn ausdenken als diese Art der Draufgängerei."*

Das französisch-englische Oberkommando ließ die Armeen an der Aisne erneut angreifen, doch die deutschen Truppen hatten inzwischen Stellung bezogen und wehrten die Vorstöße ab. In der zweiten

* ebenda, S.93 ff.

Septemberhälfte stabilisierte sich auf der Linie Noyon – Soissons – Reims – nördlich von Verdun die Front.

Obgleich die Schlacht nicht bis zur vollen Entscheidung durchgekämpft wurde, hatte das deutsche Heer eine schwere Niederlage erlitten. Der Plan des Generalstabs, in kurzer Zeit Frankreich niederzuwerfen, war gescheitert; an der Westfront mußte von nun an ein kräftezehrender Stellungskrieg geführt werden, in dessen Verlauf die personellen und materiell-technischen Reserven großes Gewicht erlangten.

Die tiefere Ursache für diesen Fehlschlag „lag in der Unmöglichkeit, bei dem bestehenden Kräfteverhältnis und Stand der Militärtechnik die französischen und englischen Streitkräfte, die eine gewaltige Kampfkraft verkörperten und eine entschlossene Führung besaßen, durch eine Umfassungsoperation von über 600 Kilometer Tiefe schnell zu vernichten. Das Manöver auf dem Gefechtsfeld wurde bestimmt vom Tempo der mit schwerem Marschgepäck beladenen Infanterie. Wesentliche Bedeutung für das Scheitern hatten die frühzeitige russische Offensive und das Fehlen von Reserven auf deutscher Seite.“*

Die Marneschlacht war der erste und entscheidende Wendepunkt im Verlauf des ersten Weltkriegs. Deutschlands Mißerfolg wog um so schwerer, als das verbündete Österreich-Ungarn zur gleichen Zeit im Osten eine Niederlage erlitt. Allerdings erfuhr die Öffentlichkeit kaum etwas von den wahren Ausmaßen der Schlacht und von ihren Folgen. Die bürgerliche Presse schrieb über geringe Geländeverluste, der Kriegspropaganda kam der militärische Erfolg in Ostpreußen gelegen, wo die 8. deutsche Armee im August/September zwei russische Armeen schlug. Wie tief die Krise in der deutschen Führung war, zeigt die Absetzung Moltkes und seines Stellvertreters, des Generalquartiermeisters Hermann von Stein (1854–1927), am 14. September. An die Stelle Moltkes trat der bisherige Kriegsminister General Erich von Falkenhayn (1861–1922). Diesen Wechsel hielt man zunächst geheim, wäre doch die Bekanntgabe der Absetzung des Chefs des Generalstabs der Öffentlichkeit als Eingeständnis einer Niederlage erschienen. Auf die deutschen Truppen im Westen wirkte der Rückzug deprimierend, Paris und London hingegen hatten allen Grund zum Jubeln; denn die deutsche Offensive war aufgehalten worden, die Kampfmoral der Franzosen und Engländer stieg wieder.

Um die Marneschlacht ranken sich in der bürgerlichen Geschichts-

---

* Helmut Otto/Karl Schmiedel, Der erste Weltkrieg. Militärhistorischer Abriß, Militärverlag der Deutschen Demokratischen Republik, Berlin 1983, S. 83

und Militärgeschichtsliteratur nicht wenige Legenden. Deutsche Militärs schrieben nach 1918, daß der bereits errungene Sieg durch „tragische" Umstände und „verhängnisvolle" Entschlüsse oder auch durch das „Walten der Schicksalsmächte" dem deutschen Heer entrissen worden sei. Ein „Wunder an der Marne" habe Frankreich gerettet! Solche Geschichtsdarstellungen dienten dem Ziel, den Volksmassen in Deutschland einzureden, daß der erste Weltkrieg eigentlich hätte gewonnen werden können. Damit wurde die Vorbereitung eines neuen Krieges durch den deutschen Imperialismus und Militarismus gerechtfertigt.

Die Siegesparade fällt aus

Moskau 1941/42

Die Schlacht vor Moskau war die erste schwere Niederlage der Faschisten im zweiten Weltkrieg.

Zwischen dem 30. September und dem 2. Oktober 1941 eröffneten die faschistischen Truppen am Mittelabschnitt der sowjetisch-deutschen Front die Offensive gegen Moskau. Seit dem Überfall Hitlerdeutschlands und seiner Verbündeten auf die UdSSR am 22. Juni 1941 waren etwas mehr als 3 Monate vergangen. In dieser Zeit hatten die Aggressoren beträchtliche Anfangserfolge erzielt: Die baltischen Sowjetrepubliken, die Belorussische Sowjetrepublik, ein Großteil der Ukraine und der Krim befanden sich in ihren Händen; Leningrad – die Wiege der Großen Sozialistischen Oktoberrevolution – war seit dem 9. September eingeschlossen, nur noch der Weg über den Ladogasee verband die Stadt mit dem Hinterland.

Nach der am 18. Dezember 1940 von Adolf Hitler (1889–1945) unterzeichneten Weisung „Fall Barbarossa" – so lautete der Deckname für die Aggression gegen die UdSSR – sollte die Rote Armee in kurzer Zeit geschlagen und der sozialistische Staat zertrümmert werden. Die Erfolge der ersten Kriegswochen und -monate beflügelten die Siegeshoffnungen der deutschen Führung; sie gedachte, die im Plan „Barbarossa" gesteckte Ziellinie Archangelsk – Astrachan bald zu erreichen.

Allerdings hatte der Kriegsverlauf auch offenbart, daß die faschistische Wehrmacht auf eine Armee gestoßen war, die sich sehr von den bisherigen Gegnern unterschied. Die sowjetischen Truppen verteidigten sich zäh und erbittert.

Für die Sowjetunion waren die ersten Kriegsmonate eine sehr schwere Zeit. In jenen Tagen bewährten sich die Geschlossenheit der Völker des Landes, die Einheit von Volk und Armee und die Stärke und Lebenskraft der marxistisch-leninistischen Weltanschauung und des sozialistischen Patriotismus. Vom ersten Kriegstag an organisierte die KPdSU die Verteidigung des Landes. In seiner Rundfunkrede vom 3. Juli 1941 erläuterte Jossif Stalin (1879–1953), seit dem 30. Juni 1941 Vorsitzender des Staatlichen Verteidigungskomitees und vom 8. August an auch Oberster Befehlshaber der Streitkräfte, die gerechten Ziele der UdSSR, den Charakter des Krieges als eines vaterländischen Krieges gegen die faschistischen Eindringlinge und die notwendigen Maßnahmen, um das Land in ein großes einheitliches Kriegslager zu verwandeln.

Im September 1941 hatte sich die Front entlang der Linie Ladogasee – Ilmensee – Jarzewo – Jelnja – Gluchow – Melitopol – Schwarzes Meer vorübergehend stabilisiert; Odessa und Sewastopol wurden von sowjetischen Truppen gehalten. Im Mittelabschnitt der Front zwischen den Waldaihöhen und Gluchow stand die deutsche Heeresgruppe Mitte. Zu ihr gehörten 3 Armeen und 3 Panzergruppen (aus ihnen wurden später Panzerarmeen), insgesamt 78 Divisionen, darunter 14 Panzer- und 8 motorisierte Divisionen in einer Stärke von 1,8 Millionen Mann.

Bewaffnung einer Volkswehreinheit

Mit etwa 14 000 Geschützen und Granatwerfern, rund 1700 Panzern sowie 1400 Flugzeugen verfügte diese Heeresgruppe über eine große Kampfkraft. Für Angriffsoperationen faßte die deutsche Führung vor allem die Panzer- und die motorisierten Divisionen zusammen, die beweglichen und feuerstarken Verbände sollten die Front schnell durchbrechen, ins Hinterland vorstoßen und den Gegner einschließen und vernichten; die Flieger unterstützten den Angriff der Bodentruppen. Nach diesem Schema hatte die Wehrmacht in den Feldzügen 1939 bis 1941 Erfolge erzielt, jetzt meinten die Faschisten, es würde sich bei der Operation „Taifun" – so lautete der Deckname für die Offensive gegen Moskau – erneut als Siegesrezept bewähren.

Das sowjetische Oberkommando hatte seine Truppen am Mittelabschnitt in 3 Fronten gegliedert; eine Front bestand aus mehreren Armeen, die zusammen in einer bestimmten Richtung kämpften. Gegenüber der Heeresgruppe Mitte verteidigten sich die Westfront mit 6 Armeen, die Reservefront mit ebenfalls 6 Armeen und die Brjansker Front mit 3 Armeen. Die sowjetischen Armeen waren an Zahl erheblich schwächer als die deutschen und verfügten auch nicht über soviel Kampftechnik. Deshalb sind formale Vergleiche zwischen den faschistischen und den sowjetischen Verbänden, wie sie in der bürgerlichen Geschichtsschreibung oft angestellt werden, nicht treffend. Alle 3 sowjetischen Fronten besaßen Ende September 1941 zusammen nur 7600 Geschütze und Granatwerfer, 990 Panzer und 680 Flugzeuge, sie waren mit 1,25 Millionen Mann den deutschen Truppen unterlegen. Besonders nachteilig wirkte sich der Mangel an Panzern und Fliegerabwehrwaffen aus; hinzu kam, daß die vorangegangenen Kämpfe die sowjetischen Truppen sehr geschwächt hatten.

Mit dem Vorstoß der Faschisten Ende September/Anfang Oktober begann für die Rote Armee die Verteidigungsoperation der Schlacht vor Moskau, die bis zum 5. Dezember dauerte. Die deutschen Panzergruppen durchbrachen bei Jarzewo, ostwärts von Roslawl und bei Gluchow die sowjetische Verteidigung und schlossen im Raum Brjansk – Wjasma mehrere sowjetische Armeen ein. Die eingekesselten Truppen leisteten tapfer Widerstand und banden dadurch Kräfte der deutschen 2. und 4. Armee, aber sie erlitten in den großen Wald- und Sumpfgebieten selbst schwere Verluste. Nur ein Teil von ihnen konnte nach Osten durchbrechen und wieder Anschluß an die zurückgehenden Hauptkräfte der Roten Armee finden.

Die deutschen Truppen eroberten am 13. Oktober Wjasma, einen Tag später Rshew und Kalinin und am 18. Oktober Moshaisk, im Süden gelangten sie bis in die Nähe der Industriestadt Tula, eines Zen-

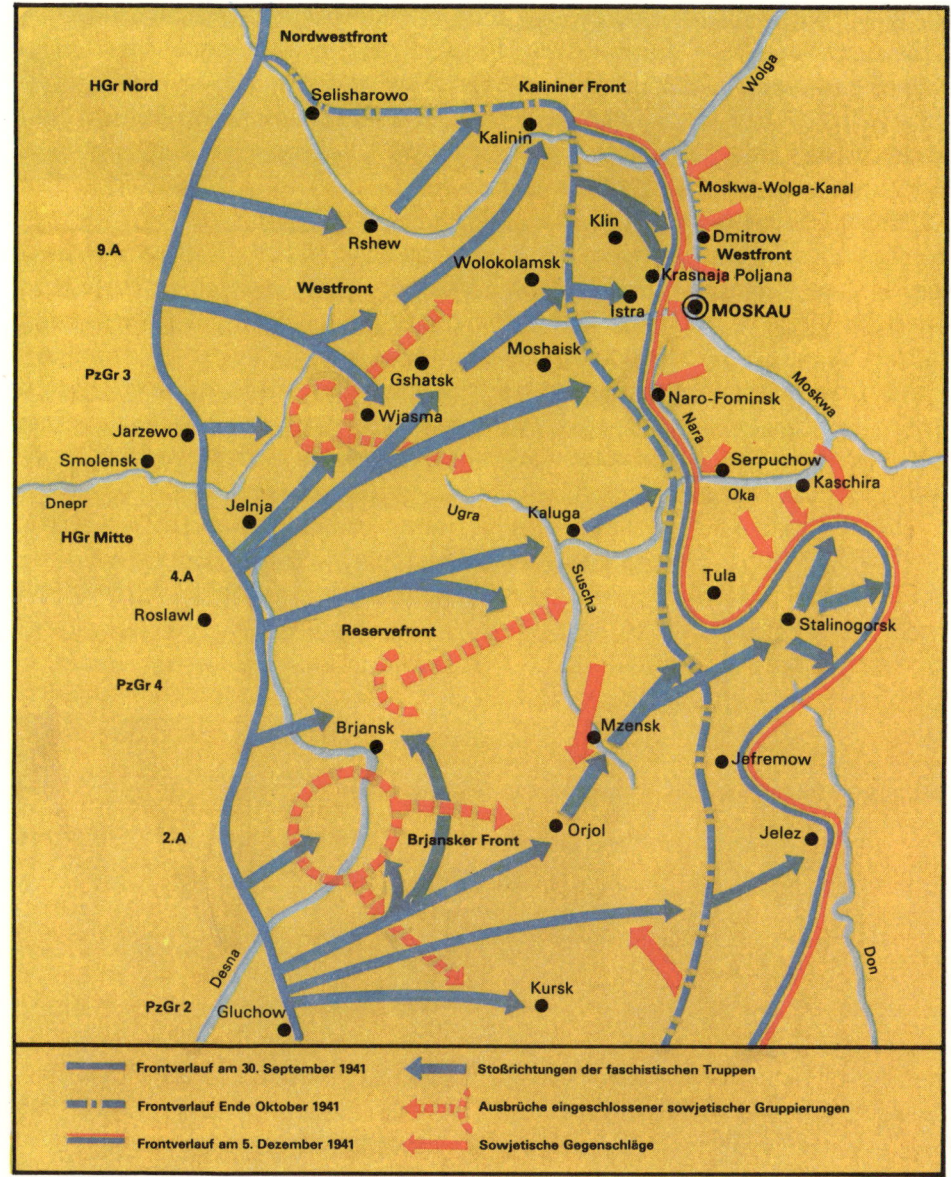

Faschistische Offensive gegen Moskau

Frontverlauf am 30. September 1941	Stoßrichtungen der faschistischen Truppen
Frontverlauf Ende Oktober 1941	Ausbrüche eingeschlossener sowjetischer Gruppierungen
Frontverlauf am 5. Dezember 1941	Sowjetische Gegenschläge

HGr = Heeresgruppe, PzGr = Panzergruppe
A = Armee

Labels on map: Nordwestfront, HGr Nord, Selisharowo, Kalininer Front, Kalinin, Wolga, Moskwa-Wolga-Kanal, Klin, Dmitrow, Westfront, 9.A, Rshew, Wolokolamsk, Krasnaja Poljana, Westfront, Istra, MOSKAU, PzGr 3, Gshatsk, Moshaisk, Naro-Fominsk, Moskwa, Wjasma, Jarzewo, Smolensk, Jelnja, Ugra, Kaluga, Serpuchow, Oka, Kaschira, Dnepr, HGr Mitte, 4.A, Suscha, Tula, Roslawl, Reservefront, Stalinogorsk, PzGr 4, Brjansk, Mzensk, Jefremow, 2.A, Brjansker Front, Orjol, Jelez, Kursk, Don, PzGr 2, Gluchow, Desna, Nara

trums der sowjetischen Waffen- und Munitionserzeugung. Innerhalb
weniger Wochen hatte sich die Lage am Mittelabschnitt der Front für
die Sowjetarmee und für das ganze Land verschlechtert. Die KPdSU,

das Oberkommando und die örtlichen Staatsorgane mobilisierten alle Kräfte, um die Verteidigung vor der bedrohten Hauptstadt zu stärken. Hunderttausende Werktätiger aus Moskau und den anderen Städten in Frontnähe halfen den Truppen beim Errichten von Sperren und Stellungen. Über die Hauptstadt wurde am 19. Oktober der Kriegszustand verhängt und eine Reihe von Behörden sowie die ausländischen Botschaften in andere Städte verlegt. Spezialabteilungen der Armee und der Sicherheitsorgane durchkämmten das frontnahe Hinterland nach feindlichen Diversantengruppen, Agenten und Fallschirmspringern, die Sabotageakte verüben und Verwirrung im Rücken der Front stiften sollten. Am 7. November 1941, dem 24. Jahrestag der Großen Sozialistischen Oktoberrevolution, fand die traditionelle Militärparade auf dem Roten Platz statt – doch im Unterschied zu früheren Paraden rückten die Truppenteile nicht mehr in ihre Kasernen und Unterkünfte ab, sondern marschierten gleich zur Front, in den Kampf.

Die Dramatik jener Tage und Wochen beschreibt Georgi Shukow (1896–1974), der Oberbefehlshaber der sowjetischen Westfront:

„Ich kann mich nicht mehr genau an das Datum erinnern, es war bald nach dem taktischen Durchbruch des Gegners im Abschnitt der 30. Armee der Kalininer Front, als ich von Stalin angerufen wurde. ‚Sind Sie

Parade am 7. November 1941 auf dem Roten Platz in Moskau

überzeugt, daß wir Moskau halten werden? Ich spreche mit Schmerz darüber. Sagen Sie mir's ehrlich, als Kommunist.'

‚Wir werden Moskau zweifellos halten. Doch brauchen wir dazu mindestens noch zwei Armeen und mindestens zweihundert Panzer', antwortete ich.

‚Das ist gut, daß Sie so sicher sind. Rufen Sie den Generalstab an und verständigen Sie sich mit ihm darüber, wo wir die zwei Reservearmeen konzentrieren sollen, um die Sie bitten. Sie werden Ende November einsatzbereit sein. Panzer können wir aber vorläufig nicht geben.'"*

Gegen Ende Oktober kam der deutsche Angriff zum Stehen; die faschistischen Verbände hatten zwar erneut beträchtlichen Raum gewonnen, aber ihre Angriffskraft war erschöpft. Eilig führte das deutsche Oberkommando Reserven heran und frischte die Truppen auf. Der Winter näherte sich – nach der Planung der Faschisten sollte der Krieg schon beendet sein!

Am 15./16. November 1941 nahm die Heeresgruppe Mitte mit jetzt noch 51 Divisionen nordwestlich und südwestlich von Moskau die Offensive wieder auf. Zwischen den Städten Kalinin und Moshaisk drangen die Panzergruppen 3 und 4 knapp 100 Kilometer weit vor, eroberten am 23. November die Stadt Klin und erreichten am 28. den Moskwa-Wolga-Kanal bei Dmitrow. Heftige Kämpfe entbrannten an der Wolokolamsker Straße. Der sowjetische Schriftsteller Alexander Bek (1903–1972) schildert in dem Roman „Die Wolokolamsker Chaussee" (1944) die Stimmung der Rotarmisten auf dem bitteren Rückzug:

„Die Soldaten schritten müde, düster, vor ihnen lag ja kein Fest, keine Freude, sondern noch härterer Kampf, doch sie strafften sich unter den Blicken der Einwohner, hielten Abstand, hielten Schritt ...

Schwer, sehr schwer war dieser Marsch durch die Stadt. Doch als Antwort auf die Blicke der Einwohner, auf die Hast, das Chaos erhoben wir stolz die Köpfe, streckten demonstrativ die Schultern, unsere Schritte wurden noch fester.

Es war, als bekräftigten wir mit jedem Tritt: Nein, das ist keine Katastrophe, das ist Krieg. Nein, wir sind kein trauriger, vom Gegner zerschlagener Haufen, der sich herausgerettet hat. Wir sind organisierte sowjetische Soldaten, die ihre Kraft im Gefecht erprobt haben; wir schlugen die Faschisten, jagten ihnen Entsetzen ein, wir schritten über ihre Leichen; seht uns an, wir gehen vor euch in Reih und Glied mit

---

* Marschall der Sowjetunion G.K.Shukow, Erinnerungen und Gedanken, Bd.2, Militärverlag der Deutschen Demokratischen Republik, Berlin 1980, S.31

hocherhobenem Kopf, als stolzer Truppenteil – als Teil der großen, furchtgebietenden Roten Armee."*

Südwestlich von Moskau versuchte die Panzergruppe 2 Tula einzunehmen. Als das nicht gelang, umgingen die deutschen Truppen die Stadt und stießen weiter ostwärts auf Kaschira vor. Hier standen sie an den südlichen Zugangsstraßen nach Moskau. Sowjetische Gegenschläge bei Kaschira, Tula, Dmitrow und Krasnaja Poljana stoppten die feindlichen Angriffe. Ende November zeigte sich, daß auch die neue Offensive nicht zum Erfolg führte, obwohl sich die Faschisten damit brüsteten, durch die Scherenfernrohre der vorgeschobenen Beobachter bereits die Türme des Kreml zu sehen. Anfang Dezember mißlang schließlich ein Versuch von Truppen der 4. Armee, zwischen Istra und Naro-Fominsk frontal nach Moskau durchzubrechen.

Mit dem Versiegen der letzten Offensive schwand den Faschisten endgültig die Hoffnung, 1941 Moskau einzunehmen und eine Kriegsentscheidung zu erzwingen. Das Scheitern des Blitzkriegs hatte sich bereits früher abgezeichnet, nun aber reifte eine Wende heran. Trotz der Abwehrerfolge befanden sich die UdSSR und ihre Rote Armee weiterhin in einer äußerst schwierigen Lage, noch nie seit 1812 war ein Feind Moskau so nahe gekommen.

Zur Heeresgruppe Mitte, die von Generalfeldmarschall Fedor von Bock (1880–1945) befehligt wurde, gehörten 6 Armeen mit insgesamt 1170 Panzern, rund 13500 Geschützen und Granatwerfern und 615 Flugzeugen, ihre Gesamtstärke betrug rund 1,7 Millionen Mann. Die deutsche Wehrmacht verfügte noch immer über ein umfangreiches Waffenarsenal, unter den Panzern war der Typ P IV der kampfstärkste. Er hatte ein Gewicht von 20 Tonnen, 5 Mann Besatzung, eine Kanone und 2 Maschinengewehre und erzielte eine Geschwindigkeit von etwa 42 Kilometern je Stunde.

Auf sowjetischer Seite standen der Heeresgruppe Mitte 15 Armeen und das 1. Garde-Kavalleriekorps gegenüber, die sich in 3 Fronten gliederten: die Kalininer Front unter Generaloberst Iwan Konew (1897–1973), die Westfront als stärkste Gruppierung unter Armeegeneral Georgi Shukow und ein Teil der Südwestfront unter Marschall der Sowjetunion Semjon Timoschenko (1895–1970).

Diese 1,1 Millionen Mann starken Verbände besaßen insgesamt 775 Panzer, knapp 8000 Geschütze und Geschoßwerfer sowie rund 1000 Flugzeuge (die Flugzeuge der selbständigen Moskauer Luftverteidigung eingerechnet). Sie waren also nach wie vor dem Feind an

---

* Alexander Bek, Die Wolokolamsker Chaussee, Verlag Volk und Welt, Berlin 1980, S. 280

Deutscher Panzer vom Typ P IV

Zahl und – bis auf die Flugzeuge – auch materiell unterlegen, jedoch verfügten sie über einige neue Waffensysteme. Besonders fürchteten die Faschisten die sowjetischen Geschoßwerfer, die erstmals im Sommer 1941 eingesetzt wurden. Der Typ BM 13 „Katjuscha" hatte 16 Startschienen, die Geschosse vom Kaliber 132 Millimeter reichten bis zu 8500 Metern. Im Verlauf des Großen Vaterländischen Krieges wurden diese Waffen weiterentwickelt.

Schon während der Verteidigungsoperation hatte das sowjetische Oberkommando begonnen, eine Gegenoffensive vorzubereiten, und

Sowjetischer Geschoßwerfer BM 13 „Katjuscha"

Reserven dafür aus den östlichen Landesteilen herangezogen. Mit wuchtigen Angriffen sollten die faschistischen Stoßgruppierungen nordwestlich und südlich von Moskau zerschlagen und damit die unmittelbare Gefahr für die Hauptstadt beseitigt werden.

Am 5. und 6. Dezember begann die sowjetische Gegenoffensive. Für die deutsche Führung war sie eine arge Überraschung; denn kaum ein General hatte mit aktiven Handlungen der Roten Armee gerechnet. In mehrtägigen erbitterten Kämpfen durchbrachen die sowjetischen Truppen nördlich von Moskau und ostwärts von Tula die Stellungen des Feindes. Am 15. Dezember befreiten sie Klin, einen Tag später Kalinin. Das aufgegebene Land verwüstend, gingen die Panzergruppen 3 und 4 hinter die Flüsse Lama und Rusa zurück, wo sie Ende Dezember den sowjetischen Vormarsch eine Zeitlang aufhielten. Im Raum von Stalinogorsk (Nowomoskowsk) erlitt die 2. Panzerarmee (vorher Panzergruppe 2) eine Niederlage und zog sich aus dem Frontvorsprung ostwärts nach Tula zurück. Mitte Dezember befand sich dann der ganze Mittelabschnitt der Front zwischen Serpuchow und Swenigorod in Bewegung. Die sowjetischen Truppen durchbrachen die deutschen Stellungen, Kavallerie- und Luftlandetruppen sowie Skiabteilungen

Rückzugstraße der faschistischen Truppen vor Moskau

stießen in die Tiefe des Hinterlands vor, wo sie zusammen mit Partisanenabteilungen erfolgreich Stützpunkte des Gegners angriffen.

Bis Anfang Januar 1942 rückten die sowjetischen Truppen zwischen Kalinin und Jelez 100 bis 250 Kilometer weit nach Westen vor, dabei befreiten sie mehr als 11 000 Orte. Sie erreichten die Linie Selisharowo – westlich Wolokolamsk – Naro-Fominsk – Kaluga – Suchinitschi – Mzensk.

Konstantin Simonow (1915–1979), im Krieg Berichterstatter der Armeezeitung „Krasnaja Swesda", gibt in seinen Tagebüchern die Eindrücke vom faschistischen Rückzug wieder:

„Wir verließen Michailow und fuhren auf einer winterlichen Straße der vorrückenden Armee unter Golikow nach, die zu dieser Zeit täglich fünfzehn bis zwanzig Kilometer zurücklegte. Die Straße bot einen unvergeßlichen Anblick. Sie war im wahrsten Sinne des Wortes von deutschen Autos, Geschützen, Panzern und Panzerspähwagen übersät. Besonders zahlreich die Transportfahrzeuge der motorisierten Truppen …

Die Truppen zogen durch Dörfer, die von den Deutschen restlos niedergebrannt worden waren. Links und rechts der Straße lagen verkohlte schwarze Trümmerhaufen, nur die Schornsteine und Öfen waren erhalten, und hier und da sah man halbzerstörte Häuser."*

Für die Heeresgruppe Mitte kam die Schlacht vor Moskau einem Zusammenbruch gleich. Insgesamt 23 Infanterie-, 11 Panzer- und 4 motorisierte Divisionen erlitten so schwere Einbußen, daß sie nicht mehr kampffähig waren. Die kritische Lage der deutschen Armeen wurde noch durch das Ausbleiben des Nachschubs, das Fehlen von Reserven – die Reservekräfte hatte man bereits im November 1941 verausgabt – und die unzureichende Winterausrüstung verschlimmert. Nun, da die Kälteperiode voll hereingebrochen war, offenbarte sich erneut die Verblendung der deutschen Führung. In der Erwartung, für den Winter 1941/42 bloß noch einige Besatzungstruppen in der eroberten UdSSR zu benötigen, hatte das Oberkommando der Wehrmacht nur wenig Winterausrüstung bereitgestellt.

Fieberhaft versuchten die Faschisten, die aufgerissene und zurückweichende Front wieder zu schließen. Nach einer Weisung des Oberkommandos der Wehrmacht vom 8. Dezember 1941 sollten die eroberten Gebiete fest gehalten werden. Schon am 16. Dezember kam ein neuer Befehl heraus, der jeglichen Rückzug ohne Genehmigung Hit-

* Konstantin Simonow, Kriegstagebücher 1941, Erster Band, Verlag Volk und Welt, Berlin 1982, S. 566

lers verbot und die Soldaten aufforderte, „fanatischen Widerstand" bis zum letzten Schuß zu leisten.

Das Tagebuch von Generaloberst Franz Halder (1884–1972) läßt die komplizierte Lage der faschistischen Truppen sichtbar werden. So lautet eine Eintragung vom 30. Dezember 1941: „Sehr schwere Krisis bei 9. Armee, wo anscheinend die Führung vorübergehend die Nerven verloren hat."

Am 7. Januar 1942 ist verzeichnet: „Fortschritte des Feindes in Gegend Suchinitschi, das eingeschlossen ist, und nördlich.

Die Lage dieses Durchbruchbogens wird immer unbequemer. H. Gr. Mitte muß entschlossener aus der feststehenden Front südlich des Durchbruchs Kräfte herausziehen und gegen die Flanke des Durchbruchs von Süden her ansetzen."

Zwei Tage später: „In der Durchbruchslücke von Suchinitschi drängt der Feind weiter nach Westen vor. Nur schwache Teile können ihm entgegengeworfen werden ...

Westlich Rshew ist Abfangen feindlichen Durchbruchs nicht gelungen. Er hat sich erweitert und hat Aussicht, zu einer entscheidenden Handlung zu werden. Wir haben keine Gegenmittel greifbar."*

Die Niederlage führte zu Auseinandersetzungen innerhalb der faschistischen Führung. Ein Teil der Generalität erwog den schrittweisen Rückzug der Heeresgruppe Mitte bis hinter den Dnepr, um hier die Kräfte aufzufrischen. Hitler und das Oberkommando der Wehrmacht hingegen befürchteten, daß eine solche Maßnahme das Zerreißen der ganzen Front und die Auflösung der Heeresgruppe Mitte zur Folge hätte. All diese Differenzen, von denen die Öffentlichkeit nichts erfuhr, verrieten, wie schwer die oberste Führung durch die sowjetische Gegenoffensive getroffen war. Am 19. Dezember 1941 trat Generalfeldmarschall Walther von Brauchitsch (1881–1948) als Oberbefehlshaber des Heeres zurück, diese Funktion übernahm jetzt Hitler. Bis zum Frühjahr 1942 wurden über 30 Generale, deren Verbände ohne Genehmigung zurückgewichen waren, ihrer Kommandos enthoben.

Luitpold Steidle (1898–1984), der als Offizier der Wehrmacht an der Schlacht vor Moskau teilgenommen hatte, dann mit dem deutschen Militarismus brach und in der DDR Minister für Gesundheitswesen wurde, schreibt in seinen Erinnerungen: „Von dem, was sich vor Moskau abgespielt hatte, stand kein Wort in den Zeitungen. Alle Meldun-

---

* Der zweite Weltkrieg. Dokumente, Militärverlag der Deutschen Demokratischen Republik, Berlin 1972, S. 145 ff.

gen kaschierten die erdrückende sowjetische Offensive: Frontbereini-
gung, planmäßige Besetzung neuer Ausgangsstellungen, kaum Ortsna-
men."*

Der Sieg der Sowjetarmee vor Moskau hatte große politische und
militärische Bedeutung. Zum erstenmal im zweiten Weltkrieg erlitten
die Faschisten eine schwere Niederlage, die Blitzkriegsstrategie war
gescheitert, der Traum vom schnellen Sieg ausgeträumt. Eine völlig
neue Situation im Verlauf des zweiten Weltkriegs entstand. Der Nim-
bus von der Unbesiegbarkeit der faschistischen Wehrmacht war dahin;
das deutsche Oberkommando sah sich gezwungen, für 1942 einen
neuen Feldzug vorzubereiten und einen langwierigen Krieg zu führen,
für den die Kräfte des faschistischen Blocks, auch wenn er die unterworfenen Länder weiter ausnutzte, auf die Dauer nicht ausreichen
konnten.

Der Erfolg der Roten Armee stärkte den Siegeswillen der Sowjet-
menschen. Die Völker der anderen Länder schöpften daraus Zuversicht im erbitterten Ringen gegen die Faschisten. Der Partisanenkampf
gegen die Okkupanten erhielt einen neuen Antrieb. Das internationale
Ansehen der Sowjetunion stieg, die Antihitlerkoalition festigte sich.
Der japanische Überfall am 7. Dezember 1941 auf den amerikanischen
Flottenstützpunkt Pearl Harbor und die folgende deutsche Kriegser-
klärung an die USA führten zum Eintritt dieser imperialistischen
Großmacht in den Krieg gegen den faschistischen Block.

In der Schlacht vor Moskau bewiesen sich die Leistungsfähigkeit der
sowjetischen Kriegskunst und das Talent solcher hervorragenden Feldherren wie Georgi Shukow und Iwan Konew. Obwohl die sowjetischen
Truppen keine zahlenmäßige Überlegenheit über die Heeresgruppe
Mitte besaßen, unternahmen sie erfolgreiche Gegenschläge. Sie faßten
ihre Kräfte an engen Abschnitten zusammen und erzielten hier einen
Vorteil, während an anderen Stellen der Front nach wie vor die faschistischen Truppen erheblich stärker waren.

Am 5. Januar 1942 beschloß das sowjetische Oberkommando, zur allgemeinen Gegenoffensive überzugehen. Während der Monate Januar,
Februar und März 1942 stießen die Truppen am Mittelabschnitt in
Richtung auf Rshew, Witebsk, Smolensk und Brjansk vor und befreiten weitere Gebiete, im Norden griffen sie am Wolchow an und
schlossen deutsche Kräfte in Cholm und Demjansk ein, im Süden landeten sie bei Kertsch und auf der Krim. Bis zu 400 Kilometer rückte
die Rote Armee an einigen Abschnitten nach Westen vor.

* Luitpold Steidle, Entscheidung an der Wolga, Union Verlag, Berlin 1972, S. 120

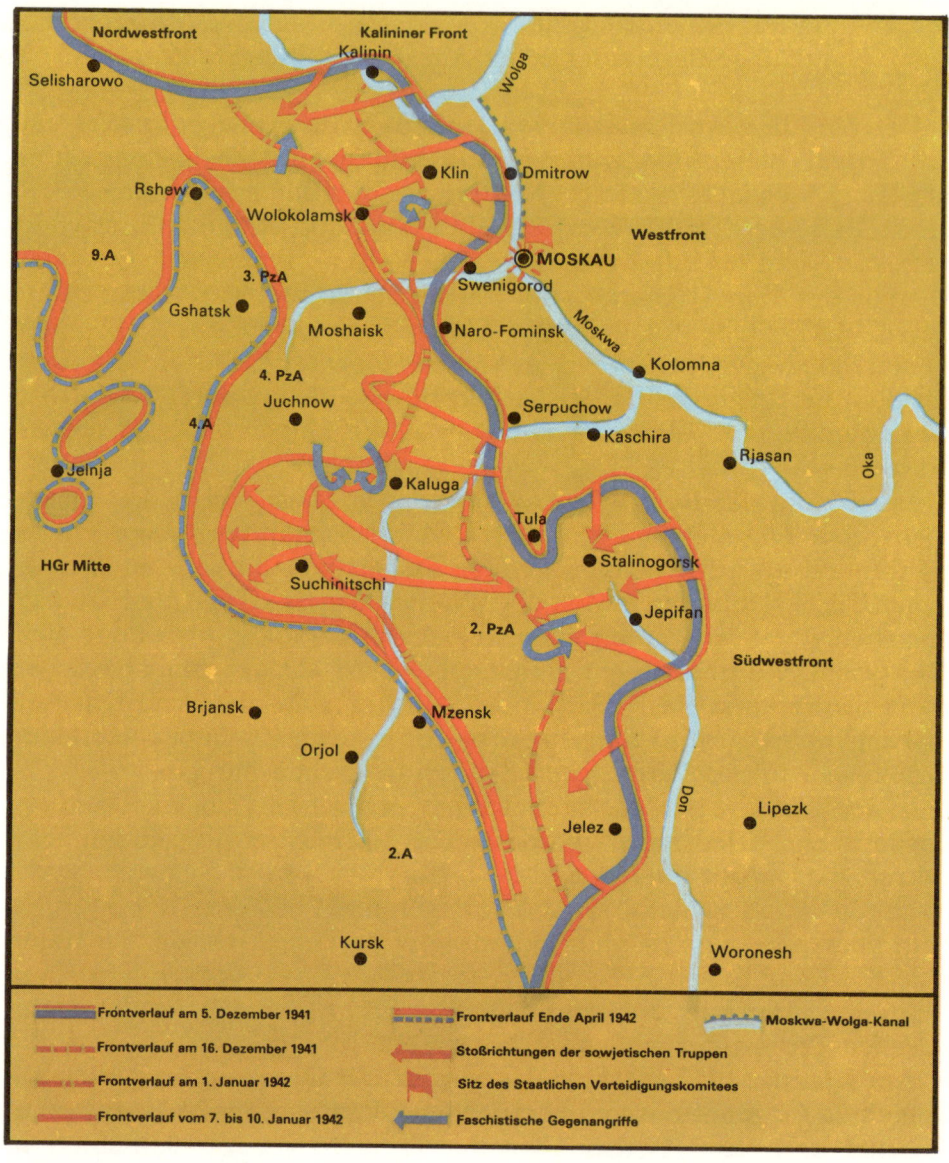

Sowjetische Gegenoffensive vor Moskau

A = Armee, PzA = Panzerarmee
HGr = Heeresgruppe

Legende:

Frontverlauf am 5. Dezember 1941	Frontverlauf Ende April 1942	Moskwa-Wolga-Kanal
Frontverlauf am 16. Dezember 1941	Stoßrichtungen der sowjetischen Truppen	
Frontverlauf am 1. Januar 1942	Sitz des Staatlichen Verteidigungskomitees	
Frontverlauf vom 7. bis 10. Januar 1942	Faschistische Gegenangriffe	

Eine Bilanz der Gesamtverluste der deutschen Truppen vom 22. Juni 1941 bis zum 30. März 1942 zeigt folgendes Bild: Die Einbußen betrugen etwa 1,1 Millionen Mann, das war ein Drittel der Stärke, mit der die Aggression am 22. Juni 1941 begonnen hatte, dazu kamen als weitere Verluste für die Zeit vom 1. Oktober 1941 an mehr als 2300 Panzer und gepanzerte Fahrzeuge, 74000 Kraftfahrzeuge aller Typen und Klassen sowie über 800 Flugzeuge.

Die Niederlage 1941/42 war nicht – wie bürgerliche Historiker und Militärs immer wieder behaupten – durch den Winter, durch Eis, Schnee und Frost oder durch die große Übermacht der sowjetischen Truppen verursacht. Die Winterbedingungen erschwerten auch die Bewegungen der sowjetischen Verbände und ihre Versorgung. Der Sieg wurzelte vielmehr in den Leistungen der Millionen Kämpfer an der Front und der Werktätigen im Hinterland, in den Anstrengungen von Armee und Volk unter Führung der KPdSU, im Einsatz der Millionen von Kommunisten sowie in der Fähigkeit der sowjetischen Generale und Offiziere, nach den schweren Sommer- und Herbstmonaten 1941 erfolgreiche Gegenschläge zu unternehmen und dabei die gewonnenen Kriegserfahrungen zu nutzen. „Das herausragende militärpolitische Ereignis im ersten Jahr des Großen Vaterländischen Krieges war der Sieg der sowjetischen Truppen vor Moskau im Winter 1941/42, deren Gegenoffensive in eine allgemeine strategische Offensive der Roten Armee hinüberwuchs ... Mit dem Scheitern des Blitzkriegsplans brachen, genau betrachtet, alle Pläne des deutschen Imperialismus zur Eroberung der Weltherrschaft zusammen."*

Der Sieg vor Moskau war der erste schwere Schlag gegen die faschistischen Okkupanten. Ihm folgte ein knappes Jahr später der zweite: Stalingrad.

* Geschichte des zweiten Weltkrieges 1939–1945, 4. Bd., Militärverlag der Deutschen Demokratischen Republik, Berlin 1977, S. 582

Flugzeuge
entscheiden die Seeschlacht

Midway 1942

Die See-Luft-Schlacht bei Midway war eine der größten Kampfhandlungen auf dem pazifischen Kriegsschauplatz.

Am 7. Dezember 1941 hatte das imperialistische Japan mit dem Angriff gegen den amerikanischen Stützpunkt Pearl Harbor auf der Hawaii-Insel Oahu den lange vorbereiteten Krieg gegen die USA eröffnet. Vorausgegangen waren diesem Überfall zunehmende Spannungen zwischen den beiden Mächten im Kampf um Rohstoffquellen, Absatzmärkte und Einflußgebiete in Ostasien und im Raum des Stillen Ozeans. Der japanische Imperialismus hatte 1931 die Mandschurei annektiert und dort ein Satellitenregime auf den Thron gehoben, seit 1937 führte er Krieg gegen China. Die 1938/39 unternommenen Versuche, in die Mongolische Volksrepublik und den sowjetischen Fernen Osten einzudringen, waren allerdings kläglich gescheitert. Aber der militärische Erfolg des faschistischen Bündnispartners Deutschland 1940 gegen Frankreich und die Niederlande schwächte die Stellung dieser Kolonialmächte in Südostasien, hier bereitete Japan den Angriff gegen das französische Indochina (Vietnam, Laos und Kampuchea) und gegen Niederländisch-Indien (Indonesien) vor.

Der Überfall auf Pearl Harbor schaltete die amerikanische Schlachtflotte im Pazifik aus, jedoch befanden sich die drei Flugzeugträger der USA nicht im Hafen. In den folgenden Monaten eroberten die Japaner Indochina, die Halbinsel Malakka mit der wichtigen britischen Festung Singapur, die Philippinen (damals USA-Kolonialbesitz) sowie Sumatra, Java, Borneo (Kalimantan) und andere Inseln Indonesiens; sie drangen in Burma gegen Indien vor und landeten auf Neuguinea (Irian). Das nördliche Australien lag in der Reichweite japanischer Flugzeuge. Japan verfügte im Mai 1942 über einen riesigen Raum mit vielen Roh-

238

stoffquellen, darunter die für die Kriegführung wichtigen Erdölfelder auf Sumatra, Borneo und Java.

Nach dem Überfall lief in den USA ein umfangreiches Rüstungsprogramm an, um die Verluste zu ersetzen und die Japaner am Vordringen zu hindern. Als wirkungsvolles Kampfmittel in den Weiten des Ozeans erwies sich der Flugzeugträger. Je nach der Größe der Schiffe und der Zahl der Flugzeuge unterschied man zwischen schweren und leichten Trägern; mit ihren Bomben- und Torpedofliegerkräften vermochten sie über weite Entfernungen hinweg Schläge gegen Schiffe und Stützpunkte des Gegners zu führen, ohne in den Feuerbereich der gegnerischen Artillerie zu geraten. Der japanische Flugzeugträger „Kaga", 1921 vom Stapel gelaufen, hatte eine Wasserverdrängung von 38 200 Tonnen und eine Maximalgeschwindigkeit von 28 Knoten, das

Japanischer Flugzeugträger „Kaga"

entsprach etwas mehr als 50 Kilometern je Stunde; seine Besatzung zählte über 2000 Mann, an Bord befanden sich 72 bis 90 Flugzeuge (je nach Kampfaufgabe), zur Bewaffnung des Trägers gehörten 10 Schiffs- und 38 Flakgeschütze. Die modernen Flugzeugträger der dreißiger Jahre waren noch schneller und konnten über 100 Flugzeuge aufnehmen. Allerdings bedurften die teuren und verwundbaren Träger des Schutzes durch begleitende Zerstörer, Kreuzer und andere Schiffe.

Bei der Schlacht im Korallenmeer vom 4. bis 8. Mai 1942 zwischen japanischen und amerikanischen Flottenkräften gaben die Kreuzer und Schlachtschiffe keinen Schuß aus ihrer schweren Artillerie ab, beide Flottenverbände bekämpften sich mit ihren Trägerflugzeugen über eine Entfernung von mehreren hundert Kilometern. Für diese Schlachten wurde die Bezeichnung See-Luft-Schlacht gebräuchlich; die schweren Überwassereinheiten – von denen Japan 1942 eine größere Anzahl hatte – deckten die Flugzeugträger.

Für den Frühsommer 1942 plante das japanische Oberkommando die Einnahme des aus zwei Inseln bestehenden Midwayatolls, etwa

2200 Kilometer nordwestlich von Hawaii. Von dort aus konnten die See- und Luftstreitkräfte im Ostpazifik operieren; außerdem spekulierten die Japaner darauf, daß sich die amerikanische Flotte bei einer solchen Bedrohung zu einer Generalschlacht stellen würde. Nach dem Kräfteverhältnis rechneten sie sich Siegeschancen aus.

Am 5. Mai 1942 erließ das Kaiserliche Hauptquartier in Tokio die Direktive über die Durchführung der neuen Operation. „Sie stellte der Vereinigten Flotte die Aufgabe, im Zusammenwirken mit Truppenteilen der Landstreitkräfte das Midwayatoll und eine Reihe von Inseln im Westteil der Aleutenkette einzunehmen. Das japanische Oberkommando legte die Anlandung von Seelandungstruppen für den 6. Juni fest ... Es war vorgesehen, die Hauptphase der Operation, die Einnahme des Midwayatolls, am 4. Juni mit dem Niederhalten der Verteidigung durch Schläge der Trägerfliegerkräfte einzuleiten. Die Einnahme der Aleuteninseln sollte einen Tag zuvor beginnen, um starke Kräfte der US-Flotte nach Norden abzulenken."*

Wie im Februar 1904 gegen die zaristische Flotte in Port Arthur und im Dezember 1941 gegen die amerikanische Pazifikflotte in Pearl Harbor, so rechneten die Japaner im Juni 1942 wiederum mit einem Gelingen der Überraschung.

Für diese Operation zog das japanische Oberkommando seine stärksten Flottenkräfte zusammen und bildete mehrere Verbände. Der Flugzeugträgerstoßverband unter Admiral Chuichi Nagumo (1886–1944) bestand aus 4 schweren Flugzeugträgern, 2 Schlachtschiffen, 3 Kreuzern und 12 Zerstörern; er lief direkt gegen das Midwayatoll. Ihm folgten die Hauptkräfte der Vereinigten Flotte unter Admiral Isoroku Yamamoto (1884–1943) mit 7 Schlachtschiffen, einem leichten Flugzeugträger, 3 Kreuzern, 21 Zerstörern und 2 Flugzeugtransportern. Unter den schweren Überwassereinheiten befand sich das größte Schlachtschiff der Welt, die „Yamato" mit 64000 Bruttoregistertonnen Wasserverdrängung und schwerer Schiffsartillerie mit einem Kaliber von 457 Millimetern. Hinzu kamen noch ein Landungsverband – 15 Transportschiffe mit 5000 Mann Landungstruppen an Bord, gedeckt durch Schlachtschiffe, Kreuzer und Zerstörer – sowie ein U-Boot-Verband, der westlich von Midway die geplante Operation gegen Aktionen amerikanischer Seestreitkräfte von Hawaii her sichern sollte. Gleichzeitig lief ein starker Verband in Richtung auf die Aleuten aus. Insgesamt setzte das japanische Oberkommando für die Angriffe

* Geschichte des zweiten Weltkrieges 1939–1945, 5. Bd., Militärverlag der Deutschen Demokratischen Republik, Berlin 1978, S. 472 f.

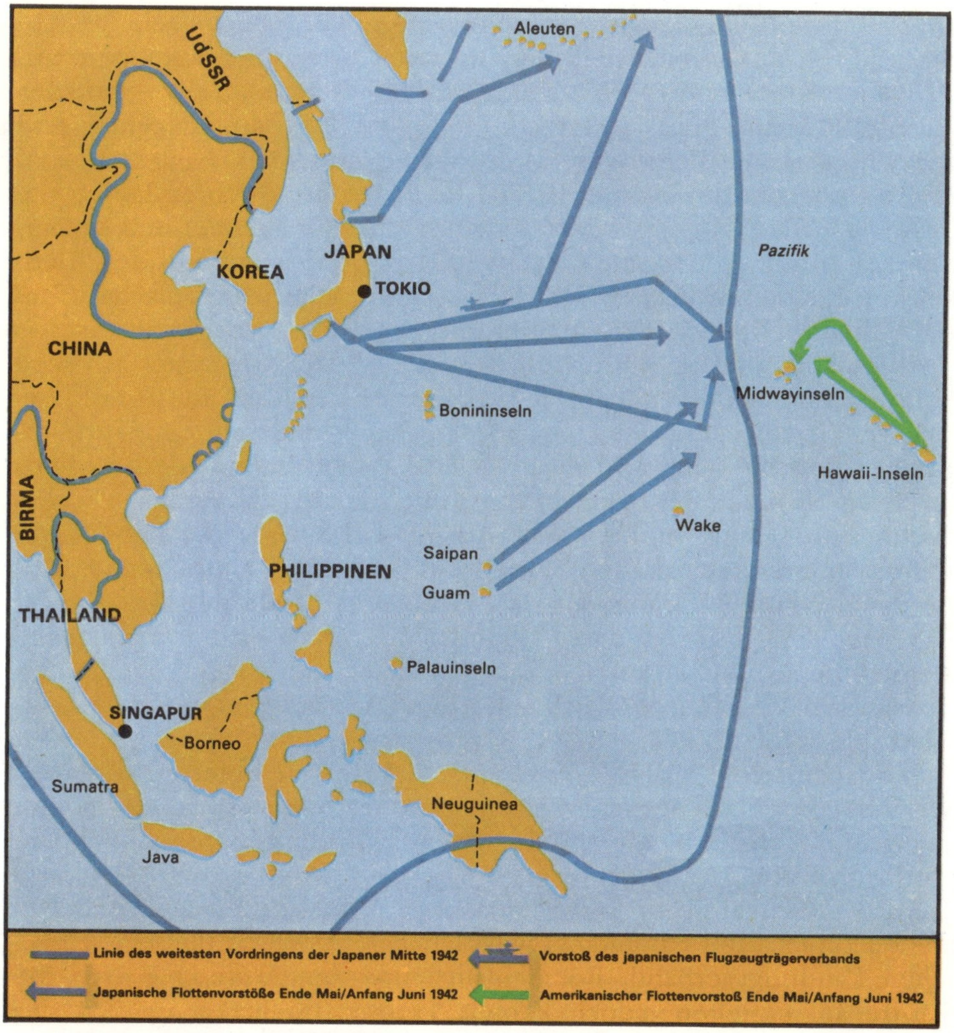
UdSSR
Aleuten
KOREA
JAPAN
TOKIO
Pazifik
CHINA
Midwayinseln
Bonininseln
Hawaii-Inseln
BIRMA
Wake
Saipan
PHILIPPINEN
Guam
THAILAND
Palauinseln
SINGAPUR
Borneo
Sumatra
Neuguinea
Java
Linie des weitesten Vordringens der Japaner Mitte 1942
Vorstoß des japanischen Flugzeugträgerverbands
Japanische Flottenvorstöße Ende Mai/Anfang Juni 1942
Amerikanischer Flottenvorstoß Ende Mai/Anfang Juni 1942

Anmarsch der Flotten

8 Flugzeugträger, 11 Schlachtschiffe, 22 Kreuzer, 66 Zerstörer, 22 U-Boote, 4 Flugzeugtransporter und zahlreiche andere Schiffe sowie 620 Flugzeuge ein. Ende Mai verließen die Schiffsverbände ihre Häfen in Japan und auf der Insel Guam (Marianen). Unterwegs übernahmen sie von Tankern Treibstoff.

Demgegenüber verfügte das amerikanische Oberkommando nur

über 3 schwere Flugzeugträger mit insgesamt 233 Flugzeugen, 8 Kreuzer und 14 Zerstörer. Sie waren zu zwei operativen Gruppen unter dem Kommando von Konteradmiral Raymond A. Spruance (1886–1969) und Frank J. Fletcher (1885–1973) zusammengefaßt. Auf dem Flugplatz des befestigten Midwayatolls standen 117 Flugzeuge zu Angriffen gegen die Japaner bereit. Auch auf den Aleuten hatten die USA Kampfflugzeuge, vor der Küste operierten 5 Kreuzer und 14 Zerstörer. Vor dem Midwayatoll waren 19 U-Boote postiert, vor den Aleuten 6. Alle amerikanischen Schiffe im Pazifik befehligte Admiral Chester William Nimitz (1885–1966) von Pearl Harbor aus.

Angesichts dieses Kräfteverhältnisses glaubte die amerikanische Führung kaum an einen Sieg, sie konzentrierte sich auf den Angriff gegen den japanischen Flugzeugträgerverband und auf die Verteidigungsmaßnahmen für Midway, ein Zusammenstoß mit den artilleristisch überlegenen Schlachtschiffen sollte vermieden werden. Das bedeutete, die Träger mußten sich aus der Reichweite der feindlichen Schiffsartillerie heraushalten. Dabei kam den Amerikanern zugute, daß sie den japanischen Code für den Funkverkehr entschlüsselt hatten, also über die Absichten ihres Gegners informiert waren und danach Maßnahmen treffen konnten. Hingegen kannten die herankommenden japanischen Verbände weder Standorte noch Vorhaben der amerikanischen Flotte.

Die japanischen U-Boote erreichten ihr Einsatzgebiet mit dreitägiger Verspätung. Zu diesem Zeitpunkt, am 4. Juni, waren die beiden amerikanischen Verbände bereits unbemerkt in ihren Operationsraum nordöstlich von Midway gelangt.

Am 3. Juni sichtete ein amerikanisches Aufklärungsflugzeug 600 Seemeilen (über 1 100 Kilometer) westlich des Midwayatolls den japanischen Landungsverband. Bombenflugzeuge von Midway griffen die Schiffe an, erzielten jedoch keinen Treffer. Im Morgengrauen des 4. Juni stand der Flugzeugträgerverband 240 Seemeilen (etwa 450 Kilometer) nordwestlich von Midway. 180 Trägerflugzeuge starteten, um die Verteidigungsanlagen auf Midway und die dort stationierten Fliegerkräfte zu zerschlagen. Aber der Angriff mißlang; denn die Verteidiger von Midway waren gewarnt. Die Mehrzahl der amerikanischen Flugzeuge befand sich bereits in der Luft und griff ihrerseits den japanischen Trägerverband an, allerdings ohne Erfolg. 17 amerikanische Maschinen gingen verloren. Der japanische Befehlshaber plante daraufhin einen zweiten Luftangriff gegen die Insel.

Gegen 9 Uhr sichtete ein japanisches Aufklärungsflugzeug den amerikanischen Trägerverband und meldete Chuichi Nagumo dessen

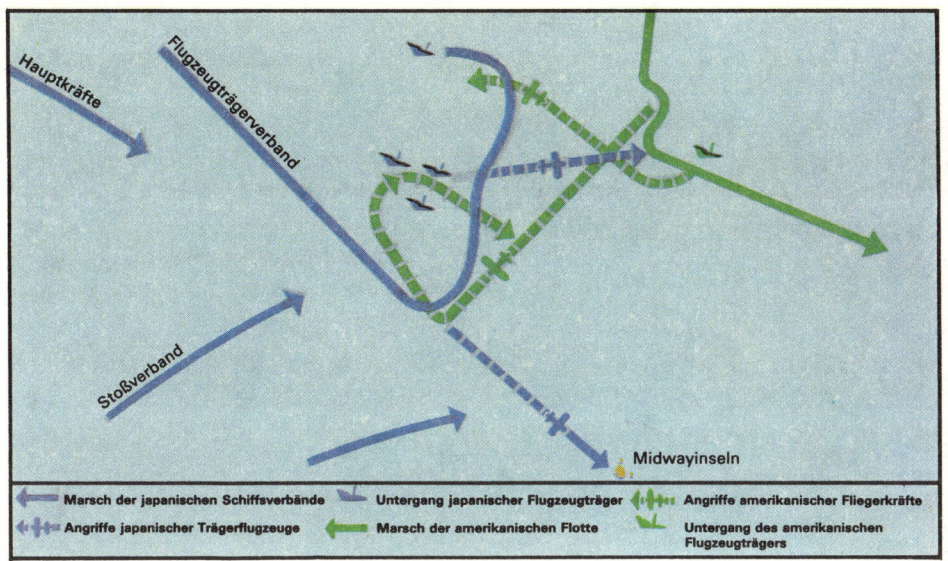

← Marsch der japanischen Schiffsverbände	← Untergang japanischer Flugzeugträger	←‖‖← Angriffe amerikanischer Fliegerkräfte
←‖‖← Angriffe japanischer Trägerflugzeuge	← Marsch der amerikanischen Flotte	Untergang des amerikanischen Flugzeugträgers

Kampfhandlungen am 4. Juni 1942

Standort. Dieser entschloß sich nun, mit seinen Trägerflugzeugen anzugreifen. Kurz darauf ermittelten die Amerikaner den japanischen Verband und starteten ihre Maschinen. Gegen 9.30 Uhr erreichten die amerikanischen Torpedoflugzeuge den Gegner und griffen die Schiffe an. Aber von den 41 Maschinen wurden 35 abgeschossen. Nur wenige Minuten später erschienen die amerikanischen Sturzkampfbomber über dem Verband. Die japanischen Fliegerkräfte waren noch mit der Abwehr der Torpedoflugzeuge beschäftigt und erkannten die neue Gefahr zu spät. Innerhalb weniger Minuten setzten Bombentreffer die drei schweren Träger „Akagi", „Kaga" und „Soryu" mit den darauf befindlichen 137 Flugzeugen außer Gefecht.

Der japanische Kapitän Mitsuo Fuchida, der den Angriff an Bord des Flugzeugträgers „Akagi" erlebte, schreibt darüber:

„Als ich mich umblickte, packte mich das Entsetzen über die in Sekunden angerichtete Zerstörung. Im Flugdeck, hinter dem mittleren Fahrstuhl, klaffte ein riesiges Loch. Der Fahrstuhl selbst, verkrümmt wie geschmolzenes Glas, hing ins Hallendeck hinein. Flurplatten krümmten sich grotesk verzerrt nach oben. Flugzeuge standen mit dem Schwanzstück in die Luft und gaben weißliche Flammen und pechschwarzen Rauch von sich. Ich merkte kaum, daß mir Tränen über

Torpedoflugzeuge auf dem amerikanischen Flugzeugträger „Enterprise"

die Wangen strömten, als ich beobachtete, wie sich das Feuer ausbreitete. Ich hatte große Angst vor den dadurch hervorgerufenen Explosionen, die bestimmt das Ende des Schiffes bedeuten mußten ...

Einer neuen Explosion folgten rasch hintereinander weitere Detonationen, die jedesmal den Unterbau der Brücke erzittern ließen. Der Rauch der brennenden Hallen quoll aus den Durchgängen und drang in die Brücken- und Bereitschaftsräume. Wir mußten eine andere Zuflucht suchen.

Wie ich jetzt wieder aufs oberste Brückendeck kletterte, sah ich, daß auch ‚Kaga' und ‚Soryu' getroffen waren; denn schwarze, dichte Rauchwolken standen auch über ihnen."*

Am Nachmittag und Abend des 4. Juni sanken die drei japanischen Flugzeugträger. Der letzte schwere Träger, die „Hiryu", war von den amerikanischen Flugzeugen zunächst nicht entdeckt worden. Sie startete gegen 11.00 Uhr mit ihren Bomben- und Torpedoflugzeugen einen Angriff gegen den amerikanischen Flugzeugträger „Yorktown". Das Schiff erhielt mehrere Treffer und blieb manövrierunfähig liegen. Aber bald darauf fanden Flugzeuge der amerikanischen Träger „Hor-

* Mitsuo Fuchida/Masatake Okumija, Midway, Gerhard Stalling Verlag, Oldenburg-Hamburg o.J., S. 183 f.

net" und „Enterprise" die „Hiryu" und beschädigten sie in mehreren Angriffen schwer. Die Japaner mußten daraufhin auch dieses Schiff aufgeben. Das brennende Wrack wurde am folgenden Morgen durch Torpedos japanischer Zerstörer versenkt. Damit war der Kern des japanischen Flugzeugträgerverbands vernichtet.

Die Hauptkräfte der japanischen Flotte standen zu diesem Zeitpunkt über 300 Seemeilen (über 500 Kilometer) westwärts und hatten in das Kampfgeschehen nicht eingreifen können. Als Admiral Yamamoto vom Ausfall der drei Flugzeugträger erfuhr, befahl er, den Resten des Trägerverbands zu helfen. Er hoffte, die amerikanischen Schiffe vor die Rohre seiner schweren Artillerie zu bekommen und auf diese Weise die Schlacht zu seinen Gunsten zu entscheiden. Dabei wollten die Japaner auch das Risiko einer Nachtschlacht eingehen. Doch dann erkannte Yamamoto aus den eingehenden Meldungen, daß es nicht gelungen war, die amerikanische Luftwaffe auszuschalten; die schweren Überwassereinheiten würden also – nicht mehr gedeckt durch die Trägerfliegerkräfte – den Schlägen der gegnerischen Flugzeuge ausgesetzt sein. Aus sicherer Entfernung konnten die amerikanischen Träger sowie die Bomber von Midway die japanischen Schiffe angreifen.

Angesichts dieser Lage mußte sich die japanische Führung entschließen, den Angriff gegen Midway aufzugeben. An die Reste des Flugzeugträgerverbands und die für die Landung bestimmten Einheiten erging die Weisung, sich bei den Hauptkräften weit westlich von Midway zu sammeln, auch die Transportschiffe mit den Landungstruppen an Bord sollten nach Westen zurückfahren.

Allmählich wurde Yamamoto das Ausmaß des Mißerfolgs bekannt. Noch am Abend des 4. Juni befahl der Admiral den schweren Kreuzern, mit Höchstgeschwindigkeit in Richtung Midway zu laufen und am Morgen des 5. Juni die Insel zu beschießen. Damit sollte die Niederlage des Flugzeugträgerverbands verschleiert werden. Um Mitternacht erhielten die Kreuzer aber die Gegenorder, nach Westen abzudrehen. Auf diesem Rückmarsch stießen zwei Kreuzer zusammen. Amerikanische Flugzeuge sichteten am 5. Juni den Verband und griffen ihn an. Ein Kreuzer sank im Bombenhagel, ein zweiter wurde beschädigt, entkam aber zusammen mit den anderen Schiffen. Auch hier endete der Angriff der Japaner mit einer Niederlage.

Gewissermaßen am Rand des Geschehens entdeckte ein japanisches U-Boot den beschädigten Flugzeugträger „Yorktown". Mit Torpedotreffern zum Wrack geschossen, ging er am folgenden Tag unter; ein Zerstörer, der bei dem beschädigten Träger lag, wurde versenkt. Beide

Schwer beschädigter japanischer Kreuzer

Schiffe blieben die einzigen Totalverluste der amerikanischen Flotte in der See-Luft-Schlacht.

Die Schlacht bei Midway endete mit dem Rückmarsch der japanischen Flotte am 6./7. Juni. Sie hatte in den Tagen vom 4. bis 7. Juni 4 ihrer modernen schweren Flugzeugträger, einen Kreuzer, einen Tanker und 332 Flugzeuge eingebüßt, ein Schlachtschiff, ein Kreuzer, 2 Zerstörer und ein Transportschiff wurden beschädigt. Die amerikanische Flotte verlor einen Flugzeugträger, einen Zerstörer und 150 Flugzeuge. Während die Schlacht die Japaner 3500 Tote kostete, darunter viele gutausgebildete Schiffsbesatzungen und Piloten von Trägerflugzeugen, betrugen die Verluste der Amerikaner nur 300 Mann. Das japanische Oberkommando vertuschte die materiellen und personellen Einbußen und ließ keine Nachrichten über das Scheitern der Operation in die Öffentlichkeit dringen.

Der Rückschlag bei Midway war eine Folge dessen, daß die japanische Führung die eigenen Möglichkeiten überschätzt und den Gegner unterschätzt hatte. Sie verließ sich auf das Gelingen der Überraschung und schenkte der Aufklärung zuwenig Beachtung. Außerdem erwies sich die Zersplitterung der Kräfte – gegen Midway und gegen die Aleuten – als verhängnisvoll. Dagegen konzentrierte das amerikanische Oberkommando seine Flotten- und Fliegerkräfte und suchte ein Zusammenwirken der Trägerflugzeuge mit den landgestützten Fliegern zu organisieren.

Die Schlacht offenbarte erneut die wachsende militärische Bedeutung der Flugzeugträger. Wie schon einige Wochen zuvor im Korallenmeer kam die Schiffsartillerie – abgesehen von den Fliegerabwehrwaffen – nicht zum Einsatz; die schweren Überwasserfahrzeuge waren hingegen durch Angriffe von U-Booten, vor allem aber von Bomben- und Torpedoflugzeugen, besonders gefährdet.

Die japanische Aggression hatte ihre weitesten Grenzen erreicht; die Einbußen an Flugzeugträgern konnten zwar durch Neubauten zahlenmäßig ersetzt werden, doch rascher wuchs inzwischen das amerikanische Kriegspotential. Japan begann zur Defensive überzugehen und sein erobertes Gebiet zu einem mächtigen Stützpunktsystem auszubauen, an dem sich die gegnerischen Offensiven brechen sollten.

Vizeadmiral a. D. Heinz Neukirchen (1915–1986) schreibt dazu: „Midway bedeutete die Wende des Krieges im Pazifik zugunsten der amerikanischen Flotte. Nach dem Verlust ihrer vier modernen Träger konnte die japanische Flotte nie wieder ein materielles Gleichgewicht mit der amerikanischen Flotte herstellen … Zwar gab es noch eine Reihe von Seeschlachten, die beiden Seiten annähernd gleiche Verluste brachten, aber im Gegensatz zu den Amerikanern waren die Japaner nicht in der Lage, die Verluste voll auszugleichen. In großen amphibischen Operationen, dem Inselspringen, brachen die amerikanischen Streitkräfte in den japanischen Verteidigungsgürtel ein und eroberten Gebiet um Gebiet des von Japan besetzten Raumes zurück.“*

Historiker der USA, Großbritanniens, Japans und der BRD maßen später dieser Schlacht eine entscheidende Bedeutung für den ganzen Weltkrieg von 1939 bis 1945 bei. Eine solche Einschätzung entspricht jedoch nicht der historischen Wahrheit. Für den pazifischen Kriegsschauplatz war Midway ein erster und wichtiger Schritt auf dem Weg zum Sieg über den japanischen Aggressor, aber für den Gesamtverlauf des zweiten Weltkriegs spielte das Geschehen an der sowjetisch-deutschen Front eine viel größere Rolle. Hier, in den Schlachten vor Moskau 1941/42, bei Stalingrad 1942/43, bei Kursk und am Dnepr 1943, zerschlug die Sowjetarmee ganze Armeen der faschistischen Wehrmacht und schuf die Grundlage für den Sieg der Antihitlerkoalition.

* Heinz Neukirchen, Seemacht im Spiegel der Geschichte, transpress VEB Verlag für Verkehrswesen, Berlin 1982, S.407

Wende an der Wolga

Stalingrad 1942/43

Die Stalingrader Schlacht war eine der größten des zweiten Weltkriegs, ihr Name wurde zum Symbol des Sieges der sozialistischen Militärmacht über die Aggressionsarmee Hitlerdeutschlands.

Als die Schlacht bei Stalingrad (Wolgograd) begann, dauerte das erbitterte Ringen an der sowjetisch-deutschen Front bereits länger als ein Jahr. Die Gegenoffensive der Roten Armee im Winter 1941/42 hatte der faschistischen Wehrmacht schwere Schläge zugefügt, aber noch waren die Truppen Deutschlands und seiner Verbündeten stark genug, eine neue Offensive vorzubereiten. Ihnen stand weiterhin das große Wirtschaftspotential Mittel- und Westeuropas zur Verfügung, es gab keine zweite Front in Europa, die Kräfte der Aggressoren gebunden und die Lage der tapfer kämpfenden Sowjetarmee erleichtert hätte.

Bereits im Februar 1942 begannen die Faschisten mit der Planung einer neuen Operation, die im Sommer 1942 den Sieg über die UdSSR bringen sollte. 1941 hatten sie im Nord-, im Mittel- und im Südabschnitt der mehrere tausend Kilometer langen Front mächtige Offensiven geführt; nun, im Jahr 1942, waren sie nicht mehr in der Lage, an allen Frontabschnitten anzugreifen. Zu stark hatten die Verluste an Menschen und Material während der vergangenen 12 Monate an den Kräften der Wehrmacht gezehrt. Der Hauptstoß sollte 1942 am Südabschnitt erfolgen, um hier eine Kriegsentscheidung zu erzwingen.

Die Weisung Nr. 41 der deutschen Führung vom 5. April 1942 legte fest: Zunächst waren die westlich des Don stehenden sowjetischen Armeen zu zerschlagen, danach sollte das Industrie- und Verkehrszentrum Stalingrad und darauf das kaukasische Erdölgebiet eingenommen werden. Die Eroberung dieser wirtschaftlich und strategisch wichtigen

Räume hätte nach den Vorstellungen der Faschisten den Krieg im Osten beendet. Vor der großen Offensive sollten Sewastopol und die Halbinsel Kertsch sowie Leningrad besetzt werden.

Das sowjetische Oberkommando erkannte die Gefahr im Süden, es erwartete einen feindlichen Angriff auf Moskau von der Ukraine her. Im Lauf des Frühjahrs 1942 hatten die sowjetischen Truppen Verstärkung erhalten, aber noch reichten ihre Kräfte nicht aus, um eine Überlegenheit zu erlangen.

Auf der Krim vermochte die deutsche 11. Armee im Mai die Halbinsel Kertsch zu erobern und nach schweren Kämpfen schließlich am 3. Juli 1942 die Festung Sewastopol einzunehmen. Sie war aber nach Abschluß der Krimkämpfe so geschwächt, daß sie für die Sommeroffensive nicht mehr eingesetzt werden konnte.

In der Ukraine eröffnete die sowjetische Südfront im Mai den Angriff gegen Charkow, doch die Offensive endete mit einer Niederlage. Die Truppen trafen auf die starke faschistische Gruppierung, die gegen den Kaukasus und gegen Stalingrad vorgehen sollte.

Ende Juni 1942 standen zwischen Kursk und dem Asowschen Meer folgende faschistische Kräfte für die Sommeroffensive bereit: ostwärts von Kursk die von Generaloberst Maximilian von Weichs (1881–1954) geführte Armeegruppe mit der deutschen 2. Armee und der 4. Panzerarmee, dahinter die ungarische 2. Armee. Zwischen Charkow und Taganrog war die Heeresgruppe Süd aufmarschiert, zu ihr gehörten die deutsche 6. und 17. Armee, die 1. Panzerarmee und die 11. Armee (noch auf der Krim). Den deutschen Truppen folgten die rumänische 3. und 4. Armee sowie die italienische 8. Armee, diese Kräfte befanden sich meist noch im Anmarsch zur Front.

Die deutschen Armeen waren überwiegend auf ihre volle Mannschafts- und Ausrüstungsstärke gebracht worden und besaßen eine große Kampfkraft; den ungarischen, rumänischen und italienischen Truppen hingegen mangelte es an Kraftfahrzeugen, Panzern und Artillerie. Das sowjetische Oberkommando konnte die in den Frühjahrskämpfen erlittenen Verluste nicht sofort ausgleichen, der Ausbau von Verteidigungsstellungen westlich des Don hatte erst begonnen.

Am 28. Juni 1942 eröffnete die Armeegruppe Weichs die Offensive in Richtung auf Woronesh. Die deutschen Truppen erreichten am 5. Juli den oberen Don und einen Tag später Woronesh, die Kämpfe um die Stadt dauerten bis zum 12. Juli an. Von Woronesh aus griffen sie in südöstlicher Richtung entlang dem Don an, um die gegnerischen Verbände der Südwest- und Südfront einzuschließen. Von Südwesten her kamen ihnen deutsche Panzerkräfte entgegen, die westlich des

Don die Masse der sowjetischen Truppen zerschlagen sollte. Die Faschisten eroberten im Juli ein großes Gelände, aber sie erreichten nicht das strategische Ziel: Die Armeen der Südwest- und Südfront entzogen sich unter Verlusten der Einschließung.

Das deutsche Oberkommando überschätzte die Erfolge. Am 23. Juli erließ es die Weisung Nr. 45, die den Truppen die Aufgabe stellte, gegen den Kaukasus vorzugehen und gleichzeitig Stalingrad zu erreichen. Nach der Eroberung von Rostow am 24. Juli schwenkte die neugebildete Heeresgruppe A mit 2 Armeen gegen den Kaukasus ab. Die Heeresgruppe B mit der 6. Armee und den ihr folgenden rumänischen und italienischen Truppen griff im Donbogen in Richtung Stalingrad

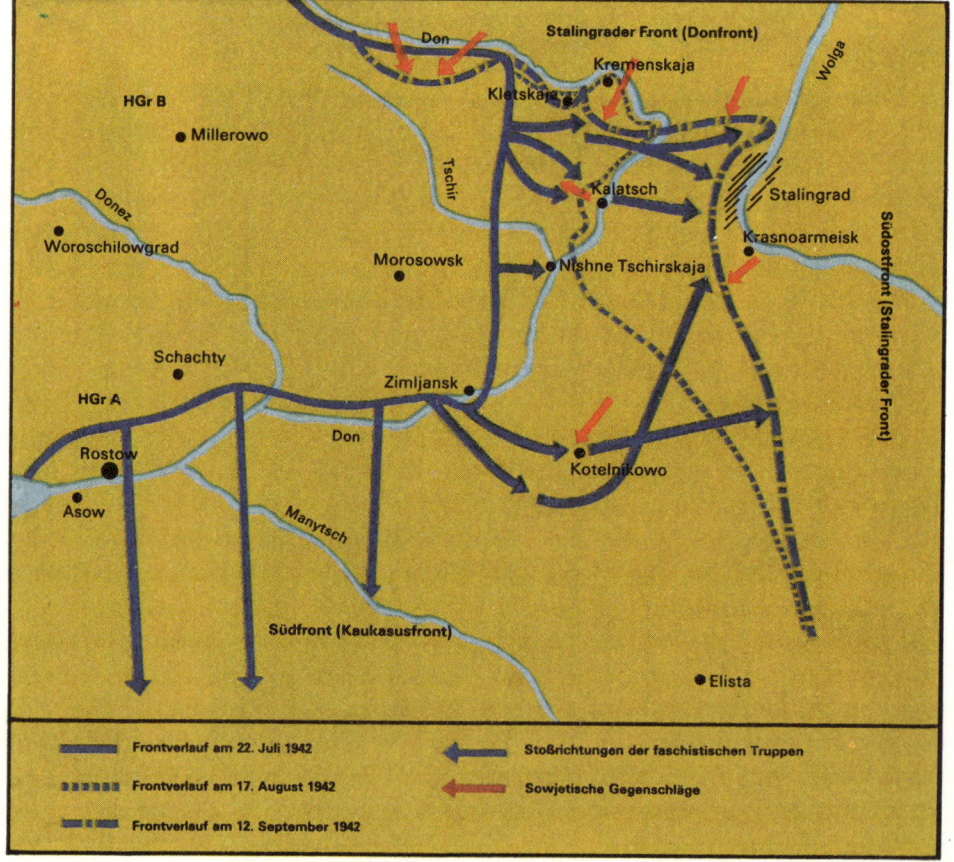

Faschistischer Angriff gegen Stalingrad

HGr = Heeresgruppe

▬▬▬ Frontverlauf am 22. Juli 1942	◀▬ Stoßrichtungen der faschistischen Truppen
▪▪▪▪▪ Frontverlauf am 17. August 1942	◀▬ Sowjetische Gegenschläge
▬ ▬ ▬ Frontverlauf am 12. September 1942	

an. Mit diesen Kämpfen begann am 17. Juli die Schlacht bei Stalingrad, deren erste Etappe – die Verteidigung der Stadt – bis zum 18. November 1942 dauerte. Oberbefehlshaber der 6. Armee war General Friedrich Paulus (1890–1957).

Die sowjetischen Truppen leisteten im Donbogen den Angreifern erbitterten Widerstand. Am 28. Juli erließ das sowjetische Oberkommando den Befehl Nr. 227, dessen Inhalt in der Losung zusammengefaßt war: Keinen Schritt zurück! Unermüdlich arbeiteten die Werke Stalingrads, um die herannahende Front mit Waffen, Munition und anderem Kriegsmaterial zu versorgen, die großen Traktorenfabriken reparierten beschädigte Panzer und Fahrzeuge, die unverzüglich zur kämpfenden Truppe zurückgebracht wurden. Trotzdem verschlechterte sich im August die Lage. Bis zum 17. August eroberten die Faschisten das Gebiet westlich des Don. Vom Kaukasus zogen sie die 4. Panzerarmee ab, die von Südwesten über Kotelnikowo Stalingrad angriff, während die 6. Armee von Westen her vordrang. Eine Stoßgruppierung der 6. Armee überschritt am 21. August den Don und erreichte 2 Tage später nördlich von Stalingrad die Wolga bei der Stadt Rynok. Zur gleichen Zeit bombardierte die deutsche Luftwaffe die Stadt, um Fabriken und Wohnungen zu zerstören, die Verteidiger zu lähmen und die Bevölkerung zu terrorisieren.

Seit Anfang September tobten am Stadtrand von Stalingrad erbitterte Kämpfe, die beiden Seiten schwere Einbußen brachten. Noch gelang es der Heeresgruppe B, durch neueintreffenden Ersatz die personellen Verluste teilweise auszugleichen. Allein vom 21. August bis zum 16. Oktober verlor die 6. Armee nach eigenen Angaben über 40 000 Mann. Am 14. September erreichte die deutsche 4. Panzerarmee im Süden der Stadt die Wolga. Damit war die 62. sowjetische Armee sowohl im Norden wie im Süden von ihren Nachbarn abgeschnitten, von nun an verteidigte sie sich im Stadtgebiet und konnte nur noch über den Fluß versorgt werden.

Den ganzen September und Oktober hindurch versuchte die 6. Armee immer wieder, Stalingrad einzunehmen. Bombenangriffe, Artilleriefeuer und Sprengungen verwandelten die Stadt in ein Trümmerfeld, von den Verteidigern zäh gehalten. Die Lage der 62. Armee wurde Mitte Oktober besonders kritisch, als es den deutschen Truppen gelang, im Norden Stalingrads die Wolga noch an einer dritten Stelle zu erreichen. Die Verteidigung der 62. Armee zog sich mehrere Dutzend Kilometer entlang der Wolga durch das Stadtgebiet, aber ihre Tiefe betrug stellenweise nur 200 bis 300 Meter. Hier, in Häuser- und Werkruinen, in Kellern und Bunkern, in Gräben kämpften die sowjetischen

Kampf auf dem Gelände des Werkes „Roter Oktober"

Truppen. Die Faschisten konnten diese wenigen hundert Meter nicht überwinden, obwohl die deutsche Führung speziell für den Häuserkampf ausgebildete Pioniereinheiten sowie starke Artillerie- und Fliegerkräfte einsetzte. Dabei hatte Adolf Hitler bereits mehrfach den Fall der Stadt angekündigt.

Inzwischen zog das sowjetische Oberkommando Reserven zusammen und bereitete eine große Gegenoffensive vor. Dank den Leistungen der Kriegsindustrie verfügte es über starke Panzerartillerie- und Fliegerkräfte. Der Plan des sowjetischen Oberkommandos trug die Tarnbezeichnung „Uranus". Er sah vor, mit drei Fronten die Gegenoffensive zu führen. Von Norden und Nordwesten her sollten die Südwest- und die Donfront, von Südosten her die aus der ehemaligen Südostfront gebildete Stalingrader Front angreifen und die zwischen Don und Wolga stehenden deutschen Truppen einschließen und vernichten. 60 Prozent der an der ganzen sowjetisch-deutschen Front vorhandenen Panzer- und mechanisierten Verbände wurden für diese Operation bereitgestellt. Die deutsche Führung erkannte nicht die drohende Gefahr für ihre Truppen, zudem meinte sie, die Sowjetarmee sei zu einer großen Gegenoffensive nicht in der Lage. Die lange Frontlinie nördlich von Stalingrad und am Don wurde von ungarischen, rumänischen und italienischen Truppen gehalten.

Das veränderte Kräfteverhältnis am Don und an der Wolga unmittelbar vor Beginn der sowjetischen Gegenoffensive zeigt die Tabelle.

Kräfte	Stärke	Panzer und Selbstfahrlafetten	Geschütze und Granatwerfer	Flugzeuge
Heeresgruppe B mit 5 Armeen	1,011 Millionen	675	10 300	1216
3 sowjetische Fronten mit 11 Armeen	1 Million	894	13 540	1414

In verstärktem Maß konnte die sowjetische Führung neue Waffen einsetzen. Dazu gehörte vor allem der Panzer vom Typ T 34, der jetzt in großer Zahl für die Offensive bereitstand. Dieser Panzertyp hatte ein Gewicht von 28,5 Tonnen, 4 Mann Besatzung, eine Kanone und 2 Maschinengewehre und erreichte eine Geschwindigkeit von rund 55 Kilometern je Stunde; er war der beste mittlere Panzertyp, der im zweiten Weltkrieg zum Einsatz gelangte, eine große Leistung der sowjetischen Konstrukteure und Arbeiter. Das Schlachtflugzeug Il-2 erzielte eine Geschwindigkeit von maximal 451 Kilometern je Stunde, besaß 2 Bordkanonen und 2 Maschinengewehre und konnte bis auf eine Höhe von 7500 Metern steigen, sein Aktionsradius lag bei 800 Kilometern.

Sowjetischer Panzer T 34/76 A

Sowjetisches Jagdflugzeug Il-2

Am Morgen des 19. November dröhnte zwischen der Wolga und dem Don Geschützdonner. Truppen der Südwestfront unter Generaloberst Nikolai Watutin (1901–1944) und der Donfront unter Generalleutnant Konstantin Rokossowski (1896–1968) griffen die nördliche Flanke der Heeresgruppe B an. Bereits am 21. November erreichten die zügig vorgehenden Panzerkräfte den Raum Kalatsch und setzten einen Tag später in der Nähe dieser Stadt über den Fluß. Von Südosten kam ihnen die Stalingrader Front unter Generaloberst Andrej Jeremenko (1892–1970) entgegen. Am 23. November vereinigten sich beide Angriffskeile bei dem Dorf Sowjetski in der Nähe von Kalatsch. Die 6. Armee, Teile der 4. Panzerarmee und der rumänischen 4. Armee in Stärke von 300 000 Mann waren eingeschlossen.

Der schnelle Angriff löste im Hinterland der faschistischen Truppen Verwirrung und Panik aus. Bis Ende November gingen die sowjetischen Armeen weiter vor und erreichten den Tschir und den Raum nördlich von Kotelnikowo. Zwischen den eingeschlossenen Truppen und den übrigen Verbänden der Heeresgruppe B klaffte eine Lücke von 40 bis 80 Kilometern. Wassili Tschuikow (1900–1982), während der Stalingrader Schlacht Oberbefehlshaber der 62. Armee, berichtet über die sowjetische Gegenoffensive:

„Die Faschisten wußten natürlich von einer Kräftekonzentration der Roten Armee im Raum Stalingrad, doch wie stark unsere Gegenoffensive sein würde, blieb ihnen verborgen. Die Organisiertheit unserer Stöße, ihre Effektivität, das Können der sowjetischen Führung waren für sie völlig überraschend.

Die Tragödie der 6. Armee begann nicht in jenen Tagen, als sich der

Ring um sie schloß, oder als Mansteins Versuch, die eingeschlossenen Truppen unter Einsatz der Panzerkeile Hoths zu entsetzen, mit einem Fiasko endete. Sie begann bereits, als die Verteidiger Stalingrads den ersten Sturmangriff auf die Stadt abschlugen. Der Frontbogen unserer Truppen wölbte sich nach innen, unsere Flügel bedrohten nun die Flanken der deutschen Truppen. Deren Generale aber äußerten in jener Stunde nicht etwa Unzufriedenheit mit Hitler, sondern beeilten sich, Siegesmeldungen in sein Hauptquartier zu schicken, statt darüber nachzudenken, wie das alles enden könnte."[*]

Die überraschte deutsche Führung befahl der 6. Armee, sich auf eine Rundumverteidigung im Raum Stalingrad einzurichten. Aus den Resten der Heeresgruppe B wurde eine neue Heeresgruppe Don unter dem Oberbefehl Generalfeldmarschalls Erich von Manstein (1887–1973) gebildet, zu ihr kamen Verstärkungen von anderen Frontabschnitten sowie Truppen aus Westeuropa. Nördlich von Kotelnikowo und bei Tormossin schuf sie zwei Stoßgruppierungen, die zu den Eingeschlossenen durchbrechen sollten.

Der Vorstoß begann am 12. Dezember bei Kotelnikowo. 124000 deutsche und rumänische Soldaten mit 650 Panzern und 500 Flugzeugen standen gegen die sowjetischen Armeen der Stalingrader Front mit 115000 Mann, 329 Panzern und 230 Flugzeugen. In für beide Seiten verlustreichen Kämpfen gelangten die Angreifer bis an die Myschkowa, von hier aus waren es noch etwa 40 Kilometer bis zu den ersten Stellungen der 6. Armee. Aber der Vorstoß scheiterte am hartnäckigen Widerstand der Verteidiger. Die sowjetischen Truppen erhielten Verstärkung und gingen am 24. Dezember zum Gegenangriff über. Der Entsatzversuch war mißlungen. Das Oberkommando der 6. Armee beabsichtigte einen Ausbruch, aber Hitler und sein Generalstab verboten eine solche Aktion; denn sie fürchteten den politischen und militärischen Prestigeverlust. Zudem gedachten sie, 1943 von der Wolga und vom Kaukasus aus erneut anzugreifen.

Eine weitere sowjetische Offensive durchkreuzte alle Pläne. Am 16. Dezember 1942 durchbrachen Truppen der Südwestfront und des linken Flügels der Woronesher Front die Stellungen der italienischen 8. Armee am mittleren Don und stießen in den Rücken der Heeresgruppe Don vor. Damit war die Absicht der bei Tormossin konzentrierten faschistischen Truppen, einen Angriff auf Stalingrad zu führen, vereitelt, sie mußten über den Tschir zur Zimla zurückweichen.

---

[*] Marschall der Sowjetunion W. I. Tschuikow, Gardisten auf dem Weg nach Berlin, Militärverlag der Deutschen Demokratischen Republik, Berlin 1976, S. 21

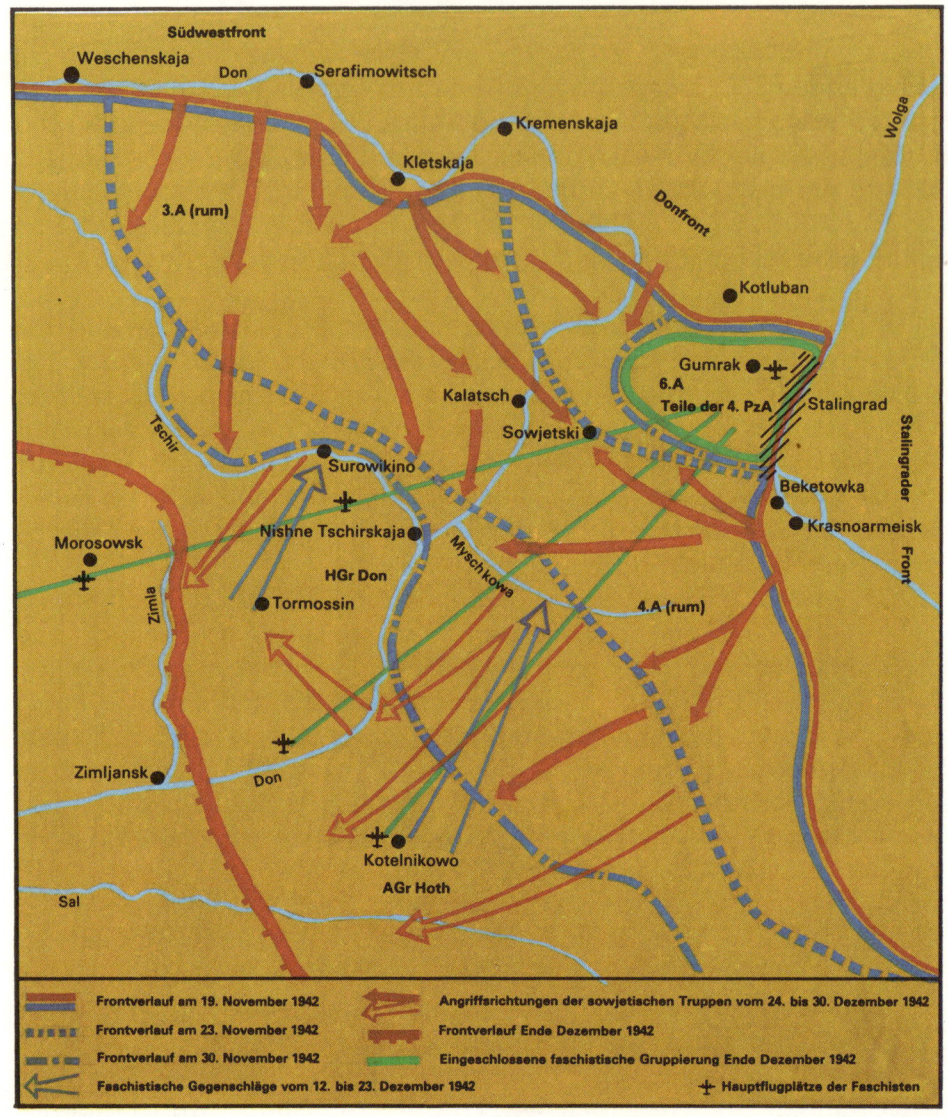

Sowjetische Gegenoffensive bei Stalingrad

A = Armee, A (rum) = rumänische Armee
HGr = Heeresgruppe, AGr = Armeegruppe
PzA = Panzerarmee

Als sich die sowjetischen Panzertruppen dem unteren Don näherten, bedrohten sie zugleich die rückwärtigen Verbindungen nicht nur der faschistischen Truppen bei Kotelnikowo, sondern auch der gesamten Heeresgruppe A, die noch weit im Kaukasusgebiet stand und nunmehr

Generalfeldmarschall Friedrich Paulus auf dem Weg in die Gefangenschaft

überstürzt den Rückzug auf Rostow einleitete. Immer deutlicher zeichnete sich die Katastrophe für den ganzen Südflügel der deutschen Front ab.

Inzwischen verschlechterte sich die Lage der 6. Armee im Stalingrader Kessel von Woche zu Woche. Großspurig hatte der Oberbefehlshaber der Luftwaffe versprochen, mit Transportfliegerkräften die Versorgung der eingeschlossenen Truppen zu sichern. Die erfahrensten Piloten und schwer ersetzbare Fluglehrer wurden für diese Aufgabe abkommandiert. Doch es gelang zu keiner Zeit, die für den Bedarf notwendige Menge von 700 Tonnen Lebensmitteln, Kriegsmaterial und anderen Gütern je Tag heranzubringen, höchstens waren es 100 Tonnen, im Durchschnitt aber kaum mehr als 70 bis 80 Tonnen. Sowjetische Flieger und Flakartillerie schossen viele Flugzeuge ab, zudem verlängerte sich infolge der Angriffsoperationen der Roten Armee im November und Dezember der Flugweg. Insgesamt verlor die faschistische Luftwaffe bis Ende Januar 1943 bei den Versorgungsflügen 488 Maschinen.

Gefechtsverluste, Krankheiten, Hunger und Kälte schwächten die Kampfkraft der 6. Armee immer mehr, allerdings waren viele Soldaten noch von Illusionen erfüllt und glaubten, die Heeresgruppe Don würde den Einschließungsring aufbrechen. Am 8. Januar 1943 bot das sowjetische Oberkommando dem Gegner die ehrenvolle Kapitulation an, aber es erhielt keine Antwort. 2 Tage später begann der sowjetische Angriff. Von Nordwesten und Südwesten her wurden die deutschen Truppen nach Osten, in die Ruinen von Stalingrad, zurückgedrängt. Am 23. Januar fiel Gumrak – der letzte Flugplatz der Eingeschlossenen. Am 25. Januar war der Kessel in zwei Teile gespalten. Der am 30. Januar zum Generalfeldmarschall beförderte Paulus kapitulierte mit den restlichen Truppen des Südkessels am 31. Januar, 2 Tage darauf streckten die völlig demoralisierten Truppen des Nordkessels die Waffen. Über 90 000 Überlebende, zum Teil schwer verwundet und erkrankt, traten den Weg in die Gefangenschaft an. Die Schlacht an der Wolga war beendet.

Marschall der Sowjetunion Georgi Shukow schrieb später über die Ursachen der Niederlage der Wehrmacht in seinen Erinnerungen:

„Das Scheitern aller ihrer strategischen Pläne des Jahres 1942 war eine Folge der Unterschätzung der Kräfte und Möglichkeiten des Sowjetstaates, der mächtigen Potenzen und moralischen Kräfte unseres Volkes und der Überschätzung der eigenen Kräfte und der Fähigkeiten ihrer Truppen durch die faschistische Führung.

Wichtigste Voraussetzungen für die Zerschlagung der gegnerischen Truppen ... waren die geschickte Organisation der operativ-taktischen

Skulptur der Mutter Heimat auf dem Mamaihügel bei Wolgograd – Gedenkstätte der Schlacht bei Stalingrad

Überraschung, die richtige Wahl der Hauptstoßrichtungen, die genaue Bestimmung der schwachen Stellen in der gegnerischen Verteidigung. Von gewaltiger Bedeutung war die exakte Berechnung der erforderlichen Kräfte und Mittel für den schnellen Durchbruch der taktischen Verteidigung, die aktive Entwicklung des operativen Durchbruchs zur endgültigen Einschließung der Hauptgruppierung des Gegners."*

Der Sieg der Roten Armee leitete die grundlegende Wende im zweiten Weltkrieg ein, von dieser verheerenden Niederlage konnte sich die faschistische Wehrmacht nie mehr erholen. Nach Abschluß der Winteroffensive im März/April 1943 stand die Sowjetarmee annähernd wieder auf der Linie, die sie im Sommer 1942 gehalten hatte. Doch welche entscheidende Wandlung im Kräfteverhältnis hatte sich vollzogen! Das faschistische Deutschland war schwer getroffen, seine Verbündeten suchten insgeheim schon nach Wegen, dem drohenden Zusammenbruch zu entgehen. Die Völker der Antihitlerkoalition aber wurden in ihrer Siegeszuversicht gestärkt, der antifaschistische Widerstandskampf in den besetzten Ländern und in Deutschland selbst gewann neue Kräfte. Die Sowjetarmee rüstete sich zu weiteren Operationen, um die Okkupanten vom sowjetischen Boden zu vertreiben und die Völker vom faschistischen Joch zu befreien.

* Marschall der Sowjetunion G. K. Shukow, a. a. O., S. 129 f.

Der Fall der Dschungelfestung

Dien Bien Phu 1954

Der Kampf um Dien Bien Phu war die größte und zugleich die entscheidende Schlacht im langjährigen Krieg zwischen Vietnam und der französischen Kolonialmacht.

Im November 1953 kreisten französische Transportflugzeuge über dem Tal von Dien Bien Phu im Nordwesten Vietnams. Aus ihren Luken sprangen Fallschirmjäger ab, zugleich schwebten Kisten mit Waffen, Munition und Ausrüstungen zu Boden. Ein kleiner, im zweiten Weltkrieg von den Japanern errichteter Feldflugplatz war das erste Ziel dieser Landeoperation, mehr als 200 Kilometer Luftlinie von Hanoi entfernt – etwa 500 Kilometer Straßen und Dschungelwege. Im Lauf der nächsten Woche flogen die französischen Kolonialisten weitere Kräfte und Mittel in das Tal ein, in fieberhafter Eile wurde ein befestigter Raum mit zahlreichen Bunkerstellungen angelegt. Die Franzosen gaben ihnen Namen wie Gabrielle (Doc Lap), Anne Marie (Ban Kea), Beatrice (Him Lam) und Isabelle (Ham Cum). Außerdem bauten Pioniertruppen zwei neue Flugplätze und zwei Feuerstellungen für die Artillerie.

Zu dieser Zeit dauerte der Krieg in Vietnam bereits länger als 7 Jahre. Der Kampf hat eine lange Vorgeschichte. 1940, als Frankreich in Europa kapitulierte, waren japanische Truppen in die französische Kolonie Indochina – Vietnam, Laos und Kampuchea – einmarschiert und hatten dort ihre Herrschaft errichtet. Gegen die japanischen Unterdrücker erhoben sich die Völker zum Befreiungskampf. Aus den Partisanenabteilungen entstand bis 1945 eine kampferprobte Armee, aus der später die Volksarmee Vietnams hervorging. Unter den Schlägen der Antihitlerkoalition brach 1945 der japanische Aggressor zusammen, die Völker Indochinas errangen die nationale Unabhängigkeit.

Am 2. September 1945 wurde die Demokratische Republik Vietnam (DRV) proklamiert, an ihre Spitze trat der bewährte und hochangesehene Mitbegründer der Kommunistischen Partei Indochinas Ho Chi Minh (1890–1969).

Doch der französische Imperialismus wollte diese Machteinbuße nicht hinnehmen, er entfesselte 1946 den Krieg gegen die DRV. Seine ökonomische und militärische Stärke, die Unterstützung anderer imperialistischer Mächte, namentlich der USA, und die Dienste einiger Handlanger in Vietnam selbst ermöglichten es ihm, Gebiete an sich zu reißen. Der DRV brachte die Aggression schwere Jahre. Eine gewisse Wende zeichnete sich 1949/50 ab. Der Sieg der Volksrevolution in China erleichterte wesentlich die militärische Lage im Norden und Nordwesten des Landes. Allerdings behaupteten die Franzosen die großen Städte Hanoi, Saigon, Huë und andere sowie die Gebiete am Song Chay (Roten Fluß). Weite Landesteile waren in der Hand der Volksmacht und wurden von ihren bewaffneten Kräften – Partisanenabteilungen und den im Aufbau befindlichen regulären Truppen – kontrolliert.

Die Kolonialmacht geriet trotz ihrer militärischen Stärke in eine immer schwierigere Situation. In Frankreich häuften sich die Proteste gegen den schmutzigen Kolonialkrieg, in vielen anderen Ländern wuchs die Solidaritätsbewegung für das kämpfende Vietnam.

1953 erarbeitete das Oberkommando des französischen Expeditionskorps, an dessen Spitze General Henri Navarre (1898–1983) stand, einen Plan zur Niederwerfung der DRV, in dem es hieß: „Nur durch eine entschlossene Offensive ist es möglich, das gestellte Ziel zu erreichen, nämlich den vollständigen militärischen Sieg bzw. eine mehr oder weniger starke Schwächung des Gegners, die ausreicht, um ihn zu Verhandlungen unter Bedingungen zu zwingen, die für uns günstig sind."* Für eine großangelegte Aktion war der Raum Dien Bien Phu ausersehen, von dem Wege nach Laos und Südchina führten. Navarre ging davon aus, daß die Besetzung dieses Gebiets im Hinterland die Volksarmee politisch, militärisch und moralisch zwingen müßte, dort ihre Hauptkräfte zu konzentrieren und anzugreifen. Dabei rechnete er mit der Kampfstärke der eigenen Truppen, die zugleich die Luftherrschaft besaßen und auf dem Luftweg ständig versorgt und aufgefrischt werden konnten, während die weniger modern ausgerüstete vietname-

---

* zit. nach: Bernhard Heimann/Manfred Püschel, Die Konzeption des französischen Imperialismus für die Kriegführung in Indochina 1953/54 (Navarre-Plan), in: „Militärgeschichte", 3/1984, S. 243

sische Armee, die ihren Nachschub mühevoll auf Urwaldpfaden heranführte, in der Schlacht verbluten mußte.

In dem etwa 18 Kilometer langen und 6 bis 8 Kilometer breiten Tal, umrahmt von Bergen und dichtem Dschungel, befanden sich schließlich 17 Bataillone Infanterie und Fallschirmtruppen, 3 Artillerieabteilungen, ein Pionierbataillon, eine Panzerkompanie sowie Transporteinheiten mit 200 Fahrzeugen und 14 Flugzeuge, insgesamt knapp 17 000 Mann. Dieser Verband bestand aus regulären Truppen der französischen Armee – zumeist kampferprobten Berufssoldaten –, Fremdenlegionären und Einheiten aus den damaligen nordafrikanischen Kolonialgebieten Frankreichs – Marokko und Algerien. Hinzu kamen einige wenige einheimische Hilfstruppen aus dem kleinen Volk der Thai, deren Stammesherrscher mit den französischen Kolonialisten paktierten.

Die Besatzung von Dien Bien Phu war materiell-technisch gut ausgerüstet und bewaffnet, reichlich mit Munition, Kriegsmaterial und Versorgungsgütern versehen und davon überzeugt, hier einen Sieg über die Vietnamesen zu erringen, deren Angriff man abwarten wollte. Den Oberbefehl hatte Oberst Christian Marie de Castries (1912–1986), ein im Kolonialkrieg erfahrener Militär.

Das vietnamesische Oberkommando ließ sich durch die französische Luftlandung bei Dien Bien Phu nicht von der Erfüllung der anderen militärischen Aufgaben ablenken. Im November/Dezember 1953 stießen die vietnamesischen Truppen nach Norden in das Grenzgebiet zur Volksrepublik China vor und befreiten weitere Landesteile, die für die Versorgung der Armee wichtig waren. Erst dann richtete sich die Aufmerksamkeit auf Dien Bien Phu. Dort ließ inzwischen der französische Festungskommandant Castries über den Bergwäldern, wo er die Vietnamesen vermutete, Flugblätter mit dem provokatorischen Text abwerfen: „Wo seid Ihr, Viet Minh? Kommt und kämpft – man wird Euch zerschmettern!" Aber einstweilen rührte sich noch nicht viel in der Umgebung von Dien Bien Phu.

Im Dezember 1953 zog Pham Van Dong, der stellvertretende Ministerpräsident der Demokratischen Republik Vietnam, vor der Nationalversammlung die Bilanz der Kämpfe der letzten Jahre und Monate:

„Wir haben dem Gegner die Initiative abgerungen und sind entschlossen, sie zu behalten; wir haben die Voraussetzungen für weitere Angriffe und weitere größere Siege auf allen Kriegsschauplätzen geschaffen und werden unseren Widerstandskampf stark und sicher bis zum Endsieg fortsetzen ...

Im Verlauf des Kampfes hat sich unsere Armee in jeder Hinsicht entwickelt, sei es in ihrer Qualität und zahlenmäßigen Stärke, in der Organisation, Ausrüstung, Technik und Taktik. Unsere Truppen sind sowohl im Guerillakampf als auch in der beweglichen Kriegführung gut ausgebildet, und sie verstehen es, Festungen anzugreifen. Ihr Geist und ihre Technik haben sich den schweren Geschützen des Gegners, seinen mechanisierten Einheiten, seiner Luftwaffe und seinen starken Festungen überlegen erwiesen. Beweglich, schnell, ausdauernd und zum Sieg entschlossen, sind unsere Truppen bereit, den Gegner überall und jederzeit anzugreifen."*

Der 13. März 1954 begann für die französischen Truppen in Dien Bien Phu mit einer bösen Überraschung. Von den Bergstellungen aus eröffnete die vietnamesische Artillerie das Feuer auf die Dschungelfestung. Was Castries nicht für möglich gehalten hatte, war eingetreten: Auf Wegen durch den Urwald und durch das schwer passierbare Hügel-Berg-Gelände hatten Soldaten der Volksarmee, unterstützt durch Tausende von Trägern, Geschütze und Munition herbeigebracht, sorgfältig getarnt vor den französischen Flugzeugen und Spähtrupps, denen diese Transporte allesamt verborgen geblieben waren. Nun, seit dem Morgen des 13. März 1954, lagen die beiden Flugplätze und die Bunkerstellungssysteme im Feuer der 75-Millimeter- und 105-Millimeter-Kanonen der vietnamesischen Artillerie. Nur auf gut Glück konnten die Franzosen den Beschuß erwidern. Gleichzeitig hatte sich die vietnamesische Infanterie herangearbeitet und griff die gegnerischen Stellungen an, aus denen ihr heftiges Feuer entgegenschlug. Als erster Außenposten fiel Him Lam (Beatrice) im Nordosten des Festungsbereichs. Bis zum 17. März wurden auch die anderen nördlichen Posten, Doc Lap (Gabrielle) und Ban Kea (Anne Marie), eingenommen.

Der Schriftsteller Fritz Jensen (1903–1955), der Vietnam besuchte, berichtet von diesen Kämpfen: „Von dem Tag an, da der Angriff auf Dien Bien Phu im Ernst begann, schossen die jungen Artilleristen der Volksarmee mit schweren, durchaus modernen 105-Millimeter-Geschützen, und sie trafen unweigerlich die Objekte, auf die sie zielten. Die Luftwaffe, die gewohnt war, souverän in jeden Kampf einzugreifen, fand sich in einem tödlichen Abwehrfeuer von neuen, bis dahin verborgen gehaltenen Luftabwehrkanonen, welche die nahekommenden Flugzeuge nun eins nach dem anderen herunterholten. Wollten

---

* Die Volksarmee Vietnams. Beiträge und Dokumente zum Befreiungskampf des vietnamesischen Volkes, Verlag des Ministeriums für Nationale Verteidigung, Berlin 1957, S.52, 61

Lai Cau

Doc Lap (Gabrielle)

Ban Kea (Anne Marie)

Him Lam (Beatrice)

Nam Ron

Ham Cum (Isabelle)

sie nicht abgeschossen werden, so mußten sie entweder in unwirksamer Höhe fliegen oder abziehen. Die schweren Detonationen der Artillerie, welche die Forts zertrümmerte, die Flugzeuge auf den Flugplätzen zerstörte und die Artillerie des Expeditionskorps schachmatt setzte, und die Luftabwehr, die der von Hanoi [damals noch in französischer Hand – H. S.] kommenden Luftwaffe trotz deren Last von Bomben und Napalm die Diktatur der Luft streitig machte, lösten einen empörten Aufschrei der Kolonialstrategen aus. Ohne sie um Erlaubnis zu fragen, hatten die Widerstandskämpfer, die mit Speeren und Jagdgewehren begonnen hatten, sich in eine moderne Armee verwandelt, die einen komplizierten technischen Apparat zu meistern verstand, die den Einsatz schwerer Waffen und Infanterie mit meisterlicher Strategie koordinierte."*

Während einer knapp zweiwöchigen Pause frischte die Volksarmee ihre Kräfte auf und führte weitere Truppen heran; denn der Kampf um die befestigten Anlagen im Zentrum stand noch bevor. 4 Infanteriedivisionen, 5 Artillerieabteilungen, ein Flakregiment und ein Pionierregiment – insgesamt über 50 000 Mann – wurden um Dien Bien Phu zusammengezogen.

Vom 30. März bis zum 24. April dauerte der zweite Angriff, der auf das Zentrum zielte. Das Artilleriefeuer verwandelte die Landebahnen der Flugplätze in ein Trichterfeld, der Einsatz der Flak machte die Luftversorgung der Eingeschlossenen immer verlustreicher. Um zu den Bunkern zu gelangen, legte die Infanterie – unterstützt von den Pionieren – besondere Grabensysteme an. Auf diese Weise gruben und schoben sich die Soldaten schrittweise an die Bunker und ihre Verbindungsstollen heran und nahmen die Stützpunkte schließlich ein. Gegen Ende April blieben nur noch einige Stellungen im Zentrum und der Posten Ham Cum (Isabelle) im Süden in französischer Hand. Die Lage Castries' war aussichtslos geworden, bereits vorher hatte der Befehlshaber der französischen Artillerie Selbstmord begangen, viele der an Verbrechen gegen die vietnamesische Zivilbevölkerung beteiligten Kolonialsöldner erfüllte panische Furcht, in Gefangenschaft zu kommen.

Vom 1. bis zum 7. Mai währte der Endkampf der französischen Besatzung. Am 7. Mai um 17.30 Uhr stürmte die vietnamesische Infanterie den Befehlsstand Castries'. Der sowjetische Journalist und Kameramann Roman Karmen besuchte 1954 Vietnam und sprach mit Teilneh-

---

* Fritz Jensen, Erlebtes Vietnam, Dietz Verlag, Berlin 1955, S. 132

Zerstörtes französisches Geschütz und Flugzeug

mern am Kampf um die Dschungelfestung. Ein Soldat erzählte ihm von der Einnahme des Befehlsbunkers in Dien Bien Phu:

„General de Castrie stand vor der Front. Er war blaß und zitterte am ganzen Körper. Vyn wies mit seiner Pistole auf den General und fragte: ‚Sind Sie General de Castrie?'

Der Angesprochene zuckte zusammen, legte die Hände an die Hosennaht, und mühevoll nach Worten suchend, bat er um die Erlaubnis, seinen Truppen den Befehl zur Kapitulation geben zu dürfen. Vyn schrie ihn an: ‚Das ist ganz überflüssig. Ihre Truppen haben schon ohne Ihren Befehl kapituliert, und wir haben gesiegt!'

De Castrie und sein Stab wurden aus dem Bunker geführt. Einen Kilometer marschierten sie durch eine Kolonne von Gefangenen, die ihrem General schweigend mit Blicken folgten."*

Nach 55 Tagen war der Kampf um Dien Bien Phu beendet. Er hatte die Kolonialisten über 16000 Tote und Gefangene gekostet. 24 großkalibrige Geschütze, 10 Flammenwerfer, 64 motorisierte Fahrzeuge,

---

* Roman Karmen, Krieg im Dschungel. Erlebnisbericht, Verlag des Ministeriums für Nationale Verteidigung, Berlin 1960, S.87

Siegesparade der vietnamesischen Volksarmee zum 11. Jahrestag der Gründung der DRV

542 Funkgeräte, 20000 Liter Brennstoff, 21000 Fallschirme, 20000 Packungen Medikamente und große Mengen Munition für die Handfeuerwaffen und Geschütze sowie militärisches Ausrüstungsmaterial blieben auf dem Schlachtfeld zurück – eine schwere Einbuße der französischen Kolonialarmee und zugleich ein Zeichen dafür, wie gut die Interventen materiell-technisch ausgerüstet waren. Trotzdem mußten sie eine Niederlage hinnehmen, die in weiten Teilen der Welt von den mit Vietnam Sympathisierenden als „Stalingrad des Vietnamkriegs" bezeichnet wurde.

Gesiegt hatten das Heldentum und die hohe Kampfmoral der vietnamesischen Armee und ihrer unzähligen Helfer, die geschickte Kriegskunst und das Talent eines solchen Generals wie Vo Nguyen Giap, mit dessen Namen die Führung des Krieges gegen die französischen Kolonialisten und ihre Nachfolger – die USA-Imperialisten und ihre südvietnamesischen Marionetten – verbunden ist. Gesiegt hatten der Gedanke und die Tat der internationalen Solidarität. Dank der Hilfe der sozialistischen Bruderländer verfügte die Volksarmee zu dieser Zeit auch über moderne Militärtechnik – Artillerie, Flak, Panzer und nach-

268

richtentechnische Mittel –, so daß sich die einstmals so drückende gegnerische Überlegenheit beträchtlich verringerte.

Der Sieg bei Dien Bien Phu besaß große internationale Auswirkungen. Am 9. Juni 1954 wurde in Frankreich die Regierung gestürzt; sie hatte 1953/54 insgeheim mit den USA verhandelt und erwogen, durch den Einsatz amerikanischer Atombomben in Vietnam doch noch einen Sieg zu erringen. Der neue Ministerpräsident Pierre Mèndes-France unterzeichnete am 20. und 21. Juli die Genfer Abkommen, in denen Frankreich die Unabhängigkeit von Vietnam, Laos und Kampuchea endgültig anerkannte. Die französischen Kolonialtruppen zogen sich aus den von ihnen besetzten Gebieten zurück, die Volksarmee rückte in Hanoi ein. Im Süden hingegen konnte sich mit USA-Hilfe ein reaktionäres Regime noch drei Jahrzehnte halten, ehe es durch den Kampf des Volkes hinweggefegt wurde.

Die nationale und internationale Bedeutung des Sieges von Dien Bien Phu würdigte Präsident Ho Chi Minh auf dem 6. Plenum des Zentralkomitees der Partei der Werktätigen Vietnams am 15. Juli 1954:

„Vom Feldzug an der Grenze bis zu den Kämpfen von Hoa Binh und im Nordwesten hat unsere reguläre Armee Sieg auf Sieg davongetragen. Diese Siege, zu denen der von Dien Bien Phu gekommen ist, haben zu einer beträchtlichen Veränderung der Situation des Landes geführt. Wir haben den Navarre-Plan zum Scheitern gebracht, dadurch sogar den Sturz des Kabinetts Laniel-Bidault herbeigeführt und das französische Expeditionskorps gezwungen, seine besetzten Zonen zu verringern.

Wir verdanken unsere Siege der richtigen Politik unserer Partei und unserer Regierung, dem Heroismus unserer Armee und unseres Volkes, der Unterstützung der befreundeten Länder und der Völker der ganzen Welt. Unser Sieg ist auch ein Sieg der weltweiten Bewegung für Frieden und Demokratie."*

* Ho Chi Minh, Reden und Schriften. Eine Auswahl, Verlag Philipp Reclam jun., Leipzig 1980, S. 174 f.

Inhalt

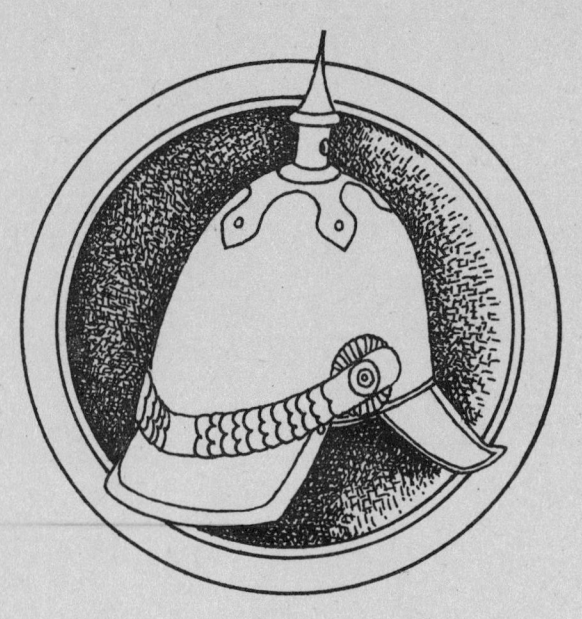